국단어
완전 정복

6·1

기획 및 집필

전위성

공주교육대학교를 졸업하고 2006년부터 대전에서 교사 생활을
시작했습니다. 우등생 공부법을 연구하여 세 권의 책(엄마가 알아
야 아이가 산다!, 초등 6년이 자녀교육의 전부다, 엄마의 수학 공
부)을 펴냈습니다. 15년 동안 학생들을 가르치면서 많은 학생이
국어 교과서에 나오는 낱말을 전혀 공부하지 않는다는 놀라운 사
실을 알게 되었습니다. 더더욱 놀라운 사실은 국어 교과서의 낱말
을 공부할 수 있는 책이 전무(全無)했다는 것입니다.
「국단어 완전 정복」은 저자가 지난 2년 동안 초등학교 3~6학년
국어 교과서에 나오는 모든 낱말을 연구하고 정리하여, 초등학생
의 눈높이에 맞추어 펴낸 '국어 낱말 전문 학습서' 입니다.
모든 공부는 기초가 중요하고, 모든 공부의 기초는 국어입니다.
모든 공부의 기초가 되는 국어 공부의 기초는 단연 국단어(국어
낱말)입니다. 고로 모든 공부의 기초는 국단어를 공부하는 것입
니다. 「국단어 완전 정복」과 함께 세상 모든 공부를 완전 정복할
수 있길 소망합니다.

국단어 완전 정복 | 초등 국어 6-1

초판 1쇄 인쇄 2020년 1월 23일
초판 1쇄 발행 2020년 2월 5일

기획 및 집필 전위성

펴낸이	최남식
개발책임	전현영
디자인	조민서, 최병호
일러스트	유재영, Shutterstock(zzveillust, Beresnev, penguin_house)
스태프	김을섭
제작책임	이용호
펴낸곳	오리진에듀
출판등록	2010년 3월 23일 제313-2010-87호
주 소	인천시 서구 고산후로121번안길 28, 206호
전 화	02-335-6612 **팩 스** 0303-3440-6612
이메일	originhouse@naver.com
블로그	blog.naver.com/originhouse

값 18,000원ⓒ2020, 전위성 & 오리진에듀
ISBN 979-11-88128-19-8 63710 : 18000

국단어
완전 정복

⟨공부에서 가장 중요한 것은?⟩

건물을 지을 때 가장 먼저 하는 중요한 일이 있습니다.
건물의 토대가 되는 바닥을 튼튼히 다지는 것입니다.
바닥이 튼튼해야 건물을 높고 튼튼하게 지을 수 있습니다.

공부도 마찬가지입니다.
공부라는 건물을 높고 튼튼하게 짓고 싶다면
공부의 토대가 되는 기초를 튼튼히 다져야 합니다.

⟨공부에서 가장 중요한 것은, 기초 다지기⟩

영어 공부의 기초는 영단어(영어 단어)입니다.
수학 공부의 기초는 수학 개념입니다.
그럼 국어 공부의 기초는 무엇일까요?

학습지나 문제집 풀기일까요? 독서일까요?

⟨국어의 기초 = 국단어 완전 정복⟩

영어 단어와 수학 개념처럼
국어에도 가장 먼저 공부해야 할 기초가 있습니다.
그건 바로 **국어 단어**, 다시 말해 **국단어**입니다.

국어 공부의 기초를 쌓고 싶다면
학습지와 문제집 풀기, 독서에 앞서
국단어를 철저히! 완벽히! 공부해야 합니다.

이 책을 구입한 학부모님께

**"낱말 뜻을 손수 찾아서 공부하지 않으면
정확한 뜻을 영영 알 수 없습니다."**

이 문장이 무슨 뜻인지 모르는 사람은 드뭅니다. 그와 동시에 이 문장이 무슨 뜻인지 잘 아는 사람도 드뭅니다. 손수는 '남의 힘을 빌리지 않고 제 손으로 직접'이라는 뜻이고, 영영은 '영원히 언제까지나'라는 뜻입니다.

우리는 일상에서 수많은 글을 읽고 쓰고, 무수한 말을 듣고 합니다. 하지만 그 글과 말의 뜻을 정확히 알지 못합니다. 정확히 아는 것과 감으로 아는 것은 큰 차이가 있습니다. 물론 일상생활에서는 그 차이가 별로 드러나지 않습니다. 딱히 손해 볼 일도 없습니다. 하지만 학습의 영역이라면 이야기가 전혀 달라집니다. 뜻을 정확하게 아는 학생과 어렴풋이 아는 학생의 미래는 사뭇 다른 인생을 살아갈 만큼 어마어마한 차이가 있습니다.

**"만권의 책을 읽더라도
낱말을 공부하지 않으면
그 정확한 뜻을
죽을 때까지 알 수 없습니다."**

다소 과격하게 들릴 수도 있겠습니다. 하나 틀린 말은 아닙니다. 과장도 아닙니다. 일례로 앞선 문장에서 '만권'은 단순히 10000을 뜻하는 숫자가 아닙니다. '만권'은 사전적 의미로 '매우 많은 책'을 뜻합니다. 이런 사례는 셀 수 없을 만큼 비일비재합니다(비근합니다, 흔합니다).

많은 아이들이 영단어(영어 단어)는 목숨 걸고 외우지만, 국단어(국어 단어)는 죽어도 공부하지 않습니다. 안타까운 현실입니다. 더 안타까운 현실은 영어 단어를 공부할 수 있는 책은 넘쳐나지만, 국어 단어를 공부할 수 있

는 책은 거의 없다는 것입니다. 무엇보다도 국어 교과서의 단어를 체계적으로 공부할 수 있는 책이 세상에 존재하지 않았습니다. 필자가 「국단어 완전 정복」을 필히(무슨 일이 있어도 반드시) 써야겠다고 결심한 이유입니다.

이 책이 출간됨으로써 국어 교과서 단어를 체계적으로 공부할 수 있는 책이 세상에 존재하게 되었습니다. 이 책을 자찬(自撰)한[1] 것이 참으로 다행스럽고 기쁜 일이라고 자찬(自讚)해[2] 봅니다. 덧붙여 필자는 전작 「초등 6년이 자녀교육의 전부다」에서 "국어 공부의 시작과 끝은 교과서에 나오는 낱말을 공부하는 것"이라고 역설한 바 있습니다. 이 책, 「국단어 완전 정복」을 출간함으로써 그 중대 발언이 무책임한 구호와 공허한 메아리로 소멸되지 않게 되었고, 제 단언에 대한 책임을 이제야 다했다고 여겨져서, 재삼(再三) 기쁩니다.

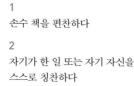

1
손수 책을 편찬하다

2
자기가 한 일 또는 자기 자신을 스스로 칭찬하다

국단어의 뜻을 적확하게(정확하게 맞아 조금도 틀리지 않게) 아는 아이만이 책과 교과서를 정확히 읽고, 충분히 이해하고, 오래 기억하고, 자기 생각을 글로 온전히 담아낼 수 있습니다. 지금부터 자녀에게 「국단어 완전 정복」을 4년(3~6학년) 동안 공부시키십시오. 혹여 시기를 놓쳤더라도 3학년 1학기부터 6학년 2학기까지 전 과정을 차근차근 공부시키십시오. 어휘력이 완성되고, 독해력이 강화되고, 논술력과 사고력이 향상되어 자녀가 상위 1퍼센트 우등생으로 거듭나는 광경을 목격하게 될 것입니다.

공부가 전부라는 말이 아닙니다. 공부 잘하는 우등생으로 키우는 것이 자녀 교육의 최우선 과제이라는 말도 아닙니다. 제가 줄기차게 주장하는 자기주도학습과 우등의 끝에는 '행복'이 자리잡고 있습니다. 세상 모든 자녀와 부모가 행복한 오늘을 보내고, 희망찬 내일을 맞이하는 데, 「국단어 완전 정복」이 미약하게나마 보탬이 되길 간절히 기원합니다.

초등 교사, 작가 **전위성**

이 책의 **구성과 특징**

지금부터 「국단어 완전 정복」과 함께
10641 프로젝트에 도전하세요!

구성 1 **교과서 완전 학습**

낱말이 나오는 국어 교과서의 단원명을
알 수 있어요!

4일

1. 비유하는 표현

학교 진도 시기
3월 1, 2주

학교 진도 시기를 확인할 수 있어요!
교과서를 배우기 전에 미리 낱말을 공부해요.

무슨 요일에 공부하는지 알 수 있어요!
1일 월요일, 2일 화요일, 3일 수요일,
4일 목요일, 5일 금요일에 공부해요.

견주다 　어떤 대상을 다른 대상에 또는 둘 이상의 대상을 / 질·양·차이·*우월 따위
*비교하려고 대어 보다
예 피자 *조각들을 *눈대중으로 **견주어** 그 중에서 가장 큰 조각을 집었다.
*우월 　다른 것보다 뛰어나게 나음
*비교하다 　둘 또는 그 이상의 사물이나 현상을 견주어 서로
간의 공통점이나 차이점, 우열 따위를 밝히다
*조각 　한 물건에서 따로 떼어 내거나 떨어져 나온 작은 부분
*눈대중 　(수량이나 크기 따위를) 눈으로 보아 어림잡음
유 비교하다, 비하다

낱말과 관련된 그림을 함께 살펴봐요!
낱말의 뜻을 더 재밌게 알 수 있어요.

교과서 쪽수와 주제가 적혀 있어요!
지금 공부하는 낱말이 교과서 어디에
있는지 알 수 있어요.

직유법 　비슷한 성질이나 모양을 가진 두 사물을 / *직접 견주어 *표현하는 방법
한자 곧을 직 直 　예 '우레(천둥) 같은 박수' '애기처럼 우는 고양이로 나타낸 것처럼 '~같이' '~처
　　 깨우칠 유 喩 　럼' '~듯이'와 같은 말을 써서 두 대상을 직접 견주어 표현하는 방법을 직유법
　　 법 법 法 　이라고 한다.
*직접 　중간에 아무것도 끼거나 거치지 않고 바로

익숙하다 　대상을 / 자주 보거나·겪어서 / 잘 아는 상태에 있다
예 새 학년이 되었지만 익숙한 아이들이 많아서 금방 *적응되었다.
*적응되다 　어떤 상황이나 환경에 맞추어 잘 어울리거나 알맞게 되다

실감나다 　*체험하는 듯한 / 느낌이 들다
한자 열매 실 實 　예 어젯밤 꿈은 내가 진짜로 겪고 있다는 느낌이 들
　　 느낄 감 感 　정도로 실감났다.
*체험하다 　(사람이 일을) 실제로 보고 듣고 겪다

낱말의 한자 뜻을 알 수 있어요!
낱말이 만들어진 한자의 뜻을 알면
낱말의 뜻을 더 쉽게 이해할 수 있어요.

참신하다 　새롭고 *신선하다
한자 별 참 斬 　예 발명왕 에디슨은 참신한 아이디어로 천 개가 넘는 발명
　　 새 신 新 　*신선하다 　기분이나 느낌이 깨끗하고 시원하다

끊어 읽기(/)와 빨간색 글씨!
뜻풀이가 정확하고 완벽한 장기 기억으로
이어져요.

와 닿다 　마음에 / *공감을 일으키다
예 자신이 직접 겪은 일은 가슴에 **와 닿지만**, 겪어 보지 않은 일은 가슴에 와 닿지
않는 법이다.
*공감 　남의 의견·주장·감정 따위에 대하여 자신도 그렇다고 느낌

뜻풀이와 예문에 나오는 어려운 낱말을
정리했어요!
더 많은 낱말들을 공부할 수 있어요.

낱말과 비슷한 뜻을 가진 다른 낱말을
함께 익힐 수 있어요!

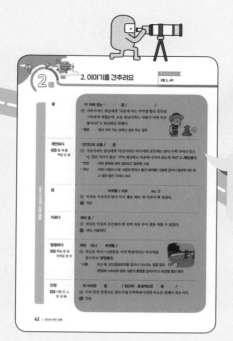

구성 2 빨간 책갈피 활용하기

부록으로 제공되는 빨간 책갈피를 대어보세요!
빨간색 글씨가 마법처럼 사라져서 낱말 뜻을
재미있게 복습할 수 있어요.

구성 3 칭찬 사과 스티커 활용 하기

사과 스티커로 열심히 공부한 나를 칭찬해요!
하루 공부를 잘 마쳤다면 나에게 칭찬 사과를 선
물하세요. 선물 받은 사과 스티커는 월별 첫 쪽에
있는 사과 나무에 붙여요. 사과 나무에 사과가 주
렁주렁 열릴 때까지 열심히 공부합시다!

구성 4 일일, 주말, 월말, 학기말 평가

네 차례 평가를 통해서 잘 공부했는지 확인해요!
일일 평가, 주말 평가, 월말 평가, 학기말 평가가
있어요. 공부한 국단어들을 틈틈이 복습해서
100점에 도전하세요!

차례

※ 학교 진도 시기는 학교나 학급의 지도 계획에 따라 변경될 수 있습니다.

1~4주

칭찬 사과 스티커

하루 공부를 잘 마쳤다면 나에게 칭찬 사과를 선물하세요.
사과 나무에 사과가 주렁주렁 열릴 때까지 열심히 공부합시다!

■ 스티커는 색인(찾아보기) 마지막 페이지 이후에 있습니다.

1. 비유하는 표현

함박눈

함박꽃 •송이처럼 / 굵고 탐스럽게 내리는 / 눈
- 예 **함박눈**이 내린지 한 시간 만에 온 세상이 하얗게 되었다.
- • 송이 　꽃, 눈, 열매 따위가 꼭지에 낱낱이 따로 붙어 이루어진 작은 덩이

흩날리다

흩어져 날리다
- 예 봄바람이 불자 벚꽃 잎들이 함박눈처럼 **흩날린다**.

사방

한자 넉 사 四
모 방 方

모든 곳 또는 여러 곳
- 예 학교 앞에서 파는 솜사탕을 사 먹으려고 아이들이
  사방에서 몰려들었다.

빗대다

대상을 곧이곧대로 말하지 않고 / •넌지시 빙 둘러서 말하다
- 예 '뻥튀기가 사방으로 흩날리는 모습'을 '함박눈이
  내리는 모습'으로 **빗대어** 표현했다.
- • 넌지시 　드러나지 않게 가만히

비유

한자 견줄 비 比
깨우칠 유 喩

•사물 · •현상을 / 직접 •설명하지 않고 / 그와 비슷한 사물 · 현상에 / 빗대어 표현
하는 것
- 예 '뻥튀기가 사방으로 날리는 모양'을 '봄날 꽃잎'에 빗대어 표현하는 것을 **비유**
  라고 한다.
- • 사물 　물질세계에 있는 구체적이고 개별적인 대상을 통틀어 이르는 말
- • 현상 　관찰(사물을 주의 깊게 살펴봄)할 수 있는 사물의 모양과 상태
- • 설명하다 　어떤 일이나 대상의 내용을 상대방이 잘 알 수 있도록 밝혀 말하다

은혜

한자 은혜 은 恩
은혜 혜 惠

고맙게 베풀어 주는 / •도움
- 예 흥부는 제비의 부러진 다리를 고쳐 주었고, 제비는 그 **은혜**를 갚기 위해 박의
  씨를 물어다 주었다.
- • 도움 　어떤 일이 잘되도록 거들거나 보탬 (모자라는 것을 더하여 채우거나 돕는 일)
  을 주는 일

1 문장을 읽고, 알맞은 낱말을 써 넣어 봅시다.

1) 함박꽃송이처럼 굵고 탐스럽게 내리는 눈 ☐☐☐

2) 흩어져 날리다 ☐☐☐☐

3) 모든 곳 또는 여러 곳 ☐☐

4) 대상을 곧이곧대로 말하지 않고 넌지시 빙 둘러서 말하다 ☐☐

5) 사물·현상을 직접 설명하지 않고 그와 비슷한 사물·현상에 빗대어 표현하는 것 ☐☐

6) 고맙게 베풀어 주는 도움 ☐☐

2 밑줄 친 곳에 알맞은 낱말을 써 넣어 문장을 완성해 봅시다.

1) _____ 이 내린지 한 시간 만에 온 세상이 하얗게 되었다.

2) 봄바람이 불자 벚꽃 잎들이 함박눈처럼 _____ .

3) 학교 앞에서 파는 솜사탕을 사 먹으려고 아이들이 _____ 에서 몰려들었다.

4) '뻥튀기가 사방으로 흩날리는 모습'을 '함박눈이 내리는 모습'으로 _____ 표현 했다.

5) '뻥튀기가 사방으로 날리는 모양'을 '봄날 꽃잎'에 빗대어 표현하는 것을 _____ 라고 한다.

6) 흥부는 제비의 부러진 다리를 고쳐 주었고, 제비는 그 _____ 를 갚기 위해 박의 씨를 물어다 주었다.

1. 비유하는 표현

연주하다

한자 펼 연 演
아뢸 주 奏

여러 사람 앞에서 / 악기를 다루어 / 음악을 들려주다

예 음악 시간에 배운 노래를 부모님 앞에서 리코더로 **연주했다.**

교향악

한자 사귈 교 交
울릴 향 響
노래 악 樂

•**관현악**으로 연주하는 / 음악

예 **교향악**은 일반적으로 큰 규모의 관현악단에 의하여 연주된다.

• **관현악**   여러 가지의 관악기, 현악기, 타악기가 함께 연주하는 음악

표현하다

한자 겉 표 表
나타날 현 現

생각 · 느낌 따위를 / 글 · 음악 · 그림 따위를 통해 / •구체적으로 드러내어 나타내다

예 시인은 '봄비'를 '큰 은혜로 내리는 교향악'으로 **표현했다.**

• **구체적**   사물이 일정한 모양과 성질을 갖추고 있는 (것)

비 나타내다, 그리다, 표시하다, 표하다

산들

•**사늘한 바람**이 / 가볍고 부드럽게 부는 모양

예 산 정상에 올라서자 시원한 바람이 **산들** 불어왔다.

• **사늘하다(서늘하다, 싸늘하다)**   조금 춥거나 차가운 느낌이 있다

나부끼다

바람에 날리어 / 흔들리다

예 •국기 게양대에 걸린 태극기가 •산들바람에 **나부낀다.**

• **국기 게양대**   국기를 높이 걸기 위하여 만들어 놓은 대

• **산들바람**   시원하고 가볍게 부는 바람

운율

한자 운 운 韻
법칙 율 律

•일정한 글자 수가 또는 같은 말이 / 반복되는 시를 읽을 때 / 노래를 부르는 것과 같은 •리듬감을 •자아내는 것

예 **운율**이 있는 시를 읽으면 마치 노래를 부르는 것 같은 느낌이 든다.

• **일정하다**   (크기, 모양, 범위, 시간 따위가) 하나로 정해져 있다

• **리듬감**   일정하게 반복되는 데서 나타나는 율동적인(일정한 규칙에 따라 주기적으로 움직이는) 느낌

• **자아내다**   어떤 느낌 · 일 · 말 따위를 끄집어서 일으켜 내다

비 리듬

1 문장을 읽고, 알맞은 낱말을 써 넣어 봅시다.

1) 여러 사람 앞에서 악기를 다루어 음악을 들려주다
☐☐☐☐

2) 관현악으로 연주하는 음악
☐☐☐

3) 생각 · 느낌 따위를 글 · 음악 · 그림 따위를 통해
구체적으로 드러내어 나타내다
☐☐☐

4) 사늘한 바람이 가볍고 부드럽게 부는 모양
☐☐

5) 바람에 날리어 흔들리다
☐☐☐☐

6) 일정한 글자 수가 또는 같은 말이 반복되는 시를 읽을 때
노래를 부르는 것과 같은 리듬감을 자아내는 것
☐☐

2 밑줄 친 곳에 알맞은 낱말을 써 넣어 문장을 완성해 봅시다.

1) 음악 시간에 배운 노래를 부모님 앞에서 리코더로 _____.

2) _____ 은 일반적으로 큰 규모의 관현악단에 의하여 연주된다.

3) 시인은 '봄비'를 '큰 은혜로 내리는 교향악'으로 _____.

4) 산 정상에 올라서자 시원한 바람이 _____ 불어왔다.

5) 국기 게양대에 걸린 태극기가 산들바람에 _____.

6) _____ 이 있는 시를 읽으면 마치 노래를 부르는 것 같은 느낌이 든다.

1. 비유하는 표현

대상

한자 대할 대 對
코끼리 상 象

무엇의 / 상대 · 목표 · •표적이 되는 / 것

예 비유하는 표현은 **대상** 하나를 다른 **대상**에 빗대어 표현하기 때문에 두 **대상** 사이에는 공통점이 있다.

• **표적**　　목표가 되는 물건

왈츠

영어 waltz

4분의 3박자의 / 경쾌한 •춤곡

예 **왈츠**가 연주되자 사람들이 빙글빙글 원을 그리며 춤을 췄다.

• **춤곡**　　춤을 출 때에 맞추어 추도록 연주하는 악곡

은유법

한자 숨을 은 隱
깨우칠 유 喩
법 법 法

'A는 B다' 라는 식으로 / 어떤 대상을 다른 사물에 / 빗대어 표현하는 방법

예 '봄비 내리는 소리'를 '교향악'으로 비유한 것처럼 'A는 B이다'로 빗대어 표현하는 방법을 **은유법**이라고 한다.

가로수

한자 거리 가 街
길 로 路
나무 수 樹

•길거리를 따라 / 줄지어 심은 나무

예 길가에 •늘어선 **가로수** 잎사귀가 봄바람에 •나붓나붓한다.

• **길거리**　　사람이나 차가 많이 다니는 길

• **늘어서다**　　길게 줄을 지어 서다

• **나붓나붓하다**　　바람에 자꾸 가볍게 흔들리다

엉키다
(엉클어지다)

사람 · 동물 •따위가 / 한 •무리를 이루다 또는 달라붙다

예 갓 태어난 새끼 강아지들이 •한데 **엉키어** •어미의 젖을 빨았다.

• **따위**　　앞에 나온 것과 같은 종류의 것들이 더 있음을 나타내는 말

• **무리**　　여럿이 모여 한 동아리를 이룬 사람들. 또는 짐승의 떼

• **한데**　　한곳이나 한군데

• **어미**　　새끼를 낳은 동물의 암컷

비 뒤섞이다, 뒤엉키다, 뒤얽히다

얼싸안다

두 팔을 벌려서 / 껴안다

예 할머니께서는 오랜만에 만난 나를 **얼싸안으며** 반갑게 맞아 주셨다.

1 문장을 읽고, 알맞은 낱말을 써 넣어 봅시다.

1) 무엇의 상대 · 목표 · 표적이 되는 것

2) 4분의 3박자의 경쾌한 춤곡

3) 'A는 B다'라는 식으로 어떤 대상을 다른 사물에 빗대어
　표현하는 방법

4) 길거리를 따라 줄지어 심은 나무

5) 사람 · 동물 따위가 한 무리를 이루다 또는 달라붙다

6) 두 팔을 벌려서 껴안다

2 밑줄 친 곳에 알맞은 낱말을 써 넣어 문장을 완성해 봅시다.

1) 비유하는 표현은 ＿＿＿＿ 하나를 다른 ＿＿＿＿ 에 빗대어 표현하기 때문에
　두 ＿＿＿＿ 사이에는 공통점이 있다.

2) ＿＿＿＿ 가 연주되자 사람들이 빙글빙글 원을 그리며 춤을 췄다.

3) '봄비 내리는 소리'를 '교향악'으로 비유한 것처럼 'A는 B이다'로 빗대어 표현하는 방법
　을 ＿＿＿＿ 이라고 한다.

4) 길가에 늘어선 ＿＿＿＿ 잎사귀가 봄바람에 나붓나붓한다.

5) 갓 태어난 새끼 강아지들이 한데 ＿＿＿＿ 어미의 젖을 빨았다.

6) 할머니께서는 오랜만에 만난 나를 ＿＿＿＿ 반갑게 맞아 주셨다.

1. 비유하는 표현

견주다

어떤 대상을 다른 대상에 또는 둘 이상의 대상을 / 질·양·차이·•우월 따위를 /
•비교하려고 대어 보다

예 피자 •조각들을 •눈대중으로 **견주어** 그 중에서 가장 큰 조각을 집었다.

•우월　　다른 것보다 뛰어나게 나음

•비교하다　둘 또는 그 이상의 사물이나 현상을 견주어 서로
　　　　　간의 공통점이나 차이점, 우열 따위를 밝히다

•조각　　　한 물건에서 따로 떼어 내거나 떨어져 나온 작은 부분

•눈대중　　(수량이나 크기 따위를) 눈으로 보아 어림잡음

비 비교하다, 비하다

직유법

한자 곧을 직 直
깨우칠 유 喩
법 법 法

비슷한 성질이나 모양을 가진 두 사물을 / •직접 견주어 / 표현하는 방법

예 '우레(천둥) 같은 박수' '애기처럼 우는 고양이'로 나타낸 것처럼 '~같이' '~처
럼' '~듯이'와 같은 말을 써서 두 대상을 직접 견주어 표현하는 방법을 **직유법**
이라고 한다.

•직접　　중간에 아무것도 끼거나 거치지 않고 바로

익숙하다

대상을 / 자주 보거나·겪어서 / 잘 아는 상태에 있다

예 새 학년이 되었지만 **익숙한** 아이들이 많아서 금방 •적응되었다.

•적응되다　어떤 상황이나 환경에 맞추어 잘 어울리거나 알맞게 되다

실감나다

한자 열매 실 實
느낄 감 感

•체험하는 듯한 / 느낌이 들다

예 어젯밤 꿈은 내가 진짜로 겪고 있다는 느낌이 들
정도로 **실감났다**.

•체험하다　(사람이 일을) 실제로 보고 듣고 겪다

참신하다

한자 벨 참 斬
새 신 新

새롭고 •산뜻하다

예 발명왕 에디슨은 **참신한** 아이디어로 천 개가 넘는 발명품을 만들었다.

•산뜻하다　기분이나 느낌이 깨끗하고 시원하다

와 닿다

마음에 / •공감을 일으키다

예 자신이 직접 겪은 일은 가슴에 **와 닿지만**, 겪어 보지 않은 일은 가슴에 **와 닿지**
않는 법이다.

•공감　　남의 의견·주장·감정 따위에 대하여 자신도 그렇다고 느낌

1 문장을 읽고, 알맞은 낱말을 써 넣어 봅시다.

1) 어떤 대상을 다른 대상에 또는 둘 이상의 대상을
   질·양·차이·우월 따위를 비교하려고 대어 보다

2) 비슷한 성질이나 모양을 가진 두 사물을 직접 견주어
   표현하는 방법

3) 대상을 자주 보거나·겪어서 잘 아는 상태에 있다

4) 체험하는 듯한 느낌이 들다

5) 새롭고 산뜻하다

6) 마음에 공감을 일으키다

2 밑줄 친 곳에 알맞은 낱말을 써 넣어 문장을 완성해 봅시다.

1) 피자 조각들을 눈대중으로 _____ 그 중에서 가장 큰 조각을 집었다.

2) '우레(천둥) 같은 박수' '애기처럼 우는 고양이'로 나타낸 것처럼 '~같이' '~처럼' '~듯이'와
   같은 말을 써서 두 대상을 직접 견주어 표현하는 방법을 _____ 이라고 한다.

3) 새 학년이 되었지만 _____ 아이들이 많아서 금방 적응되었다.

4) 어젯밤 꿈은 내가 진짜로 겪고 있다는 느낌이 들 정도로 _____ .

5) 발명왕 에디슨은 _____ 아이디어로 천 개가 넘는 발명품을 만들었다.

6) 자신이 직접 겪은 일은 가슴에 _____ , 겪어 보지 않은 일은 가슴에
   _____ 않는 법이다.

2. 이야기를 간추려요

낭송하다

한자 밝을 낭 朗
외울 송 誦

크게 소리 내어 / 글을 읽거나 · 외우다

예 국어 시간에 내가 쓴 시를 친구들 앞에서 **낭송했다**.

구조

한자 얽을 구 構
지을 조 造

각 •부분이나 •요소를 모아 / 전체를 만듦 또는 **그렇게 만들어진** / 전체의 뼈대

예 주장하는 글의 **구조**는 서론, 본론, 결론으로 짜여 있다.

• **부분**　　전체를 몇 개로 나눈 것의 하나. 또는 전체를 이루는 작은 범위

• **요소**　　어떤 사물을 구성하거나 효력을 발생시키기 위하여 없어서는 안 될 근본적인 조
　　　　　　건이나 성분

비 얼개, 짜임, 구성

간추리다

글 따위에서 중요한 •내용만 / **짧고 간단하게** / 가려 뽑다

예 글을 **간추리는** 방법 중 하나는 글에서 중요하지 않은 내용을 •삭제하는 것이
다.

• **내용**　　말, 글, 그림 따위의 모든 표현 매체 속에 들어 있는 것. 또는 그런 것들로 전하
　　　　　　고자 하는 것

• **삭제하다**　(무엇을) 지우거나 없애다

비 요약하다, 개괄하다

정확하다

한자 바를 정 正
굳을 확 確

바르고 · 확실하다

예 피자 한판을 동생과 **정확하게** 반반씩 나누어 먹었다.

비 명확하다, 확실하다, 적확하다

가르다

무엇을 나누어 / 서로를 •구분 짓다

예 작은 도시 한가운데에 서 있는 사과나무는 두 동네를 정확하게 반으로 **갈랐다**.

• **구분 짓다**　일정한 기준에 따라 전체를 몇 개로 나누어 갈래(갈라져 나간 부분이나 가닥)
　　　　　　　　를 정하다

눈여겨보다

•주의 깊게 / 잘 •살펴보다

예 지난 주말에 쇼핑몰에 가서 평소에 **눈여겨보았던** 옷과 신발을 샀다.

• **주의**　　어떤 한 곳이나 일에 관심을 집중하여 기울임

• **살펴보다**　하나하나 자세히 주의해서 보다

1 문장을 읽고, 알맞은 낱말을 써 넣어 봅시다.

1) 크게 소리 내어 글을 읽거나 · 외우다

2) 각 부분이나 요소를 모아 전체를 만듦 또는 그렇게 만들어진 전체의 뼈대

3) 글 따위에서 중요한 내용만 짧고 간단하게 가려 뽑다

4) 바르고 · 확실하다

5) 무엇을 나누어 서로를 구분 짓다

6) 주의 깊게 잘 살펴보다

2 밑줄 친 곳에 알맞은 낱말을 써 넣어 문장을 완성해 봅시다.

1) 국어 시간에 내가 쓴 시를 친구들 앞에서 _____ .

2) 주장하는 글의 _____ 는 서론, 본론, 결론으로 짜여 있다.

3) 글을 _____ 방법 중 하나는 글에서 중요하지 않은 내용을 삭제하는 것이다.

4) 피자 한판을 동생과 _____ 반반씩 나누어 먹었다.

5) 작은 도시 한가운데에 서 있는 사과나무는 두 동네를 정확하게 반으로 _____ .

6) 지난 주말에 쇼핑몰에 가서 평소에 _____ 옷과 신발을 샀다.

1 문장을 읽고, 알맞은 낱말을 써 넣어 봅시다.

1) 크게 소리 내어 글을 읽거나 · 외우다 _____

2) 주의 깊게 잘 살펴보다 _____

3) 모든 곳 또는 여러 곳 _____

4) 흩어져 날리다 _____

5) 4분의 3박자의 경쾌한 춤곡 _____

6) 각 부분이나 요소를 모아 전체를 만듦 또는 그렇게 만들어진
    전체의 뼈대 _____

7) 대상을 곧이곧대로 말하지 않고 넌지시 빙 둘러서 말하다 _____

8) 길거리를 따라 줄지어 심은 나무 _____

9) 어떤 대상을 다른 대상에 또는 둘 이상의 대상을
    질 · 양 · 차이 · 우월 따위를 비교하려고 대어 보다 _____

10) 사람 · 동물 따위가 한 무리를 이루다 또는 달라붙다 _____

11) 비슷한 성질이나 모양을 가진 두 사물을 직접 견주어
    표현하는 방법 _____

12) 무엇의 상대 · 목표 · 표적이 되는 것 _____

13) 바르고 · 확실하다 _____

14) 대상을 자주 보거나 · 겪어서 잘 아는 상태에 있다 _____

15) 마음에 공감을 일으키다 _____

16) 'A는 B다'라는 식으로 어떤 대상을 다른 사물에 빗대어
표현하는 방법　_____

17) 여러 사람 앞에서 악기를 다루어 음악을 들려주다　_____

18) 글 따위에서 중요한 내용만 짧고 간단하게 가려 뽑다　_____

19) 생각·느낌 따위를 글·음악·그림 따위를 통해
구체적으로 드러내어 나타내다　_____

20) 바람에 날리어 흔들리다　_____

21) 관현악으로 연주하는 음악　_____

22) 일정한 글자 수가 또는 같은 말이 반복되는 시를 읽을 때
노래를 부르는 것과 같은 리듬감을 자아내는 것　_____

23) 사늘한 바람이 가볍고 부드럽게 부는 모양　_____

24) 두 팔을 벌려서 껴안다　_____

25) 사물·현상을 직접 설명하지 않고 그와 비슷한
사물·현상에 빗대어 표현하는 것　_____

26) 체험하는 듯한 느낌이 들다　_____

27) 함박꽃송이처럼 굵고 탐스럽게 내리는 눈　_____

28) 고맙게 베풀어 주는 도움　_____

29) 새롭고 산뜻하다　_____

30) 무엇을 나누어 서로를 구분 짓다　_____

2 밑줄 친 곳에 알맞은 낱말을 써 넣어 문장을 완성해 봅시다.

1) 산 정상에 올라서자 시원한 바람이 _____ 불어왔다.

2) 어젯밤 꿈은 내가 진짜로 겪고 있다는 느낌이 들 정도로 _____ .

3) 봄바람이 불자 벚꽃 잎들이 함박눈처럼 _____ .

4) 지난 주말에 쇼핑몰에 가서 평소에 _____ 옷과 신발을 샀다.

5) 피자 조각들을 눈대중으로 _____ 그 중에서 가장 큰 조각을 집었다.

6) 국어 시간에 내가 쓴 시를 친구들 앞에서 _____ .

7) 국기 게양대에 걸린 태극기가 산들바람에 _____ .

8) 글을 _____ 방법 중 하나는 글에서 중요하지 않은 내용을 삭제하는 것이다.

9) 할머니께서는 오랜만에 만난 나를 _____ 반갑게 맞아 주셨다.

10) 작은 도시 한가운데에 서 있는 사과나무는 두 동네를 정확하게 반으로 _____ .

11) 자신이 직접 겪은 일은 가슴에 _____ , 겪어 보지 않은 일은 가슴에 _____ 않는 법이다.

12) 시인은 '봄비'를 '큰 은혜로 내리는 교향악'으로 _____ .

13) '우레(천둥) 같은 박수' '애기처럼 우는 고양이'로 나타낸 것처럼 '~같이' '~처럼' '~듯이'와 같은 말을 써서 두 대상을 직접 견주어 표현하는 방법을 _____ 이라고 한다.

14) 학교 앞에서 파는 솜사탕을 사 먹으려고 아이들이 _____ 에서 몰려들었다.

15) 새 학년이 되었지만 _____ 아이들이 많아서 금방 적응되었다.

16) 주장하는 글의 _____ 는 서론, 본론, 결론으로 짜여 있다.

17)　발명왕 에디슨은 _____ 아이디어로 천 개가 넘는 발명품을 만들었다.

18)　비유하는 표현은 _____ 하나를 다른 _____ 에 빗대어 표현하기
　　　때문에 두 _____ 사이에는 공통점이 있다.

19)　피자 한판을 동생과 _____ 반반씩 나누어 먹었다.

20)　'봄비 내리는 소리'를 '교향악'으로 비유한 것처럼 'A는 B이다'로 빗대어 표현하는
　　　방법을 _____ 이라고 한다.

21)　_____ 은 일반적으로 큰 규모의 관현악단에 의하여 연주된다.

22)　길가에 늘어선 _____ 잎사귀가 봄바람에 나붓나붓한다.

23)　_____ 가 연주되자 사람들이 빙글빙글 원을 그리며 춤을 췄다.

24)　갓 태어난 새끼 강아지들이 한데 _____ 어미의 젖을 빨았다.

25)　음악 시간에 배운 노래를 부모님 앞에서 리코더로 _____ .

26)　'뻥튀기가 사방으로 날리는 모양'을 '봄날 꽃잎'에 빗대어 표현하는 것을 _____
　　　라고 한다.

27)　'뻥튀기가 사방으로 흩날리는 모습'을 '함박눈이 내리는 모습'으로 _____ 표현
　　　했다.

28)　_____ 이 내린지 한 시간 만에 온 세상이 하얗게 되었다.

29)　_____ 이 있는 시를 읽으면 마치 노래를 부르는 것 같은 느낌이 든다.

30)　흥부는 제비의 부러진 다리를 고쳐 주었고, 제비는 그 _____ 를 갚기 위해 박의
　　　씨를 물어다 주었다.

2. 이야기를 간추려요

확인하다

한자 굳을 확 確
알 인 認

• 현상이나 사실이 / 틀림없이 그러한가를 / 알아보다

예 사과나무에 황금 사과가 열린대! 우리 눈으로 직접 **확인하자!**

• 현상 관찰(사물을 주의 깊게 살펴봄)할 수 있는 사물의 모양과 상태

우르르

사람 · 동물 따위가 / 한꺼번에 움직이는 •모양 또는 한곳에 몰리는 모양

예 사람들은 황금 사과를 따려고 마법의 나무 •주위로 벌떼처럼 **우르르** •몰려

들었다.

• 모양 겉으로 나타나는 생김새나 모습

• 주위 어떤 곳의 바깥 둘레

• 몰려들다 여럿이 떼를 지어 모여들다

천만에

한자 일천 천 千
일만 만 萬

전혀 그렇지 않다 또는 절대 그럴 수 없다

예 선생님이 "공부하느라 고생이 많구나!"라고 말하자 아이는 "**천만에**요, 공부

는 제가 당연히 해야 할 일인 걸요"라고 답했다.

아우성

한자 소리 성 聲

여럿이 함께 •기세를 올리며 / •악을 써 지르는 소리

예 내일 수학 시험을 볼 것이라는 선생님의 말에

학생들은 **아우성**을 질렀다.

• 기세 기운차게 뻗치는 모양이나 상태

• 악 있는 힘을 다하여 모질게 마구 쓰는 기운

의논

한자 의논할 의 議
논할 논 論

어떤 일에 대하여 / •의견을 주고받음

예 두 동네 사람들은 황금 사과를 어떻게 나눠 가질지 모여서 **의논**했다.

• 의견 어떤 대상에 대하여 가지는 생각

확실하다

한자 굳을 확 確
열매 실 實

사실이나 현상이 / 틀림없이 그렇다

예 눈으로 직접 본 적은 없지만, 지구가 돌고 있다는 사실은 **확실하다.**

비 명확하다, 확연하다, 틀림없다, 명백하다, 명명백백하다, 정확하다

1 문장을 읽고, 알맞은 낱말을 써 넣어 봅시다.

1) 현상이나 사실이 틀림없이 그러한가를 알아보다 　☐☐☐☐

2) 사람 · 동물 따위가 한꺼번에 움직이는 모양 또는
   한곳에 몰리는 모양 　☐☐☐

3) 전혀 그렇지 않다 또는 절대 그럴 수 없다 　☐☐☐

4) 여럿이 함께 기세를 올리며 악을 써 지르는 소리 　☐☐☐

5) 어떤 일에 대하여 의견을 주고받다 　☐☐

6) 사실이나 현상이 틀림없이 그렇다 　☐☐☐☐

2 밑줄 친 곳에 알맞은 낱말을 써 넣어 문장을 완성해 봅시다.

1) 사과나무에 황금 사과가 열린대! 우리 눈으로 직접 _____ !

2) 사람들은 황금 사과를 따려고 마법의 나무 주위로 벌떼처럼 _____ 몰려들었다.

3) 선생님이 "공부하느라 고생이 많구나!"라고 말하자 아이는 " _____ 요, 공부는
   제가 당연히 해야 할 일인 걸요"라고 답했다.

4) 내일 수학 시험을 볼 것이라는 선생님의 말에 학생들은 _____ 을 질렀다.

5) 두 동네 사람들은 황금 사과를 어떻게 나눠 가질지 모여서 _____ 했다.

6) 눈으로 직접 본 적은 없지만, 지구가 돌고 있다는 사실은 _____ .

국어 교과서 52~61쪽

분명하다

한자 나눌 분 分
밝을 명 明

의심할 여지가 없이 / 아주 뚜렷하다

예 책상 위에 물건들이 흐트러진 것을 보니 누군가 손을 댄 것이 **분명하다.**

비 명백하다, 명명백백하다, 명료하다, 현저하다

감시하다

한자 볼 감 監
볼 시 視

주의를 기울여 / 지켜보다

예 선생님은 모둠 •활동 중에 •딴짓하는 학생이 있는지
교실을 돌며 **감시했다.**

• **활동**　　몸을 움직여 행동함

• **딴짓하다**　어떤 일을 하는 동안에, 그 일과는 전혀 관계없는 행동을 하다

의심하다

한자 의심할 의 疑
마음 심 心

믿지 못하다 또는 •이상하게 여기다

예 옆자리에 앉은 짝이 내 물건에 손을 댔을 것이라고
의심해서 그 아이의 •일거수일투족을 몰래 감시했다.

• **이상하다**　의심스럽거나 알 수 없는 데가 있다

• **일거수일투족**　손 한 번 들고 발 한 번 옮긴다는 뜻으로, 크고 작은 동작 하나하나를
　　　　　　　　　이르는 말

드나들다

들어가고 · 나가고 / 하다

예 우리 학교에는 **드나드는** 사람과 차를 감시하는 카메라가 곳곳에 •설치되어 있다.

• **설치되다**　(어떤 일을 하는 데 필요한) 기계 · 건물 따위를 마련하여 갖춤

차츰차츰

**시간의 흐름에 따라 일정한 방향으로 / 조금씩 / •진행되어 가는 모양 또는 변화하는
모양**

예 윗동네도 아랫동네도 서로를 의심하는 마음이 **차츰차츰** 쌓여 갔고, 나중에는
서로 •잡아먹을 듯이 미워하게 되었다.

• **진행되다**　일이 처리되어 나가게 되다

• **잡아먹다**　(어떤 사람이 다른 사람을) 몹시 괴롭히고 적을 상대하는 마음으로 대하다

까맣다

•기억이 / 전혀 없다

예 주말에 만나서 놀기로 한 약속을 나는 **까맣게** 잊고 있었는데, 친구는 •또렷이
기억하고 있었다.

• **기억**　　지난 일을 잊지 아니함. 또는 그 내용

• **또렷이**　분명하고 확실하게

1 **문장을 읽고, 알맞은 낱말을 써 넣어 봅시다.**

1)   의심할 여지가 없이 아주 뚜렷하다

2)   주의를 기울여 지켜보다

3)   믿지 못하다 또는 이상하게 여기다

4)   들어가고 · 나가고 하다

5)   시간의 흐름에 따라 일정한 방향으로 조금씩 진행되어
      가는 모양 또는 변화하는 모양

6)   기억이 전혀 없다

2 **밑줄 친 곳에 알맞은 낱말을 써 넣어 문장을 완성해 봅시다.**

1)   책상 위에 물건들이 흐트러진 것을 보니 누군가 손을 댄 것이 _____ .

2)   선생님은 모둠 활동 중에 딴짓하는 학생이 있는지 교실을 돌며 _____ .

3)   옆자리에 앉은 짝이 내 물건에 손을 댔을 것이라고 _____ 그 아이의 일거수일
      투족을 몰래 감시했다.

4)   우리 학교에는 _____ 사람과 차를 감시하는 카메라가 곳곳에 설치되어 있다.

5)   윗동네도 아랫동네도 서로를 의심하는 마음이 _____ 쌓여 갔고, 나중에는 서
      로 잡아먹을 듯이 미워하게 되었다.

6)   주말에 만나서 놀기로 한 약속을 나는 _____ 잊고 있었는데, 친구는 또렷이 기
      억하고 있었다.

2. 이야기를 간추려요

너머

산, 담, 고개, 무지개같이 / 높은 것의 저쪽 또는 그 •공간

[예] 비가 그친 뒤, 산 **너머**에 무지개가 피어올랐다.

• **공간**   물질 · 물체가 존재할 수 있거나 어떤 일이 일어날 수 있는 자리

으스스하다

•섬뜩한 느낌을 받아서 / •소름이 돋는 듯하다

[예] 시골 할머니 댁의 근처에는 아무도 살지 않아서 귀신이 나올 것만 같은

    으스스한 •폐가가 있다.

• **섬뜩하다**   소름이 끼치도록 무섭고 끔찍하다

• **소름**   살갗이 오그라들며 겉에 좁쌀 같은 것이

        도톨도톨하게 돋는 것

• **폐가**   사람이 살지 않고 버려두어 낡은 집

언뜻

잠깐 나타나는 모양 또는 •문득 생각나는 모양

[예] 친구가 풀고 있는 수학 문제집은 **언뜻** 보기에도 꽤 어려웠다.

• **문득**   생각이나 느낌 따위가 갑자기 떠오르는 모양

[비] 얼핏, 걸핏, 힐끗, 맥연히

오싹거리다

무섭거나 · 추워서 / 자꾸 몸이 움츠러들거나 · 소름이 끼치다

[예] 밤에 골목길을 걷다가 갑자기 이상한 소리가

    들려서 온몸이 **오싹거렸다**.

끔찍하다

•참혹하거나 · 무섭거나 · 싫어서 / •진저리가 날 정도이다

[예] 요즘 **끔찍한** 사건이 많이 일어나서 집밖에 나가기가 겁난다.

• **참혹하다**   잔인하고 무자비하다(인정이 없이 매섭고 독하다)

• **진저리**   으스스 떠는 몸짓

소통하다

[한자] 소통할 소 疏
     통할 통 通

생각이 / 서로 잘 •통하다

[예] 영어를 잘하면 외국인과 쉽게 **소통할** 수 있다.

• **통하다**   말을 주고받아 서로의 뜻을 알다

1 문장을 읽고, 알맞은 낱말을 써 넣어 봅시다.

1) 산, 담, 고개, 무지개같이 높은 것의 저쪽 또는 그 공간

2) 섬뜩한 느낌을 받아서 소름이 돋는 듯하다

3) 잠깐 나타나는 모양 또는 문득 생각나는 모양

4) 무섭거나 · 추워서 자꾸 몸이 움츠러들거나 · 소름이 끼치다

5) 참혹하거나 · 무섭거나 · 싫어서 진저리가 날 정도이다

6) 생각이 서로 잘 통하다

2 밑줄 친 곳에 알맞은 낱말을 써 넣어 문장을 완성해 봅시다.

1) 비가 그친 뒤, 산 _____ 에 무지개가 피어올랐다.

2) 시골 할머니 댁의 근처에는 아무도 살지 않아서 귀신이 나올 것만 같은 _____ 폐가가 있다.

3) 친구가 풀고 있는 수학 문제집은 _____ 보기에도 꽤 어려웠다.

4) 밤에 골목길을 걷다가 갑자기 이상한 소리가 들려서 온몸이 _____.

5) 요즘 _____ 사건이 많이 일어나서 집밖에 나가기가 겁난다.

6) 영어를 잘하면 외국인과 쉽게 _____ 수 있다.

4일

저승

사람이 죽은 뒤 / 그 •영혼이 가서 사는 / 세상

예 '죽어 보아야 **저승**을 안다'는 속담은 직접 당하여 보아야 그 •실상을 알 수 있다는 말이다.

• 영혼   죽은 사람의 넋(사람의 몸에 있으면서 몸을 거느리고 정신을 다스리며 목숨을 붙어 있게 하는 비물질적 존재. 몸이 죽은 뒤에도 영원히 존재한다고 여겨진다)

• 실상   실제의 모양이나 상태

곳간

한자 곳집 고 庫
사이 간 間

식량 · •물건 따위를 / •보관하는 곳

예 마을에서 •제일가는 부자인 그 집의 **곳간**에는 곡식과 값진 물건들이 가득했다.

• 물건   (일정한 모양을 갖고 있는) 눈에 보이는 모든 것

• 보관하다   (사람이 물건을) 맡아서 잘 간수하여 두다

• 제일가다(으뜸가다, 첫째가다)   여럿 가운데서 가장 뛰어나다

원님

한자 인원 원 員

고려와 조선 시대에 / 지방의 고을을 맡아 다스리던 / 부윤, 목사, 부사, 군수, 현감, 현령 따위의 / •관리

예 그는 고을 **원님** 앞에 무릎을 꿇고는 억울한 사정을 •읍소하였다.

• 관리   국가나 지방 자치 단체에 속하여 봉급을 받고 일하는 사람

• 읍소하다   억울한 사정 따위를 눈물을 흘리며 간절히 하소연하다

소인

한자 작을 소 小
사람 인 人

윗사람에 대하여 / 자기를 낮추어 이르는 말

예 죽어서 염라대왕 앞으로 끌려간 원님은 "염라대왕님, **소인**은 아직 할 일이 많습니다"라고 •하소연했다.

• 하소연하다   억울한 일, 잘못된 일, 딱한 사정 따위를 말하다

이승

지금 살고 있는 / 현실 세계

예 사람은 누구나 저승에 곳간이 하나씩 있지만 **이승**에서 부자라고 해서 저승의 곳간이 꽉 차 있지는 않다.

비 이생, 금생, 차생, 차승, 차세, 금세

조아리다

상대편에게 이마가 바닥에 닿을 정도로 / 머리를 자꾸 숙이다

예 모든 죄를 용서해 주겠다는 임금의 말을 듣고 죄를 지은 관리들은 쉴 새 없이 머리를 **조아렸다**.

1 문장을 읽고, 알맞은 낱말을 써 넣어 봅시다.

1) 사람이 죽은 뒤 그 영혼이 가서 사는 세상

2) 식량·물건 따위를 보관하는 곳

3) 고려와 조선 시대에 지방의 고을을 맡아 다스리던 부윤, 목사, 부사, 군수, 현감, 현령 따위의 관리

4) 윗사람에 대하여 자기를 낮추어 이르는 말

5) 지금 살고 있는 현실 세계

6) 상대편에게 이마가 바닥에 닿을 정도로 머리를 자꾸 숙이다

2 밑줄 친 곳에 알맞은 낱말을 써 넣어 문장을 완성해 봅시다.

1) '죽어 보아야 _____ 을 안다'는 속담은 직접 당하여 보아야 그 실상을 알 수 있다는 말이다.

2) 마을에서 제일가는 부자인 그 집의 _____ 에는 곡식과 값진 물건들이 가득했다.

3) 그는 고을 _____ 앞에 무릎을 꿇고는 억울한 사정을 읍소하였다.

4) 죽어서 염라대왕 앞으로 끌려간 원님은 "염라대왕님, _____ 은 아직 할 일이 많습니다"라고 하소연했다.

5) 사람은 누구나 저승에 곳간이 하나씩 있지만 _____ 에서 부자라고 해서 저승의 곳간이 꽉 차 있지는 않다.

6) 모든 죄를 용서해 주겠다는 임금의 말을 듣고 죄를 지은 관리들은 쉴 새 없이 머리를 _____ .

간청하다

한자 간절할 간 懇
청할 청 請

•간절히 •청하다

예 원님은 머리를 조아리며 염라대왕에게 이승에서 좀 더 살게 해 달라고 **간청했다.**

•**간절히**　(무엇을 바라는 마음이) 더없이 정성스럽고 절실하다

•**청하다**　(어떤 일을 이루기 위하여) 남에게 부탁을 하다

비 청원하다, 청탁하다, 간촉하다, 고간하다

수명

한자 목숨 수 壽
목숨 명 命

•생물이 살아 있는 / •연한

예 고양이의 **수명**은 약 20년이고, 강아지의 **수명**은 약 15년이다.

•**생물(생물체)**　생명을 가지고 스스로 생활 현상을 유지하여 나가는 물체

•**연한**　　정해진 햇수(해의 수) 또는 경과한 햇수

딱하다

•처하여 있는 상황이 / •애처롭고 · 불쌍하다

예 염라대왕은 수명을 적어 놓은 책을 들여다보고는 아직 원님이 나이가 젊어서 **딱하다**는 생각이 들었다.

•**처하다**　어떤 형편이나 처지에 놓이다

•**애처롭다**　가엾고 불쌍하여 마음이 슬프다

비 가엾다, 애처롭다, 민망하다

얼른

시간을 끌지 않고 / 바로

예 마지막 한 조각 남은 치킨을 동생이 손대기 전에 **얼른** 집어 들었다.

비 냉큼, 빨리, 속히, 급히

헛걸음

뜻한 바를 이루지 못하고 / 아무 •보람 없이 / 가거나 오는 일

예 한 시간 동안 차를 타고 옷가게에 갔는데 마음에 드는 옷이 없어서 **헛걸음**만 했다.

•**보람**　한 일에 대해 나타나는 좋은 결과나 그 일에 대한 만족감

수고비

한자 쓸 비 費

•수고를 들여 / 일을 한 •대가로 받는 / 돈

예 엄마의 •심부름으로 마트에 가서 두부를 사 오고 **수고비**로 천 원을 받았다.

•**수고**　일을 하는 데 힘을 들이고 애를 씀. 또는 그런 어려움

•**대가**　어떤 일에 들인 노력이나 희생에 대해 받는 값

•**심부름**　남이 시키는 일을 대신하여 주는 일

1 문장을 읽고, 알맞은 낱말을 써 넣어 봅시다.

1) 간절히 청하다 　☐☐☐☐

2) 생물이 살아 있는 연한 　☐☐

3) 처하여 있는 상황이 애처롭고·불쌍하다 　☐☐☐

4) 시간을 끌지 않고 바로 　☐☐

5) 뜻한 바를 이루지 못하고 아무 보람 없이 가거나 오는 일 　☐☐☐

6) 수고를 들여 일을 한 대가로 받는 돈 　☐☐☐

2 밑줄 친 곳에 알맞은 낱말을 써 넣어 문장을 완성해 봅시다.

1) 원님은 머리를 조아리며 염라대왕에게 이승에서 좀 더 살게 해 달라고 _____ .

2) 고양이의 _____ 은 약 20년이고, 강아지의 _____ 은 약 15년이다.

3) 염라대왕은 수명을 적어 놓은 책을 들여다보고는 아직 원님이 나이가 젊어서 _____ 는 생각이 들었다.

4) 마지막 한 조각 남은 치킨을 동생이 손대기 전에 _____ 집어 들었다.

5) 한 시간 동안 차를 타고 옷가게에 갔는데 마음에 드는 옷이 없어서 _____ 만 했다.

6) 엄마의 심부름으로 마트에 가서 두부를 사 오고 _____ 로 천 원을 받았다.

1 문장을 읽고, 알맞은 낱말을 써 넣어 봅시다.

1) 시간을 끌지 않고 바로 _____

2) 전혀 그렇지 않다 또는 절대 그럴 수 없다 _____

3) 윗사람에 대하여 자기를 낮추어 이르는 말 _____

4) 사람·동물 따위가 한꺼번에 움직이는 모양 또는
   한곳에 몰리는 모양 _____

5) 의심할 여지가 없이 아주 뚜렷하다 _____

6) 사실이나 현상이 틀림없이 그렇다 _____

7) 주의를 기울여 지켜보다 _____

8) 수고를 들여 일을 한 대가로 받는 돈 _____

9) 믿지 못하다 또는 이상하게 여기다 _____

10) 생물이 살아 있는 연한 _____

11) 들어가고·나가고 하다 _____

12) 산, 담, 고개, 무지개같이 높은 것의 저쪽 또는 그 공간 _____

13) 여럿이 함께 기세를 올리며 악을 써 지르는 소리 _____

14) 기억이 전혀 없다 _____

15) 잠깐 나타나는 모양 또는 문득 생각나는 모양 _____

16)　어떤 일에 대하여 의견을 주고받다　　　　＿＿＿＿＿＿＿

17)　사람이 죽은 뒤 그 영혼이 가서 사는 세상　　　＿＿＿＿＿＿＿

18)　고려와 조선 시대에 지방의 고을을 맡아 다스리던 부윤,
　　 목사, 부사, 군수, 현감, 현령 따위의 관리　　　＿＿＿＿＿＿＿

19)　상대편에게 이마가 바닥에 닿을 정도로 머리를 자꾸 숙이다　＿＿＿＿＿＿＿

20)　섬뜩한 느낌을 받아서 소름이 돋는 듯하다　　　＿＿＿＿＿＿＿

21)　참혹하거나 · 무섭거나 · 싫어서 진저리가 날 정도이다　＿＿＿＿＿＿＿

22)　간절히 청하다　　　＿＿＿＿＿＿＿

23)　생각이 서로 잘 통하다　　　＿＿＿＿＿＿＿

24)　무섭거나 · 추워서 자꾸 몸이 움츠러들거나 · 소름이 끼치다　＿＿＿＿＿＿＿

25)　현상이나 사실이 틀림없이 그러한가를 알아보다　　＿＿＿＿＿＿＿

26)　처하여 있는 상황이 애처롭고 · 불쌍하다　　　＿＿＿＿＿＿＿

27)　식량 · 물건 따위를 보관하는 곳　　　＿＿＿＿＿＿＿

28)　지금 살고 있는 현실 세계　　　＿＿＿＿＿＿＿

29)　뜻한 바를 이루지 못하고 아무 보람 없이 가거나 오는 일　＿＿＿＿＿＿＿

30)　시간의 흐름에 따라 일정한 방향으로 조금씩 진행되어
　　 가는 모양 또는 변화하는 모양　　　＿＿＿＿＿＿＿

2 밑줄 친 곳에 알맞은 낱말을 써 넣어 문장을 완성해 봅시다.

1) 눈으로 직접 본 적은 없지만, 지구가 돌고 있다는 사실은 _____ .

2) 고양이의 _____ 은 약 20년이고, 강아지의 _____ 은 약 15년이다.

3) 내일 수학 시험을 볼 것이라는 선생님의 말에 학생들은 _____ 을 질렀다.

4) 시골 할머니 댁의 근처에는 아무도 살지 않아서 귀신이 나올 것만 같은 _____ 폐가가 있다.

5) '죽어 보아야 _____ 을 안다'는 속담은 직접 당하여 보아야 그 실상을 알 수 있다는 말이다.

6) 책상 위에 물건들이 흐트러진 것을 보니 누군가 손을 댄 것이 _____ .

7) 밤에 골목길을 걷다가 갑자기 이상한 소리가 들려서 온몸이 _____ .

8) 선생님은 모둠 활동 중에 딴짓하는 학생이 있는지 교실을 돌며 _____ .

9) 사람들은 황금 사과를 따려고 마법의 나무 주위로 벌떼처럼 _____ 몰려들었다.

10) 옆자리에 앉은 짝이 내 물건에 손을 댔을 것이라고 _____ 그 아이의 일거수일투족을 몰래 감시했다.

11) 요즘 _____ 사건이 많이 일어나서 집밖에 나가기가 겁난다.

12) 우리 학교에는 _____ 사람과 차를 감시하는 카메라가 곳곳에 설치되어 있다.

13) 친구가 풀고 있는 수학 문제집은 _____ 보기에도 꽤 어려웠다.

14) 윗동네도 아랫동네도 서로를 의심하는 마음이 _____ 쌓여 갔고, 나중에는 서로 잡아먹을 듯이 미워하게 되었다.

15) 두 동네 사람들은 황금 사과를 어떻게 나눠 가질지 모여서 _____ 했다.

16) 원님은 머리를 조아리며 염라대왕에게 이승에서 좀 더 살게 해 달라고 _____ .

17) 주말에 만나서 놀기로 한 약속을 나는 _____ 잊고 있었는데, 친구는 또렷이 기억하고 있었다.

18) 염라대왕은 수명을 적어 놓은 책을 들여다보고는 아직 원님이 나이가 젊어서 _____ 는 생각이 들었다.

19) 마을에서 제일가는 부자인 그 집의 _____ 에는 곡식과 값진 물건들이 가득했다.

20) 모든 죄를 용서해 주겠다는 임금의 말을 듣고 죄를 지은 관리들은 쉴 새 없이 머리를 _____ .

21) 죽어서 염라대왕 앞으로 끌려간 원님은 "염라대왕님, _____ 은 아직 할 일이 많습니다"라고 하소연했다.

22) 엄마의 심부름으로 마트에 가서 두부를 사 오고 _____ 로 천 원을 받았다.

23) 영어를 잘하면 외국인과 쉽게 _____ 수 있다.

24) 사람은 누구나 저승에 곳간이 하나씩 있지만 _____ 에서 부자라고 해서 저승의 곳간이 꽉 차 있지는 않다.

25) 비가 그친 뒤, 산 _____ 에 무지개가 피어올랐다.

26) 한 시간 동안 차를 타고 옷가게에 갔는데 마음에 드는 옷이 없어서 _____ 만 했다.

27) 그는 고을 _____ 앞에 무릎을 꿇고는 억울한 사정을 읍소하였다.

28) 선생님이 "공부하느라 고생이 많구나!"라고 말하자 아이는 " _____ 요, 공부는 제가 당연히 해야 할 일인 걸요"라고 답했다.

29) 사과나무에 황금 사과가 열린대! 우리 눈으로 직접 _____ !

30) 마지막 한 조각 남은 치킨을 동생이 손대기 전에 _____ 집어 들었다.

재물
한자 재물 재 財 / 물건 물 物

돈 또는 값나가는 모든 물건

예 빈털터리가 된 그에게 남은 **재물**은 고작 은반지 한 개가 전부였다.

비 재화, 금품

볏짚

벼의 / •낟알 또는 •이삭을 / •떨어낸 줄기

예 옛날에는 **볏짚**을 엮어서 짚신이나 •초가의 지붕을 만들었다.

• 낟알(곡식알)　아직 껍질을 벗기지 않은 곡식의 알맹이

• 이삭　　벼, 보리 따위의 곡식에서 꽃이 피고 열매가 달리는 부분

• 떨어내다　(어디에서 달라붙거나 묻어 있는 물건을) 손이나 도구로 쳐서 떨어지게 하다

• 초가(집)　볏짚 · 밀짚 · 갈대 등으로 엮어서 지붕을 올린 집

덕
한자 큰 덕 德

베풀어 준 / 도움

예 굶주린 사람에게 쌀을 주고, •헐벗은 사람에게 옷을 주고, 빈털터리에게 돈을 주는 것이 다 남에게 **덕**을 베푸는 일이다.

• 헐벗다　가난하여 옷이 헐어 벗다시피 하다

비 덕분, 덕택

변변히

제대로 갖추어져 / 충분하게 또는 쓸 만하게

예 원님은 자신은 남에게 좋은 일 한 번 **변변히** 한 적이 없었다는 사실을 깨닫고, •쥐구멍에라도 숨고 싶을 만큼 부끄러웠다.

• 쥐구멍　몸을 숨길 만한 최소한의 장소를 비유적으로 이르는 말

핀잔하다

못마땅하게 여겨 / •맞대 놓고 / •꾸짖다

예 선생님이 수업 중에 장난치고 떠드는 두 학생을 **핀잔했다**.

• 맞대다　서로 가깝게 마주 대하다

• 꾸짖다　주로 아랫사람의 잘못에 대하여 심하게 나무라다

비 꾸지람하다, 꾸짖다, 꾸중하다

그득하다
(가득하다)

•분량 · •수효 등이 / 넘칠 만큼 / 꽉 찬 상태이다

예 하루 종일 •장맛비가 내려서 화분에 빗물이 **그득하다**.

• 분량(양)　수효, 무게 따위의 많고 적은 정도. 또는 부피의 크고 작은 정도

• 수효　사물의 낱낱(여럿 가운데의 하나하나)의 수

• 장맛비　장마(여름철 많은 비가 계속해서 내리는 것) 때 오는 비

1 문장을 읽고, 알맞은 낱말을 써 넣어 봅시다.

1) 돈 또는 값나가는 모든 물건

2) 벼의 낟알 또는 이삭을 떨어낸 줄기

3) 베풀어 준 도움

4) 제대로 갖추어져 충분하게 또는 쓸 만하게

5) 못마땅하게 여겨 맞대 놓고 꾸짖다

6) 분량·수효 등이 넘칠 만큼 꽉 찬 상태이다

3주
1일

2 밑줄 친 곳에 알맞은 낱말을 써 넣어 문장을 완성해 봅시다.

1) 빈털터리가 된 그에게 남은 _____ 은 고작 은반지 한 개가 전부였다.

2) 옛날에는 _____ 을 엮어서 짚신이나 초가의 지붕을 만들었다.

3) 굶주린 사람에게 쌀을 주고, 헐벗은 사람에게 옷을 주고, 빈털터리에게 돈을 주는 것이 다 남에게 _____ 을 베푸는 일이다.

4) 원님은 자신은 남에게 좋은 일 한 번 _____ 한 적이 없었다는 사실을 깨닫고, 쥐구멍에라도 숨고 싶을 만큼 부끄러웠다.

5) 선생님이 수업 중에 장난치고 떠드는 두 학생을 _____ .

6) 하루 종일 장맛비가 내려서 화분에 빗물이 _____ .

국어 5-1학기 | 교과서 52~61쪽 |

꼴

남이 처해 있는 •형편 · 상황을 / 낮추거나 · 비웃는 / 말

예 저승사자는 원님에게 "고을에 사는 주막집 딸은 곳간을 그득하게 채웠는데, 고을 원님이라는 사람이 이게 무슨 꼴이냐?"고 핀잔하듯 말했다.

• 형편   일이 되어 가는 상태나 경로 또는 결과

제안하다

한자 꼴 제 提
책상 안 案

•안건으로 삼을 / 의견을 내어놓다

예 저승사자는 원님에게 "덕진이라는 아가씨의 곳간에는 쌀이 수백 석이나 있으니, 일단 거기서 쌀을 •꾸어 계산하고 이승에 나가서 갚도록 하라"고 **제안했다.**

• 안건   어떤 문제에 대해 검토하고 협의할 사실

• 꾸다   (어떤 사람이 다른 사람의 돈이나 물건 따위를) 나중에 갚거나 돌려주기로 하고 얼마 동안 가져다 쓰다

셈

주고받을 돈 · 물건 **따위를** / 서로 따져 밝히는 일 또는 그 돈 · 물건

예 과자를 이것저것 많이 사서 **셈을** 하는 데 시간이 꽤 걸렸다.

비 계산

치르다

줘야 할 / 돈을 내주다

예 원님은 덕진의 곳간에서 쌀 삼백 석을 꾸어 셈을 **치를** 수 있었다.

비 내다, 지불하다

명령하다

한자 목숨 명 命
하여금 령 令

어떤 일이나 행동 따위를 / 하게 하다

예 원님은 즉시 •나졸들을 시켜 덕진이라는 아가씨를 찾으라고 **명령했다.**

• 나졸   조선 때, 포도청(범죄자를 잡거나 다스리는 일을 맡던 관청)에 소속되어 밤에 사람의 통행을 금지시키고 순찰을 돌던 병사

인정

한자 사람 인 人
뜻 정 情

남의 어려운 사정을 이해하고 / 정신적 · 물질적으로 도움을 베푸는 / 따뜻한 마음

예 우리 담임 선생님은 겉보기엔 무뚝뚝하시지만 속으론 **인정이** 많으시다.

비 인심

1 **문장을 읽고, 알맞은 낱말을 써 넣어 봅시다.**

1)　남이 처해 있는 형편 · 상황을 낮추거나 · 비웃는 말　☐

2)　안건으로 삼을 의견을 내어놓다　☐☐☐☐

3)　주고받을 돈 · 물건 따위를 서로 따져 밝히는 일 또는 그 돈 · 물건　☐

4)　줘야 할 돈을 내주다　☐☐☐

5)　어떤 일이나 행동 따위를 하게 하다　☐☐☐☐

6)　남의 어려운 사정을 이해하고 정신적 · 물질적으로 도움을 베푸는 따뜻한 마음　☐☐

3주 2일

2 **밑줄 친 곳에 알맞은 낱말을 써 넣어 문장을 완성해 봅시다.**

1)　저승사자는 원님에게 "고을에 사는 주막집 딸은 곳간을 그득하게 채웠는데, 고을 원님이라는 사람이 이게 무슨 _____ 이냐?"고 핀잔하듯 말했다.

2)　저승사자는 원님에게 "덕진이라는 아가씨의 곳간에는 쌀이 수백 석이나 있으니, 일단 거기서 쌀을 꾸어 계산하고 이승에 나가서 갚도록 하라"고 _____ .

3)　과자를 이것저것 많이 사서 _____ 을 하는 데 시간이 꽤 걸렸다.

4)　원님은 덕진의 곳간에서 쌀 삼백 석을 꾸어 셈을 _____ 수 있었다.

5)　원님은 즉시 나졸들을 시켜 덕진이라는 아가씨를 찾으라고 _____ .

6)　우리 담임 선생님은 겉보기엔 무뚝뚝하시지만 속으론 _____ 이 많으시다.

주막

한자 술 주 酒
장막 막 幕

옛날에 길거리 · 강가 · 고개 입구 따위에서 / 밥과 술을 팔고 · 돈을 받고 °나그네에게 잠잘 곳을 °제공하는 / 집

예 장사꾼들은 저녁이 되면 목도 축이고 쉴 겸 해서 **주막**을 찾아들었다.

° 나그네　자신이 살던 고장을 떠나 다른 지역에 잠시 머물거나 떠도는 사람

° 제공하다　가지고 있는 것을 내놓거나 대주어 도움이 되게 하다

후하다

한자 두터울 후 厚

마음 · 태도가 / °너그럽고 여유롭다

예 어머니와 주막을 차려 살고 있는 덕진은 인정이 많아 손님을 **후하게** °대접했다.

° 너그럽다　마음이 넓고 이해심이 많다

° 대접하다　음식을 차려 모시거나 시중을 들다

허름하다

좀 모자라거나 · 낡은 데가 있거나 · 값이 싼 듯하다

예 이삿짐을 정리하면서 **허름한** °옷가지와 책들을 버렸다.

° 옷가지　몇 가지의 옷. 또는 몇 벌의 옷

변장하다

한자 변할 변 變
꾸밀 장 裝

본래의 모습을 알아볼 수 없게 하기 위하여 / 옷차림 · 얼굴 · 머리 모양 따위를 / 다르게 바꾸다

예 원님은 허름한 선비 모습으로 **변장하고**, 밤에 덕진의 주막을 찾아갔다.

머뭇거리다
(머무적거리다)

말이나 행동 따위를 / 딱 잘라서 하지 못하고 / 자꾸 °망설이다

예 옆 반 아이가 우리 교실 문 앞에서 들어올지 말지 한참을 **머뭇거리다가** 자기 반으로 돌아갔다.

° 망설이다　마음속으로 이리저리 생각만 하고 태도를 정하지 못하다

비 머뭇대다, 머뭇머뭇하다, 주저하다, 뭉그적거리다, 망설이다

선뜻

동작이 / 빠르고 시원스러운 모양

예 원님이 머뭇거리며 열 냥을 빌려달라고 말하자 덕진은 **선뜻** 열 냥을 내주었다.

1 문장을 읽고, 알맞은 낱말을 써 넣어 봅시다.

1) 옛날에 길거리 · 강가 · 고개 입구 따위에서 밥과 술을 팔고 · 돈을 받고 나그네에게 잠잘 곳을 제공하는 집

2) 마음 · 태도가 너그럽고 여유롭다

3) 좀 모자라거나 · 낡은 데가 있거나 · 값이 싼 듯하다

4) 본래의 모습을 알아볼 수 없게 하기 위하여 옷차림 · 얼굴 · 머리 모양 따위를 다르게 바꾸다

5) 말이나 행동 따위를 딱 잘라서 하지 못하고 자꾸 망설이다

6) 동작이 빠르고 시원스러운 모양

2 밑줄 친 곳에 알맞은 낱말을 써 넣어 문장을 완성해 봅시다.

1) 장사꾼들은 저녁이 되면 목도 축이고 쉴 겸 해서 _____ 을 찾아들었다.

2) 어머니와 주막을 차려 살고 있는 덕진은 인정이 많아 손님을 _____ 대접했다.

3) 이삿짐을 정리하면서 _____ 옷가지와 책들을 버렸다.

4) 원님은 허름한 선비 모습으로 _____ , 밤에 덕진의 주막을 찾아갔다.

5) 옆 반 아이가 우리 교실 문 앞에서 들어올지 말지 한참을 _____ 자기 반으로 돌아갔다.

6) 원님이 머뭇거리며 열 냥을 빌려달라고 말하자 덕진은 _____ 열 냥을 내주었다.

형편

한자 모양 형 形
편할 편 便

개인이나 집단의 / •경제 상태

예 빈털터리가 된 그는 하루에 한 •끼니도 못 먹을 만큼 **형편**이 어려웠다.

• **경제**   재화(돈이나 값 나가는 물건)와 서비스를 만들고,
나누고, 쓰는 모든 활동

• **끼니**   아침 · 점심 · 저녁과 같이 날마다 일정한 시간에 먹는 밥

적선

한자 쌓을 적 積
착할 선 善

착한 일을 / 많이 함

예 슈바이처 박사는 60여 년 동안 아프리카에서 병들고 가난한 이들을 치료하
고 돌보는 **적선**을 했다.

감명

한자 느낄 감 感
새길 명 銘

무엇을 크게 느껴 / 마음속에 깊이 새김 또는 그 새겨진 느낌

예 이순신 장군의 위인전을 읽고 큰 **감명**을 받았다.

비 감동, 감격

달구지

소나 말이 끄는 / •수레

예 원님은 크게 감명 받아 며칠 뒤에 **달구지**에 쌀 삼백 석을 싣고 덕진의 주막을
찾아갔다.

• **수레**   사람을 태우거나 짐을 실어 옮길 수 있도록 바퀴를 달아 굴러 가게 만든 기구

호들갑스럽다

말이나 행동이 / •야단스럽고 · •방정맞다

예 점심시간이 끝나가자 운동장에서 놀던 아이들이 **호들갑스럽게** 교실로 우르르
들어왔다.

• **야단스럽다**   매우 떠들썩하게 일을 벌이거나 어수선하게 떠드는
데가 있다

• **방정맞다**   말이나 행동이 가볍고 몹시 까불다

해코지하다

한자 해할 해 害

남을 •해치는 짓을 / 하다

예 친구가 사과를 하지 않았다면 어떻게든 **해코지할** •심산이었다.

• **해치다**   사람의 마음이나 몸에 해(이롭지 못하거나 손상시킴)를 입히다

• **심산(속셈)** 마음속으로 하는 궁리나 계획

비 해치다

1 문장을 읽고, 알맞은 낱말을 써 넣어 봅시다.

1) 개인이나 집단의 경제 상태 ☐☐

2) 착한 일을 많이 함 ☐☐

3) 무엇을 크게 느껴 마음속에 깊이 새김 또는 그 새겨진 느낌 ☐☐

4) 소나 말이 끄는 수레 ☐☐☐

5) 말이나 행동이 야단스럽고 · 방정맞다 ☐☐☐☐☐

6) 남을 해치는 짓을 하다 ☐☐☐☐

2 밑줄 친 곳에 알맞은 낱말을 써 넣어 문장을 완성해 봅시다.

1) 빈털터리가 된 그는 하루에 한 끼니도 못 먹을 만큼 _____ 이 어려웠다.

2) 슈바이처 박사는 60여 년 동안 아프리카에서 병들고 가난한 이들을 치료하고 돌보는 _____ 을 했다.

3) 이순신 장군의 위인전을 읽고 큰 _____ 을 받았다.

4) 원님은 크게 감명 받아 며칠 뒤에 _____ 에 쌀 삼백 석을 싣고 덕진의 주막을 찾아갔다.

5) 점심시간이 끝나가자 운동장에서 놀던 아이들이 _____ 교실로 우르르 들어왔다.

6) 친구가 사과를 하지 않았다면 어떻게든 _____ 심산이었다.

2. 이야기를 간추려요

다소곳이

고개를 조금 숙인 채 / 말없이 •얌전하게

예 덕진은 마당에 나와 원님 앞에 **다소곳이** 섰다.

• **얌전하다**   (성품이나 태도가) 조용하고 침착하며 단정하다

영문

일이 돌아가는 / 상황 또는 그 까닭

예 친구가 왜 나에게 •불같이 화를 내는지 도무지 **영문**을 알 수 없었다.

• **불같이**   성질이 몹시 급하고 사납게

어리둥절하다

무슨 영문인지 잘 몰라서 / •얼떨떨하다

예 친구가 갑자기 다가오더니 내게 만 원짜리 지폐를
건네줘서 **어리둥절했다.**

• **얼떨떨하다(떨떨하다)**   (뜻밖의 일을 갑자기 당하거나, 여러 가지
일이 복잡하여) 정신을 가다듬지 못하다

강제

한자 강할 강 強
절제할 제 制

일 · 행동 따위를 / 남에게 억지로 시킴

예 담임 선생님은 학생들에게 일기 쓰기를 **강제**로 시키지 않으신다.

멍하다

정신이 나간 것처럼 / •자극에 대한 •반응이 없다

예 원님이 가고 난 다음에도 덕진은 영문을 몰라 그 자리에 **멍하게** 서 있었다.

• **자극**   외부에서 작용을 주어 감각이나 마음에 반응이 일어나게 함
• **반응**   작용이나 자극에 의하여 어떠한 현상이 일어남

가로지르다

움직이는 •물체가 / 어떤 곳을 / 가로로 •질러서 지나가다

예 덕진은 쌀을 팔아서 마을 앞을 **가로지르는** 강가에
다리를 놓기로 했다.

• **물체**   구체적인 모양을 갖고 있는 것
• **지르다**   지름길로 가깝게 가다

1 문장을 읽고, 알맞은 낱말을 써 넣어 봅시다.

1) 고개를 조금 숙인 채 말없이 얌전하게 ☐☐☐☐

2) 일이 돌아가는 상황 또는 그 까닭 ☐☐

3) 무슨 영문인지 잘 몰라서 얼떨떨하다 ☐☐☐☐☐☐

4) 일·행동 따위를 남에게 억지로 시킴 ☐☐

5) 정신이 나간 것처럼 자극에 대한 반응이 없다 ☐☐☐

6) 움직이는 물체가 어떤 곳을 가로로 질러서 지나가다 ☐☐☐☐☐

3주 5일

2 밑줄 친 곳에 알맞은 낱말을 써 넣어 문장을 완성해 봅시다.

1) 덕진은 마당에 나와 원님 앞에 _____ 섰다.

2) 친구가 왜 나에게 불같이 화를 내는지 도무지 _____ 을 알 수 없었다.

3) 친구가 갑자기 다가오더니 내게 만 원짜리 지폐를 건네줘서 _____ .

4) 담임 선생님은 학생들에게 일기 쓰기를 _____ 로 시키지 않으신다.

5) 원님이 가고 난 다음에도 덕진은 영문을 몰라 그 자리에 _____ 서 있었다.

6) 덕진은 쌀을 팔아서 마을 앞을 _____ 강가에 다리를 놓기로 했다.

1 **문장을 읽고, 알맞은 낱말을 써 넣어 봅시다.**

1) 마음 · 태도가 너그럽고 여유롭다 _____

2) 고개를 조금 숙인 채 말없이 얌전하게 _____

3) 개인이나 집단의 경제 상태 _____

4) 말이나 행동 따위를 딱 잘라서 하지 못하고 자꾸 망설이다 _____

5) 착한 일을 많이 함 _____

6) 어떤 일이나 행동 따위를 하게 하다 _____

7) 무엇을 크게 느껴 마음속에 깊이 새김 또는 그 새겨진 느낌 _____

8) 옛날에 길거리 · 강가 · 고개 입구 따위에서 밥과 술을 팔고 · 돈을 받고 나그네에게 잠잘 곳을 제공하는 집 _____

9) 소나 말이 끄는 수레 _____

10) 무슨 영문인지 잘 몰라서 얼떨떨하다 _____

11) 남이 처해 있는 형편 · 상황을 낮추거나 · 비웃는 말 _____

12) 제대로 갖추어져 충분하게 또는 쓸 만하게 _____

13) 남의 어려운 사정을 이해하고 정신적 · 물질적으로 도움을 베푸는 따뜻한 마음 _____

14) 말이나 행동이 야단스럽고 · 방정맞다 _____

15) 베풀어 준 도움 _____

16) 남을 해치는 짓을 하다 　_____

17) 분량·수효 등이 넘칠 만큼 꽉 찬 상태이다 　_____

18) 주고받을 돈·물건 따위를 서로 따져 밝히는 일 또는
　　그 돈·물건 　_____

19) 좀 모자라거나·낡은 데가 있거나·값이 싼 듯하다 　_____

20) 돈 또는 값나가는 모든 물건 　_____

21) 본래의 모습을 알아볼 수 없게 하기 위하여 옷차림·
　　얼굴·머리 모양 따위를 다르게 바꾸다 　_____

22) 안건으로 삼을 의견을 내어놓다 　_____

23) 줘야 할 돈을 내주다 　_____

24) 못마땅하게 여겨 맞대 놓고 꾸짖다 　_____

25) 일이 돌아가는 상황 또는 그 까닭 　_____

26) 일·행동 따위를 남에게 억지로 시킴 　_____

27) 벼의 낟알 또는 이삭을 떨어낸 줄기 　_____

28) 동작이 빠르고 시원스러운 모양 　_____

29) 정신이 나간 것처럼 자극에 대한 반응이 없다 　_____

30) 움직이는 물체가 어떤 곳을 가로로 질러서 지나가다 　_____

2 밑줄 친 곳에 알맞은 낱말을 써 넣어 문장을 완성해 봅시다.

1) 과자를 이것저것 많이 사서 _____ 을 하는 데 시간이 꽤 걸렸다.

2) 선생님이 수업 중에 장난치고 떠드는 두 학생을 _____ .

3) 덕진은 마당에 나와 원님 앞에 _____ 섰다.

4) 친구가 왜 나에게 불같이 화를 내는지 도무지 _____ 을 알 수 없었다.

5) 원님은 덕진의 곳간에서 쌀 삼백 석을 꾸어 셈을 _____ 수 있었다.

6) 친구가 갑자기 다가오더니 내게 만 원짜리 지폐를 건네줘서 _____ .

7) 이삿짐을 정리하면서 _____ 옷가지와 책들을 버렸다.

8) 담임 선생님은 학생들에게 일기 쓰기를 _____ 로 시키지 않으신다.

9) 빈털터리가 된 그는 하루에 한 끼니도 못 먹을 만큼 _____ 이 어려웠다.

10) 친구가 사과를 하지 않았다면 어떻게든 _____ 심산이었다.

11) 슈바이처 박사는 60여 년 동안 아프리카에서 병들고 가난한 이들을 치료하고 돌보는 _____ 을 했다.

12) 원님은 자신은 남에게 좋은 일 한 번 _____ 한 적이 없었다는 사실을 깨닫고, 쥐구멍에라도 숨고 싶을 만큼 부끄러웠다.

13) 원님은 허름한 선비 모습으로 _____ , 밤에 덕진의 주막을 찾아갔다.

14) 빈털터리가 된 그에게 남은 _____ 은 고작 은반지 한 개가 전부였다.

15) 원님은 즉시 나졸들을 시켜 덕진이라는 아가씨를 찾으라고 _____ .

16) 옛날에는 _____ 을 엮어서 짚신이나 초가의 지붕을 만들었다.

3주
평가

17)   점심시간이 끝나가자 운동장에서 놀던 아이들이 _____ 교실로 우르르 들어왔다.

18)   굶주린 사람에게 쌀을 주고, 헐벗은 사람에게 옷을 주고, 빈털터리에게 돈을 주는 것이 다 남에게 _____ 을 베푸는 일이다.

19)   어머니와 주막을 차려 살고 있는 덕진은 인정이 많아 손님을 _____ 대접했다.

20)   옆 반 아이가 우리 교실 문 앞에서 들어올지 말지 한참을 _____ 자기 반으로 돌아갔다.

21)   저승사자는 원님에게 "고을에 사는 주막집 딸은 곳간을 그득하게 채웠는데, 고을 원님 이라는 사람이 이게 무슨 _____ 이냐?"고 핀잔하듯 말했다.

22)   덕진은 쌀을 팔아서 마을 앞을 _____ 강가에 다리를 놓기로 했다.

23)   원님은 크게 감명 받아 며칠 뒤에 _____ 에 쌀 삼백 석을 싣고 덕진의 주막을 찾아갔다.

24)   장사꾼들은 저녁이 되면 목도 축이고 쉴 겸 해서 _____ 을 찾아들었다.

25)   이순신 장군의 위인전을 읽고 큰 _____ 을 받았다.

26)   하루 종일 장맛비가 내려서 화분에 빗물이 _____ .

27)   저승사자는 원님에게 "덕진이라는 아가씨의 곳간에는 쌀이 수백 석이나 있으니, 일단 거기서 쌀을 꾸어 계산하고 이승에 나가서 갚도록 하라"고 _____ .

28)   우리 담임 선생님은 겉보기엔 무뚝뚝하시지만 속으론 _____ 이 많으시다.

29)   원님이 머뭇거리며 열 냥을 빌려달라고 말하자 덕진은 _____ 열 냥을 내주었다.

30)   원님이 가고 난 다음에도 덕진은 영문을 몰라 그 자리에 _____ 서 있었다.

1일

추론하다

한자 밀 추 推
논할 론 論

이미 알려진 사실·정보를 근거로 삼아 / 직접 드러나지 않은 판단·결론을 / 이끌어 내다

예 밖에서 시끄럽게 말을 주고받았던 두 친구가 교실에 들어왔을 때 표정이 어두운 것으로 보아, 둘 사이에 다툼이 있었을 거라고 **추론했다.**

비 추리하다

평가하다

한자 평할 평 評
값 가 價

사물의 / 가치·수준(좋고 나쁨, 잘하고 못함, 옳고 그름) 따위를 / 가르고 정하다

예 담임교사는 결과 못지않게 과정을 높이 **평가했기** 때문에 성적이 좋지 않지만 열심히 공부한 학생들에게 노력상을 주었다.

가치 판단

한자 값 가 價
값 치 値
판단할 판 判
끊을 단 斷

무엇의 가치에 대하여 / 각자의 기준으로 내려지는 / •판단

예 아이의 **가치 판단**으로는 공부는 나쁜 것이고, 놀기는 좋은 것이었다.

• 판단　대상의 옳고 그름, 좋고 나쁨 따위를 따져서 분명하게 정하다

본격적

한자 근본 본 本
격식 격 格
과녁 적 的

일의 진행 상태가 / 제 •궤도에 올라 / 매우 •활발한 (것)

예 장마가 끝나고 **본격적인** •무더위가 시작되었다.

• 궤도　일이 진행해 가는 일정한 방향

• 활발하다　무엇이 많이 이루어지거나 벌어지다

• 무더위　(온도와 습도가 매우 높아) 찌는 듯 견디기 어려운 더위

공터

한자 빌 공 空

건물이나 논밭 따위가 없는 / 빈 땅

예 몇 년 째 **공터**로 남아 있는 그 땅에는 잡초만 듬성듬성 나 있다.

구석지다

한쪽 구석으로 치우쳐 / •으슥하다 또는 홀로 따로 멀리 떨어져 / •외지다

예 학생들의 안전을 위해 학교의 **구석진** 곳에 감시 카메라를 •설치했다.

• 으슥하다　무서운 느낌이 들 만큼 구석지고 고요하다

• 외지다　(어떤 곳이) 홀로 따로 떨어져 으슥하고 후미지다

• 설치하다　(기계, 설비 따위를 장소에) 마련하여 갖추다

비 으슥하다, 외지다

1 문장을 읽고, 알맞은 낱말을 써 넣어 봅시다.

1) 이미 알려진 사실·정보를 근거로 삼아 직접 드러나지 않은 판단·결론을 이끌어 내다

2) 사물의 가치·수준(좋고 나쁨, 잘하고 못함, 옳고 그름) 따위를 가르고 정하다

3) 무엇의 가치에 대하여 각자의 기준으로 내려지는 판단

4) 일의 진행 상태가 제 궤도에 올라 매우 활발한 (것)

5) 건물이나 논밭 따위가 없는 빈 땅

6) 한쪽 구석으로 치우쳐 으슥하다 또는 홀로 따로 멀리 떨어져 외지다

4주 1일

2 밑줄 친 곳에 알맞은 낱말을 써 넣어 문장을 완성해 봅시다.

1) 밖에서 시끄럽게 말을 주고받았던 두 친구가 교실에 들어왔을 때 표정이 어두운 것으로 보아, 둘 사이에 다툼이 있었을 거라고 _____ .

2) 담임교사는 결과 못지않게 과정을 높이 _____ 때문에 성적이 좋지 않지만 열심히 공부한 학생들에게 노력상을 주었다.

3) 아이의 _____ 으로는 공부는 나쁜 것이고, 놀기는 좋은 것이었다.

4) 장마가 끝나고 _____ 무더위가 시작되었다.

5) 몇 년 째 _____ 로 남아 있는 그 땅에는 잡초만 듬성듬성 나 있다.

6) 학생들의 안전을 위해 학교의 _____ 곳에 감시 카메라를 설치했다.

2. 이야기를 간추려요

우주 모텔 | 교과서 72~87쪽 |

꾸부정하다

매우 •꾸부러져 있다

예 할머니는 공터 구석진 곳에 **꾸부정하게** 앉아서 •폐지를 묶고 있었다.

• 꾸부러지다(구부러지다) 한쪽으로 약간 굽은 듯 휘어지다

• 폐지 쓸모가 없어 버리게 된 종이

손놀림

손을 / 이리저리 움직이는 일

예 피아노를 배운지 얼마 안 되었는지 건반을 두드리는 아이의 **손놀림**이 상당히 서툴렀다.

꾸러미

한 •덩어리로 / 싸서 묶은 / 물건

예 다 묶은 폐지 **꾸러미**를 •손수레에 싣고, 할머니는 혹시 하나라도 빠질까 봐 다시 한 번 •노끈으로 단단히 묶었다.

• 덩어리 뭉쳐진 것

• 손수레 손으로 끌거나 미는 작은 수레

• 노끈 (실·삼·질긴 종이 따위로) 가늘게 비비거나 꼰 줄로 만든 끈

수그리다

고개나 몸을 / 깊이 •숙이다

예 학생들은 반장의 인사 •구령에 맞춰 선생님께 허리를 **수그렸다**.

• 숙이다 (사람이 고개·머리·허리를) 아래로 내리게 하다

• 구령 여러 사람이 어떤 동작을 일제히 하도록 지휘자가 말로 내리는 간단한 명령

뚫어지다

뚫어질 정도로 / •집중해서 쳐다보다

예 독서 •삼매경에 빠진 아이는 책을 **뚫어지게** 보았다.

• 집중하다 한 가지 일에 모든 관심이나 주의를 쏟아붓다

• 삼매경 잡념을 버리고 한 가지 대상에만 정신을 집중하는 경지

납작하다
(넙적하다,
넙죽하다)

몸을 바닥에 바짝 대고 / •냉큼 •엎드리다

예 폐지를 찾기 위해 할머니는 등을 **납작하게** 구부리고 땅을 뚫어져라 살폈다.

• 냉큼 머뭇거리지 않고 가볍게 빨리

• 엎드리다 몸을 길게 바닥에 붙이거나 가까이하다

1 문장을 읽고, 알맞은 낱말을 써 넣어 봅시다.

1) 매우 꾸부러져 있다

2) 손을 이리저리 움직이는 일

3) 한 덩어리로 싸서 묶은 물건

4) 고개나 몸을 깊이 숙이다

5) 뚫어질 정도로 집중해서 쳐다보다

6) 몸을 바닥에 바짝 대고 냉큼 엎드리다

4주
2일

2 밑줄 친 곳에 알맞은 낱말을 써 넣어 문장을 완성해 봅시다.

1) 할머니는 공터 구석진 곳에 _____ 앉아서 폐지를 묶고 있었다.

2) 피아노를 배운지 얼마 안 되었는지 건반을 두드리는 아이의 _____ 이 상당히
서툴렀다.

3) 다 묶은 폐지 _____ 를 손수레에 싣고, 할머니는 혹시 하나라도 빠질까 봐 다시
한 번 노끈으로 단단히 묶었다.

4) 학생들은 반장의 인사 구령에 맞춰 선생님께 허리를 _____ .

5) 독서 삼매경에 빠진 아이는 책을 _____ 보았다.

6) 폐지를 찾기 위해 할머니는 등을 _____ 구부리고 땅을 뚫어져라 살폈다.

웬만하다
(우연만하다)

•허용 범위에서 / 크게 벗어나지 않는 **상태에 있다**

[예] 수업을 잘 듣고 교과서를 몇 번만 읽으면 **웬만한** 문제는 다 맞힐 수 있다.

• **허용** 허락하여 너그러운 마음으로 받아들임

[비] 어지간하다

차지하다

자기 몫으로 / 갖다

[예] 동생은 맛있는 게 있으면 매번 자기가 더 많이 **차지하려고** 기를 쓴다.

일부러

어떤 목적을 갖고 또는 **마음을 내어 굳이**

[예] 종이 할머니는 이 채소 가게에서 나오는 상자를 차지하기 위해 **일부러** 여기에서 반찬거리를 사곤 했다.

잰걸음

•보폭이 짧고 빠른 / 걸음

[예] 지각을 한 학생들이 교문을 향해 **잰걸음**으로 걸어간다.

• **보폭** 걸음을 걸을 때 앞발 뒤축에서 뒷발 뒤축까지의 거리

흠칫

어깨나 목을 움츠리며 / 갑작스럽게 놀라는 모양

[예] 머리를 맞대고 소곤소곤 이야기를 나누던 두 친구가 갑자기 나타난 나를 보고 **흠칫** 놀랐다.

정작

어떤 일에 / •실제로 이르러

[예] 반장은 학생들에게 열심히 청소하라고 •다그쳤지만 **정작** 자신은 청소를 전혀 하지 않았다.

• **실제로** (거짓이나 상상이 아닌) 있는 그대로 현실적으로

• **다그치다** (일이나 행동을 어찌하라고) 요구하며 마구 몰아붙이다

[비] 막상

1　문장을 읽고, 알맞은 낱말을 써 넣어 봅시다.

1)　허용 범위에서 크게 벗어나지 않는 상태에 있다

2)　자기 몫으로 갖다

3)　어떤 목적을 갖고 또는 마음을 내어 굳이

4)　보폭이 짧고 빠른 걸음

5)　어깨나 목을 움츠리며 갑작스럽게 놀라는 모양

6)　어떤 일에 실제로 이르러

4주
3일

2　밑줄 친 곳에 알맞은 낱말을 써 넣어 문장을 완성해 봅시다.

1)　수업을 잘 듣고 교과서를 몇 번만 읽으면 _____ 문제는 다 맞힐 수 있다.

2)　동생은 맛있는 게 있으면 매번 자기가 더 많이 _____ 기를 쓴다.

3)　종이 할머니는 이 채소 가게에서 나오는 상자를 차지하기 위해 _____ 여기에서 반찬거리를 사곤 했다.

4)　지각을 한 학생들이 교문을 향해 _____ 으로 걸어간다.

5)　머리를 맞대고 소곤소곤 이야기를 나누던 두 친구가 갑자기 나타난 나를 보고 _____ 놀랐다.

6)　반장은 학생들에게 열심히 청소하라고 다그쳤지만 _____ 자신은 청소를 전혀 하지 않았다.

4일

주 요 어 휘 |교과서 72~87쪽|

눈두덩
• 눈언저리의 / • 두두룩한 곳
예 작고 뚱뚱한 할머니의 한쪽 **눈두덩**에 • 불룩한 혹이 나 있었다.
• **눈언저리(눈가)**   눈의 가장자리(물건의 둘레나 끝에 가까운 부분)
• **두두룩하다(두둑하다)**   가운데가 솟아서 불룩하다
• **불룩하다**   거죽(물체의 겉 부분)이 둥글고 크게 튀어나와 있다

아예
절대로 또는 조금도
예 크게 다툰 그날 이후로 나와 친구는 서로의 얼굴을 **아예** 쳐다보지 않았다.

뿌유스레하다
(뿌유스름하다)
진하거나 또렷하지 않고 / 약간 • 부옇다
예 작고 뚱뚱한 할머니의 눈동자는 아예 보이지도 않았고, 다른 한쪽 눈에서 흘러나오는 눈빛은 **뿌유스레한** • 안개 같았다.
• **부옇다**   연기나 안개가 낀 것처럼 선명하지 못하고 조금 허옇다
• **안개**   수증기가 찬 기운을 만나 아주 작은 물방울이 되어 대기 속에 떠 있어 연기처럼 보이는 현상

벌그데데하다
(발그대대하다,
뻘그데데하다)
곱지 않고 조금 보기 싫게 / • 벌겋다
예 • 땡볕에 운동장에서 뛰논 아이들이 **벌그데데한** 얼굴로 교실에 돌아왔다.
• **벌겋다**   어둡고 연하게 붉다
• **땡볕**   따갑게 내리쬐는 뜨거운 볕

쏘아붙이다
• 감정이 상할 정도로 / 매섭고 날카롭게 / 말을 내뱉다
예 할머니는 벌그데데한 • 낯빛이 되어 "그런 뱁이 어디 있어!"라고 **쏘아붙였다**.
• **감정**   어떤 일·현상·사물에 대하여 일어나는 마음이나 느끼는 기분
• **낯빛(얼굴빛, 안색)**   얼굴의 빛깔이나 기색

섬뜩하다
소름이 끼치도록 / 무섭고 • 끔찍하다
예 공포 영화를 보다가 갑자기 **섬뜩한** 장면이 나와서 눈을 • 질끈 감았다.
• **끔찍하다**   진저리(으스스 떠는 몸짓)가 날 정도로 참혹하거나 무섭거나 싫다
• **질끈**   바짝 힘을 주어 사이를 눌러 붙이는 모양

1 **문장을 읽고, 알맞은 낱말을 써 넣어 봅시다.**

1) 눈언저리의 두두룩한 곳 ☐☐☐

2) 절대로 또는 조금도 ☐☐

3) 진하거나 또렷하지 않고 약간 부옇다 ☐☐☐☐☐☐

4) 곱지 않고 조금 보기 싫게 벌겋다 ☐☐☐☐☐☐

5) 감정이 상할 정도로 매섭고 날카롭게 말을 내뱉다 ☐☐☐☐☐

6) 소름이 끼치도록 무섭고 끔찍하다 ☐☐☐☐

4주
4일

2 **밑줄 친 곳에 알맞은 낱말을 써 넣어 문장을 완성해 봅시다.**

1) 작고 뚱뚱한 할머니의 한쪽 _____ 에 불룩한 혹이 나 있었다.

2) 크게 다툰 그날 이후로 나와 친구는 서로의 얼굴을 _____ 쳐다보지 않았다.

3) 작고 뚱뚱한 할머니의 눈동자는 아예 보이지도 않았고, 다른 한쪽 눈에서 흘러나오는
    눈빛은 _____ 안개 같았다.

4) 땡볕에 운동장에서 뛰논 아이들이 _____ 얼굴로 교실에 돌아왔다.

5) 할머니는 벌그데데한 낯빛이 되어 "그런 벱이 어디 있어!"라고 _____ .

6) 공포 영화를 보다가 갑자기 _____ 장면이 나와서 눈을 질끈 감았다.

우주 오렌 | 교과서 72~87쪽 |

소름

피부에 좁쌀 같은 **것이** / *돋아나는 **것**

㉮ 밤중에 길을 걷다가 흰 옷을 입고 머리카락을 길게 풀어헤친 사람을 보고 귀신으로 *착각해서 *소름이 돋았다.

* **돋아나다**   살갗에 속으로부터 어떤 것이 우툴두툴하게 내밀어 오르다
* **착각하다**   어떤 사물이나 사실을 실제와 다르게 느끼거나 생각하다
* **소름이 돋다(소름이 끼치다)** 공포나 충격 따위로 소름이 끼치도록 무섭고 끔찍하다

흉측하다

한자 흉할 흉 凶
헤아릴 측 測

생김새 따위가 / *흉하고 *혐오스럽다

㉮ 집에 *간혹 *출몰하는 바퀴벌레를 볼 때마다 정말 **흉측하다**고 느낀다.

* **흉하다**   생김새나 태도가 언짢거나 징그럽다
* **혐오스럽다**   싫어하고 미워할 만한 데가 있다
* **간혹**   어쩌다가 드물게. 이따금. 간간이
* **출몰하다**   (무엇이) 어떤 장소에 나타났다가 없어졌다가 하다

대꾸
(말대꾸)

남의 말을 듣고 / 그 말에 대한 자신의 생각을 밝힘

㉮ 수업 중에 *딴생각을 하다가 선생님의 질문에 **대꾸**를 못했다.

* **딴생각**   이야기하고 있는 주제와 상관없는 생각

울뚝
(울뚝울뚝)

*성미가 급하여 / 말이나 행동을 *우악스럽게 하는 **모양**

㉮ 아이는 **울뚝** 말하고 행동하는 탓에 친구들과 자주 다툼을 벌인다.

* **성미**   성질 · 마음씨 · 비위 · 버릇 따위를 두루 일컫는 말
* **우악스럽다**   (말 · 행동 · 성격 따위가) 무식하고 모지며 거친 데가 있다

치밀다

마음속에 *분노 · 슬픔 따위의 감정이 / 세차게 일어나다

㉮ 그는 하늘을 바라보며 가슴에 **치밀어** 오르는 분노를 가라앉혔다.

* **분노**   몹시 분하게 여겨 크게 화를 냄

벌러덩
(발라당)

팔이나 다리를 활짝 벌리고 / 뒤로 눕거나 자빠지는 **모양**

㉮ 울뚝, 화가 치밀어 오른 종이 할머니가 눈에 혹이 난 할머니의 팔을 잡고 *힘껏 밀어 버리자, 힘없이 **벌러덩** 넘어졌다.

* **힘껏**   있는 힘을 다하여

1 문장을 읽고, 알맞은 낱말을 써 넣어 봅시다.

1) 피부에 좁쌀 같은 것이 돋아나는 것

2) 생김새 따위가 흉하고 혐오스럽다

3) 남의 말을 듣고 그 말에 대한 자신의 생각을 밝힘

4) 성미가 급하여 말이나 행동을 우악스럽게 하는 모양

5) 마음속에 분노 · 슬픔 따위의 감정이 세차게 일어나다

6) 팔이나 다리를 활짝 벌리고 뒤로 눕거나 자빠지는 모양

4주
5일

2 밑줄 친 곳에 알맞은 낱말을 써 넣어 문장을 완성해 봅시다.

1) 밤중에 길을 걷다가 흰 옷을 입고 머리카락을 길게 풀어헤친 사람을 보고 귀신으로 착각해서 _____ 이 돋았다.

2) 집에 간혹 출몰하는 바퀴벌레를 볼 때마다 정말 _____ 고 느낀다.

3) 수업 중에 딴생각을 하다가 선생님의 질문에 _____ 를 못했다.

4) 아이는 _____ 말하고 행동하는 탓에 친구들과 자주 다툼을 벌인다.

5) 그는 하늘을 바라보며 가슴에 _____ 오르는 분노를 가라앉혔다.

6) 울뚝, 화가 치밀어 오른 종이 할머니가 눈에 혹이 난 할머니의 팔을 잡고 힘껏 밀어 버리자, 힘없이 _____ 넘어졌다.

1 문장을 읽고, 알맞은 낱말을 써 넣어 봅시다.

1) 성미가 급하여 말이나 행동을 우악스럽게 하는 모양   _____

2) 고개나 몸을 깊이 숙이다   _____

3) 절대로 또는 조금도   _____

4) 허용 범위에서 크게 벗어나지 않는 상태에 있다   _____

5) 소름이 끼치도록 무섭고 끔찍하다   _____

6) 남의 말을 듣고 그 말에 대한 자신의 생각을 밝힘   _____

7) 어떤 목적을 갖고 또는 마음을 내어 굳이   _____

8) 진하거나 또렷하지 않고 약간 부옇다   _____

9) 보폭이 짧고 빠른 걸음   _____

10) 일의 진행 상태가 제 궤도에 올라 매우 활발한 (것)   _____

11) 어깨나 목을 움츠리며 갑작스럽게 놀라는 모양   _____

12) 매우 꾸부러져 있다   _____

13) 팔이나 다리를 활짝 벌리고 뒤로 눕거나 자빠지는 모양   _____

14) 손을 이리저리 움직이는 일   _____

15) 눈언저리의 두두룩한 곳   _____

16) 한 덩어리로 싸서 묶은 물건   _____

17) 마음속에 분노·슬픔 따위의 감정이 세차게 일어나다 _____

18) 뚫어질 정도로 집중해서 쳐다보다 _____

19) 이미 알려진 사실·정보를 근거로 삼아 직접 드러나지
않은 판단·결론을 이끌어 내다 _____

20) 곱지 않고 조금 보기 싫게 벌겋다 _____

21) 무엇의 가치에 대하여 각자의 기준으로 내려지는 판단 _____

22) 건물이나 논밭 따위가 없는 빈 땅 _____

23) 생김새 따위가 흉하고 혐오스럽다 _____

24) 한쪽 구석으로 치우쳐 으슥하다 또는 홀로 따로
멀리 떨어져 외지다 _____

25) 몸을 바닥에 바짝 대고 냉큼 엎드리다 _____

26) 어떤 일에 실제로 이르러 _____

27) 자기 몫으로 갖다 _____

28) 사물의 가치·수준(좋고 나쁨, 잘하고 못함, 옳고 그름)
따위를 가르고 정하다 _____

29) 감정이 상할 정도로 매섭고 날카롭게 말을 내뱉다 _____

30) 피부에 좁쌀 같은 것이 돋아나는 것 _____

2 밑줄 친 곳에 알맞은 낱말을 써 넣어 문장을 완성해 봅시다.

1) 동생은 맛있는 게 있으면 매번 자기가 더 많이 _____ 기를 쓴다.

2) 지각을 한 학생들이 교문을 향해 _____ 으로 걸어간다.

3) 밤중에 길을 걷다가 흰 옷을 입고 머리카락을 길게 풀어헤친 사람을 보고 귀신으로 착각해서 _____ 이 돋았다.

4) 작고 뚱뚱한 할머니의 눈동자는 아예 보이지도 않았고, 다른 한쪽 눈에서 흘러나오는 눈빛은 _____ 안개 같았다.

5) 집에 간혹 출몰하는 바퀴벌레를 볼 때마다 정말 _____ 고 느낀다.

6) 몇 년 째 _____ 로 남아 있는 그 땅에는 잡초만 듬성듬성 나 있다.

7) 수업 중에 딴생각을 하다가 선생님의 질문에 _____ 를 못했다.

8) 할머니는 공터 구석진 곳에 _____ 앉아서 폐지를 묶고 있었다.

9) 아이의 _____ 으로는 공부는 나쁜 것이고, 놀기는 좋은 것이었다.

10) 피아노를 배운지 얼마 안 되었는지 건반을 두드리는 아이의 _____ 이 상당히 서툴렀다.

11) 땡볕에 운동장에서 뛰논 아이들이 _____ 얼굴로 교실에 돌아왔다.

12) 다 묶은 폐지 _____ 를 손수레에 싣고, 할머니는 혹시 하나라도 빠질까 봐 다시 한 번 노끈으로 단단히 묶었다.

13) 머리를 맞대고 소곤소곤 이야기를 나누던 두 친구가 갑자기 나타난 나를 보고 _____ 놀랐다.

14) 학생들은 반장의 인사 구령에 맞춰 선생님께 허리를 _____ .

15) 공포 영화를 보다가 갑자기 _____ 장면이 나와서 눈을 질끈 감았다.

16) 반장은 학생들에게 열심히 청소하라고 다그쳤지만 _____ 자신은 청소를 전혀 하지 않았다.

17) 종이 할머니는 이 채소 가게에서 나오는 상자를 차지하기 위해 _____ 여기에서 반찬거리를 사곤 했다.

18) 폐지를 찾기 위해 할머니는 등을 _____ 구부리고 땅을 뚫어져라 살폈다.

19) 아이는 _____ 말하고 행동하는 탓에 친구들과 자주 다툼을 벌인다.

20) 밖에서 시끄럽게 말을 주고받았던 두 친구가 교실에 들어왔을 때 표정이 어두운 것으로 보아, 둘 사이에 다툼이 있었을 거라고 _____ .

21) 독서 삼매경에 빠진 아이는 책을 _____ 보았다.

22) 장마가 끝나고 _____ 무더위가 시작되었다.

23) 할머니는 벌그데데한 낯빛이 되어 "그런 법이 어디 있어!"라고 _____ .

24) 담임교사는 결과 못지않게 과정을 높이 _____ 때문에 성적이 좋지 않지만 열심히 공부한 학생들에게 노력상을 주었다.

25) 울뚝, 화가 치밀어 오른 종이 할머니가 눈에 혹이 난 할머니의 팔을 잡고 힘껏 밀어 버리자, 힘없이 _____ 넘어졌다.

26) 학생들의 안전을 위해 학교의 _____ 곳에 감시 카메라를 설치했다.

27) 그는 하늘을 바라보며 가슴에 _____ 오르는 분노를 가라앉혔다.

28) 크게 다툰 그날 이후로 나와 친구는 서로의 얼굴을 _____ 쳐다보지 않았다.

29) 작고 뚱뚱한 할머니의 한쪽 _____ 에 불룩한 혹이 나 있었다.

30) 수업을 잘 듣고 교과서를 몇 번만 읽으면 _____ 문제는 다 맞힐 수 있다.

1 문장을 읽고, 알맞은 낱말을 써 넣어 봅시다.

1) 크게 소리 내어 글을 읽거나 · 외우다   (   )

2) 흩어져 날리다   (   )

3) 어떤 대상을 다른 대상에 또는 둘 이상의 대상을 질 · 양 ·
    차이 · 우월 따위를 비교하려고 대어 보다   (   )

4) 'A는 B다'라는 식으로 어떤 대상을 다른 사물에 빗대어
    표현하는 방법   (   )

5) 바람에 날리어 흔들리다   (   )

6) 함박꽃송이처럼 굵고 탐스럽게 내리는 눈   (   )

7) 사늘한 바람이 가볍고 부드럽게 부는 모양   (   )

8) 사물 · 현상을 직접 설명하지 않고 그와 비슷한 사물 · 현상에
    빗대어 표현하는 것   (   )

9) 마음 · 태도가 너그럽고 여유롭다   (   )

10) 상대편에게 이마가 바닥에 닿을 정도로 머리를 자꾸 숙이다 (   )

11) 성미가 급하여 말이나 행동을 우악스럽게 하는 모양   (   )

12) 동작이 빠르고 시원스러운 모양   (   )

13) 잠깐 나타나는 모양 또는 문득 생각나는 모양   (   )

14) 이미 알려진 사실 · 정보를 근거로 삼아 직접 드러나지 않은
    판단 · 결론을 이끌어 내다   (   )

15) 말이나 행동 따위를 딱 잘라서 하지 못하고 자꾸 망설이다 (   )

16) 보폭이 짧고 빠른 걸음 ( )

17) 윗사람에 대하여 자기를 낮추어 이르는 말 ( )

18) 감정이 상할 정도로 매섭고 날카롭게 말을 내뱉다 ( )

19) 옛날에 길거리 · 강가 · 고개 입구 따위에서 밥과 술을 팔고 ·
    돈을 받고 나그네에게 잠잘 곳을 제공하는 집 ( )

20) 진하거나 또렷하지 않고 약간 부옇다 ( )

21) 수고를 들여 일을 한 대가로 받는 돈 ( )

22) 말이나 행동이 야단스럽고 · 방정맞다 ( )

23) 소나 말이 끄는 수레 ( )

24) 식량 · 물건 따위를 보관하는 곳 ( )

25) 한 덩어리로 싸서 묶은 물건 ( )

26) 산, 담, 고개, 무지개같이 높은 것의 저쪽 또는 그 공간 ( )

27) 좀 모자라거나 · 낡은 데가 있거나 · 값이 싼 듯하다 ( )

28) 시간의 흐름에 따라 일정한 방향으로 조금씩 진행되어 가는 모양
    또는 변화하는 모양 ( )

29) 한쪽 구석으로 치우쳐 으슥하다 또는 홀로 따로 멀리 떨어져
    외지다 ( )

30) 간절히 청하다 ( )

2 밑줄 친 곳에 알맞은 낱말을 써 넣어 문장을 완성해 봅시다.

1) 어젯밤 꿈은 내가 진짜로 겪고 있다는 느낌이 들 정도로 _____.

2) 피자 조각들을 눈대중으로 _____ 그 중에서 가장 큰 조각을 집었다.

3) 작은 도시 한가운데에 서 있는 사과나무는 두 동네를 정확하게 반으로 _____ .

4) '우레(천둥) 같은 박수' '애기처럼 우는 고양이'로 나타낸 것처럼 '~같이' '~처럼' '~듯이' 와 같은 말을 써서 두 대상을 직접 견주어 표현하는 방법을 _____ 이라고 한다.

5) 학교 앞에서 파는 솜사탕을 사 먹으려고 아이들이 _____ 에서 몰려들었다.

6) 비유하는 표현은 _____ 하나를 다른 _____ 에 빗대어 표현하기 때문에 두 _____ 사이에는 공통점이 있다.

7) 갓 태어난 새끼 강아지들이 한데 _____ 어미의 젖을 빨았다.

8) 빈털터리가 된 그에게 남은 _____ 은 고작 은반지 한 개가 전부였다.

9) 공포 영화를 보다가 갑자기 _____ 장면이 나와서 눈을 질끈 감았다.

10) 하루 종일 장맛비가 내려서 화분에 빗물이 _____ .

11) 친구가 사과를 하지 않았다면 어떻게든 _____ 심산이었다.

12) 할머니는 공터 구석진 곳에 _____ 앉아서 폐지를 묶고 있었다.

13) 종이 할머니는 이 채소 가게에서 나오는 상자를 차지하기 위해 _____ 여기에서 반찬거리를 사곤 했다.

14) _____ 이 있는 시를 읽으면 마치 노래를 부르는 것 같은 느낌이 든다.

15) 아이의 _____ 으로는 공부는 나쁜 것이고, 놀기는 좋은 것이었다.

16) 선생님이 수업 중에 장난치고 떠드는 두 학생을 _____ .

17) 주말에 만나서 놀기로 한 약속을 나는 _____ 잊고 있었는데, 친구는 또렷이 기억하고 있었다.

18) 수업을 잘 듣고 교과서를 몇 번만 읽으면 _____ 문제는 다 맞힐 수 있다.

19) 원님이 가고 난 다음에도 덕진은 영문을 몰라 그 자리에 _____ 서 있었다.

20) 밤에 골목길을 걷다가 갑자기 이상한 소리가 들려서 온몸이 _____ .

21) 할머니는 벌그데데한 낯빛이 되어 "그런 뱁이 어디 있어!"라고 _____ .

22) 내일 수학 시험을 볼 것이라는 선생님의 말에 학생들은 _____ 을 질렀다.

23) 울뚝, 화가 치밀어 오른 종이 할머니가 눈에 혹이 난 할머니의 팔을 잡고 힘껏 밀어 버리자, 힘없이 _____ 넘어졌다.

24) 덕진은 마당에 나와 원님 앞에 _____ 섰다.

25) 수업 중에 딴생각을 하다가 선생님의 질문에 _____ 를 못했다.

26) 요즘 _____ 사건이 많이 일어나서 집밖에 나가기가 겁난다.

27) 슈바이처 박사는 60여 년 동안 아프리카에서 병들고 가난한 이들을 치료하고 돌보는 _____ 을 했다.

28) 선생님이 "공부하느라 고생이 많구나!"라고 말하자 아이는 " _____ 요, 공부는 제가 당연히 해야 할 일인 걸요"라고 답했다.

29) 집에 간혹 출몰하는 바퀴벌레를 볼 때마다 정말 _____ 고 느낀다.

30) 영어를 잘하면 외국인과 쉽게 _____ 수 있다.

5~8주

칭찬 사과 스티커

하루 공부를 잘 마쳤다면 나에게 칭찬 사과를 선물하세요.
사과 나무에 사과가 주렁주렁 열릴 때까지 열심히 공부합시다!

■ 스티커는 색인(찾아보기) 마지막 페이지 이후에 있습니다.

우주 호텔 | 교과서 72~87쪽 |

허둥허둥
(하동하동)

어찌할 줄을 몰라 •갈팡질팡하며 / 몹시 급하게 •서두르는 모양

[예] 늦잠을 자는 •바람에 **허둥허둥** 옷을 주워 입고 잰걸음으로 학교에 갔다.

• **갈팡질팡하다**　방향을 정하지 못하고 이리저리 헤매다

• **서두르다**　일을 빨리 끝내려고 바삐 움직이다

• **바람**　('—는 바람에'의 꼴로 쓰여) 뒷말의 원인이나 근거를
　　　　　나타내는 말

간신히

한자 어려울 간 艱
매울 신 辛

겨우 또는 가까스로

[예] 늦잠을 잤지만 서둘러 등교해서 지각을 **간신히** •면할 수 있었다.

• **면하다**　어떤 일을 당하지 않게 되다

인상

한자 사람 인 人
서로 상 相

얼굴 생김새

[예] 오늘 전학 온 친구의 얼굴은 어디에선가 많이 본 듯한 •낯익은 **인상**이다.

• **낯익다**　얼굴이 눈에 익숙하다

흐무러지다
(흐무지다)

과일 · 음식 따위가 / 푹 익어서 원래 모양이 없어지다

[예] 냉장고에 넣어 둔 •홍시가 완전히 **흐무러져서** 죽처럼 되었다.

• **홍시**　흠뻑 익어 붉고 말랑말랑한 감

비 뭉그러지다, 무르녹다

내친김

일이나 이야기 따위를 / •이왕 시작한 •바람

[예] 피자를 주문하면서 **내친김**에 치킨과 음료수도 함께 시켰다.

• **이왕**　이미 그렇게 된 바에

• **바람**　무슨 일에 더하여 일어나는 것

큰코다치다

•망신 또는 •무안을 / 크게 당하다

[예] 평소에 달리기는 누구에게도 이길 자신 있다고 큰 소리를 쳤는데, 오늘 달리
　　기 시합에서 꼴등을 해서 **큰코다쳤다**.

• **망신**　말이나 행동을 잘못하여 자신의 명예나 체면 따위를 망침

• **무안**　수줍거나 창피하여 낯을 바로 들기가 어려움

1 문장을 읽고, 알맞은 낱말을 써 넣어 봅시다.

1) 어찌할 줄을 몰라 갈팡질팡하며 몹시 급하게 서두르는 모양　☐☐☐☐

2) 겨우 또는 가까스로　☐☐☐

3) 얼굴 생김새　☐☐

4) 과일·음식 따위가 푹 익어서 원래 모양이 없어지다　☐☐☐

5) 일이나 이야기 따위를 이왕 시작한 바람　☐☐☐

6) 망신 또는 무안을 크게 당하다　☐☐☐☐

2 밑줄 친 곳에 알맞은 낱말을 써 넣어 문장을 완성해 봅시다.

1) 늦잠을 자는 바람에 _____ 옷을 주워 입고 잰걸음으로 학교에 갔다.

2) 늦잠을 잤지만 서둘러 등교해서 지각을 _____ 면할 수 있었다.

3) 오늘 전학 온 친구의 얼굴은 어디에선가 많이 본 듯한 낯익은 _____ 이다.

4) 냉장고에 넣어 둔 홍시가 완전히 _____ 죽처럼 되었다.

5) 피자를 주문하면서 _____ 에 치킨과 음료수도 함께 시켰다.

6) 평소에 달리기는 누구에게도 이길 자신 있다고 큰 소리를 쳤는데, 오늘 달리기 시합에서 꼴등을 해서 _____ .

2. 이야기를 간추려요

우주 호텔 | 교과서 72~87쪽 |

울릉대다

힘이나 말로 / 남을 •위협하다

예 종이 할머니는 눈에 혹이 난 할머니에게 "또 내 것을 가져갔다가는 큰코다칠 테니께 조심혀"라고 **울릉댔다.**

• **위협하다** 두려움이나 위험을 느끼게 하다

고물상

한자 옛 고 古
물건 물 物
장사 상 商

•고물을 사고파는 / 가게

예 할머니는 하루 •종일 모은 폐지와 빈병, •고철을 **고물상**에 팔았다.

• **고물** 헐거나 낡은 물건

• **종일(온종일)** 아침부터 저녁까지 내내(처음부터 끝까지 계속해서)

• **고철** 아주 낡고 오래된 쇠. 또는 그 조각

실금

그릇 따위에 가늘게 생긴 / 금

예 박물관에 전시된 도자기의 이곳저곳에 **실금**이 가서 •잔주름처럼 보였다.

• **잔주름** 가늘게 잡힌 주름(피부가 늘어지거나 노화되어 생긴 잔금)

차곡차곡

물건을 / •가지런히 쌓거나 포개는 모양

예 학생들은 각자의 일기장을 선생님의 책상 위에 **차곡차곡** 쌓았다.

• **가지런히** (여럿이 층이 나지 않고) 나란하거나 고르게

턱없이

수준·•분수에 한참 모자라 / 맞지 않게

예 나는 일주일에 용돈을 천원 받는데, 생활하기에 **턱없이** •부족하다.

• **분수** 자기의 신분이나 처지에 알맞은 한도

• **부족하다** (필요한 수량보다) 적거나 모자라다

쪽빛

푸른빛과 자줏빛의 중간 빛깔 또는 짙은 푸른빛

예 늦은 오후의 •쪽빛 하늘에 붉은 •노을이 물들기 시작했다.

• **쪽** 한해살이풀로 높이 60-70cm이며, 잎은 긴 타원형, 여름에 붉은 꽃이 피고, 잎은 남빛(쪽빛)의 물감을 만드는 데에 원료로 씀

• **노을** 해가 뜨거나 질 무렵, 하늘이 햇빛을 받아 벌겋게 보이는 현상

비 남빛, 남색

1 문장을 읽고, 알맞은 낱말을 써 넣어 봅시다.

1) 힘이나 말로 남을 위협하다

2) 고물을 사고파는 가게

3) 그릇 따위에 가늘게 생긴 금

4) 물건을 가지런히 쌓거나 포개는 모양

5) 수준·분수에 한참 모자라 맞지 않게

6) 푸른빛과 자줏빛의 중간 빛깔 또는 짙은 푸른빛

2 밑줄 친 곳에 알맞은 낱말을 써 넣어 문장을 완성해 봅시다.

1) 종이 할머니는 눈에 혹이 난 할머니에게 "또 내 것을 가져갔다가는 큰코다칠 테니께 조심혀"라고 _____ .

2) 할머니는 하루 종일 모은 폐지와 빈병, 고철을 _____ 에 팔았다.

3) 박물관에 전시된 도자기의 이곳저곳에 _____ 이 가서 잔주름처럼 보였다.

4) 학생들은 각자의 일기장을 선생님의 책상 위에 _____ 쌓았다.

5) 나는 일주일에 용돈을 천 원 받는데, 생활하기에 _____ 부족하다.

6) 늦은 오후의 _____ 하늘에 붉은 노을이 물들기 시작했다.

2. 이야기를 간추려요

우주 호텔 | 교과서 72~87쪽 |

| 아름 | 두 팔을 둥글게 모아서 만든 / •둘레의 길이 · 물건의 양 또는 그 안에 들 만한 분량을 세는 단위 |

예 그는 사랑하는 그녀에게 꽃다발을 한 **아름** •선사했다.

• 둘레   사물의 테두리(가장자리)나 바깥 언저리(둘레의 가 부분)
• 선사하다   남에게 선물하다

쪼르르

작은 발걸음을 빨리 움직여 / 걷거나 · 뒤를 따라다니는 **모양**

예 병아리들이 어미 닭의 뒤를 **쪼르르** •쫓아다닌다.

• 쫓아다니다   뒤에 바싹 붙어 따라다니다

찬찬히
(천천히)

성질, 솜씨, 행동 따위가 / •꼼꼼하고 •침착하게

예 종이 할머니는 스케치북에 있는 그림을 한 장 한 장 떼어 내어 벽에 붙이고, 옆으로 누워서 **찬찬히** 그림을 보았다.

• 꼼꼼하다   빈틈이 없이 차분하고 조심스럽다
• 침착하다   행동이 들뜨지 않고 마음이 가라앉아 조용하다

귀퉁이

•모가 난 물건의 / 구부러지거나 · 꺾어져 돌아간 / 자리

예 운동장을 가로질러 달리던 아이들은 체육관 건물의 **귀퉁이** •쪽으로 사라졌다.

• 모   물건의 겉 부분으로 쑥 나온 부분
• 쪽(녁, 편)   방향을 가리키는 말

비 모퉁이, 모서리, 모

똥그스름하다
(뚱그스름하다,
동그스름하다)

물체의 생김새가 / 약간 •동글다

예 동생의 얼굴은 **똥그스름하게** 생겨서 꼭 •달덩이 같다.

• 동글다   원이나 공 모양으로 되어 있다
• 달덩이   둥글고 환하게 생긴 사람의 얼굴을 둥근 달에 비유하여 이르는 말

탄성

한자 탄식할 탄 歎
소리 성 聲

몹시 •감탄하는 / 소리

예 •공연이 끝나자 관중들은 **탄성**을 지르며 •기립 박수를 쳤다.

• 감탄하다   마음속 깊이 느끼어 칭찬하다
• 공연   음악 · 무용 · 연극 따위를 공개된 자리에서 보이는 일
• 기립 박수   자리에서 일어나서 힘차게 치는 박수

1 　문장을 읽고, 알맞은 낱말을 써 넣어 봅시다.

1) 두 팔을 둥글게 모아서 만든 둘레의 길이 · 물건의 양 또는
그 안에 들 만한 분량을 세는 단위

2) 작은 발걸음을 빨리 움직여 걷거나 · 뒤를 따라다니는 모양

3) 성질, 솜씨, 행동 따위가 꼼꼼하고 침착하게

4) 모가 난 물건의 구부러지거나 · 꺾어져 돌아간 자리

5) 물체의 생김새가 약간 동글다

6) 몹시 감탄하는 소리

2 　밑줄 친 곳에 알맞은 낱말을 써 넣어 문장을 완성해 봅시다.

1) 그는 사랑하는 그녀에게 꽃다발을 한 _____ 선사했다.

2) 병아리들이 어미 닭의 뒤를 _____ 쫓아다닌다.

3) 종이 할머니는 스케치북에 있는 그림을 한 장 한 장 떼어 내어 벽에 붙이고, 옆으로 누워서 _____ 그림을 보았다.

4) 운동장을 가로질러 달리던 아이들은 체육관 건물의 _____ 쪽으로 사라졌다.

5) 동생의 얼굴은 _____ 생겨서 꼭 달덩이 같다.

6) 공연이 끝나자 관중들은 _____ 을 지르며 기립 박수를 쳤다.

우주 호텔 | 교과서 72~87쪽 |

테

물건의 둘레를 / *띠 모양으로 두른 것

예 수많은 *고리들로 이루어진 토성의 **테**는 아주 작은 알갱이 크기에서부터 기차만한 크기의 얼음들로 이루어져 있다.

* 띠   너비가 좁고 기다랗게 생긴 물건을 통틀어 이르는 말
* 고리   긴 쇠붙이, 줄, 끈 따위를 구부리고 양 끝을 맞붙여 둥글거나 모나게 만든 물건

아슴아슴

정신이 / 흐릿하고 *희미한 상태

예 아주 어릴 적에 달을 올려다보면서 '꼭 한 번 달에 가고 싶다'고 꿈꿨던 기억이 **아슴아슴** 떠올랐다.

* 희미하다   분명하지 못하고 어렴풋하다

도무지

아무리 해도

예 수학 문제를 붙잡고 20분 넘게 *씨름했지만 **도무지** 풀리지 않았다.

* 씨름하다   어떤 문제를 해결하거나 어떤 일을 이루기 위해 온 힘을 쏟거나 끈기 있게 달라붙다

금세

얼마 되지 않는 / 짧은 시간 안에

예 쉬운 문제는 **금세** 풀리지만, 어려운 문제는 도무지 풀리지 않는다.

비 곧, 이내

품다

사람이나 *짐승이 사물을 / 품속에 넣다 또는 가슴에 대어 안다

예 할머니 댁 *처마 밑에 있는 둥지 안에서 어미 참새가 알을 **품고** 있었다.

* 짐승   사람이 아닌 동물을 이르는 말
* 처마   집의 바깥쪽 벽 밖으로 돌출된 지붕의 일부분

중얼거리다
(종알거리다,
쫑얼거리다)

알아듣기 어려울 정도의 작은 목소리로 / 자꾸 *혼잣말하다

예 나는 공부를 하다가 중요한 내용이 나오면 **중얼거리며** *되뇌는 *버릇이 있다.

* 혼잣말하다   말을 하는 상대가 없이 혼자서 말을 하다
* 되뇌다   같은 말을 되풀이하여 말하다
* 버릇(습관)   여러 번 되풀이함으로써 저절로 익고 굳어진 행동이나 성질

비 중얼대다, 중얼중얼하다

1　문장을 읽고, 알맞은 낱말을 써 넣어 봅시다.

1) 물건의 둘레를 띠 모양으로 두른 것 ☐

2) 정신이 흐릿하고 희미한 상태 ☐☐☐☐

3) 아무리 해도 ☐☐☐

4) 얼마 되지 않는 짧은 시간 안에 ☐☐

5) 사람이나 짐승이 사물을 품속에 넣다 또는 가슴에 대어 안다 ☐☐

6) 알아듣기 어려울 정도의 작은 목소리로 자꾸 혼잣말하다 ☐☐☐☐☐

2　밑줄 친 곳에 알맞은 낱말을 써 넣어 문장을 완성해 봅시다.

1) 수많은 고리들로 이루어진 토성의 ＿＿＿＿＿ 는 아주 작은 알갱이 크기에서부터 기차만한 크기의 얼음들로 이루어져 있다.

2) 아주 어릴 적에 달을 올려다보면서 '꼭 한 번 달에 가고 싶다'고 꿈꿨던 기억이 ＿＿＿＿＿ 떠올랐다.

3) 수학 문제를 붙잡고 20분 넘게 씨름했지만 ＿＿＿＿＿ 풀리지 않았다.

4) 쉬운 문제는 ＿＿＿＿＿ 풀리지만, 어려운 문제는 도무지 풀리지 않는다.

5) 할머니 댁 처마 밑에 있는 둥지 안에서 어미 참새가 알을 ＿＿＿＿＿ 있었다.

6) 나는 공부를 하다가 중요한 내용이 나오면 ＿＿＿＿＿ 되뇌는 버릇이 있다.

5일

뻐근하다
(빠근하다)

*피로나 *몸살 따위로 / 몸을 움직이기 매우 *거북하다

예 어제 현장 체험 학습을 가서 많이 걸어서 그런지 아침에 일어났을 때 온몸이
뻐근했다.

• **피로**   몸이나 정신이 지쳐서 고단함. 또는 그 상태

• **몸살**   몸이 몹시 피로하여 팔다리가 쑤시고 기운이 없는 병

• **거북하다**   몸이 편하지 아니하다

이내

시간적으로 얼마 되지 않아서 / 곧 또는 *지체 없이 / 바로

예 맑았던 하늘에 갑자기 *먹구름이 몰려들더니 **이내** 소나기가 쏟아졌다.

• **지체**   일의 진행이나 시간 따위를 질질 끌거나 늦춤

• **먹구름**   비나 눈이 내릴 듯한 몹시 검은 구름

비 곧

후두두

빗방울이나 · 크기가 아주 작은 물체 따위가 / 갑자기 떨어지는 / 소리 또는 그 모양

예 하늘에 먹구름이 끼더니 이내 빗방울이 **후두두** 떨어지기 시작했다.

세차다

막을 수 없을 정도로 / *기세가 몹시 *세다

예 빗방울 하나가 뺨에 떨어졌고, 이내 두 방울, 세 방울이
떨어지더니 후두두 **세차게** 쏟아졌다.

• **기세**   기운차게 뻗는 모양이나 상태

• **세다**   물 · 불 · 바람 따위의 기세가 강하거나 빠르다

아늑하다

*포근히 *싸여 안기듯 / 조용하고 편안한 느낌이 있다

예 휴일 아침, 거실 소파에 *햇살이 내려앉으면 **아늑한**
느낌이 든다.

• **포근하다**   감정 · 분위기 따위가 보드랍고 따뜻해서 편안하다

• **싸이다**   어떤 물체의 주위가 가려지거나 막히다

• **햇살**   해에서 나오는 빛의 줄기. 또는 그 기운

투명하다

한자 통할 투 透
밝을 명 明

무엇의 속까지 / 환히 *비치다

예 목이 말랐던 아이는 속이 다 들여다보이는 **투명한** 유리잔에 시원한 물을 한가
득 따라 마셨다.

• **비치다**   투명하거나 얇은 것을 통해 속의 것이 드러나다

우주 호텔 | 교과서 72~87쪽 |

1 문장을 읽고, 알맞은 낱말을 써 넣어 봅시다.

1) 피로나 몸살 따위로 몸을 움직이기 매우 거북하다

☐☐☐☐

2) 시간적으로 얼마 되지 않아서 곧 또는 지체 없이 바로

☐☐

3) 빗방울이나·크기가 아주 작은 물체 따위가
　갑자기 떨어지는 소리 또는 그 모양

☐☐☐

4) 막을 수 없을 정도로 기세가 몹시 세다

☐☐☐

5) 포근히 싸여 안기듯 조용하고 편안한 느낌이 있다

☐☐☐

6) 무엇의 속까지 환히 비치다

☐☐☐☐

2 밑줄 친 곳에 알맞은 낱말을 써 넣어 문장을 완성해 봅시다.

1) 어제 현장 체험 학습을 가서 많이 걸어서 그런지 아침에 일어났을 때 온몸이
　_____ .

2) 맑았던 하늘에 갑자기 먹구름이 몰려들더니 _____ 소나기가 쏟아졌다.

3) 하늘에 먹구름이 끼더니 이내 빗방울이 _____ 떨어지기 시작했다.

4) 빗방울 하나가 뺨에 떨어졌고, 이내 두 방울, 세 방울이 떨어지더니 후두두
　_____ 쏟아졌다.

5) 휴일 아침, 거실 소파에 햇살이 내려앉으면 _____ 느낌이 든다.

6) 목이 말랐던 아이는 속이 다 들여다보이는 _____ 유리잔에 시원한 물을 한가
　득 따라 마셨다.

1 문장을 읽고, 알맞은 낱말을 써 넣어 봅시다.

1) 수준·분수에 한참 모자라 맞지 않게 _____

2) 포근히 싸여 안기듯 조용하고 편안한 느낌이 있다 _____

3) 시간적으로 얼마 되지 않아서 곧 또는 지체 없이 바로 _____

4) 작은 발걸음을 빨리 움직여 걷거나·뒤를 따라다니는 모양 _____

5) 빗방울이나·크기가 아주 작은 물체 따위가
   갑자기 떨어지는 소리 또는 그 모양 _____

6) 물건의 둘레를 띠 모양으로 두른 것 _____

7) 물체의 생김새가 약간 동글다 _____

8) 정신이 흐릿하고 희미한 상태 _____

9) 힘이나 말로 남을 위협하다 _____

10) 겨우 또는 가까스로 _____

11) 알아듣기 어려울 정도의 작은 목소리로 자꾸 혼잣말하다 _____

12) 피로나 몸살 따위로 몸을 움직이기 매우 거북하다 _____

13) 그릇 따위에 가늘게 생긴 금 _____

14) 어찌할 줄을 몰라 갈팡질팡하며 몹시 급하게 서두르는 모양 _____

15) 막을 수 없을 정도로 기세가 몹시 세다 _____

16)　성질, 솜씨, 행동 따위가 꼼꼼하고 침착하게 　　　　　　　　　　

17)　얼굴 생김새 　　　　　　　　　　

18)　과일 · 음식 따위가 푹 익어서 원래 모양이 없어지다 　　　　　　　　　　

19)　일이나 이야기 따위를 이왕 시작한 바람 　　　　　　　　　　

20)　물건을 가지런히 쌓거나 포개는 모양 　　　　　　　　　　

21)　망신 또는 무안을 크게 당하다 　　　　　　　　　　

22)　푸른빛과 자줏빛의 중간 빛깔 또는 짙은 푸른빛 　　　　　　　　　　

23)　아무리 해도 　　　　　　　　　　

24)　무엇의 속까지 환히 비치다 　　　　　　　　　　

25)　얼마 되지 않는 짧은 시간 안에 　　　　　　　　　　

26)　두 팔을 둥글게 모아서 만든 둘레의 길이 · 물건의 양 또는
　　그 안에 들 만한 분량을 세는 단위 　　　　　　　　　　

27)　모가 난 물건의 구부러지거나 · 꺾어져 돌아간 자리 　　　　　　　　　　

28)　고물을 사고파는 가게 　　　　　　　　　　

29)　몹시 감탄하는 소리 　　　　　　　　　　

30)　사람이나 짐승이 사물을 품속에 넣다 또는 가슴에 대어 안다

2 밑줄 친 곳에 알맞은 낱말을 써 넣어 문장을 완성해 봅시다.

1) 냉장고에 넣어 둔 홍시가 완전히 _____ 죽처럼 되었다.

2) 어제 현장 체험 학습을 가서 많이 걸어서 그런지 아침에 일어났을 때 온몸이 _____.

3) 휴일 아침, 거실 소파에 햇살이 내려앉으면 _____ 느낌이 든다.

4) 공연이 끝나자 관중들은 _____ 을 지르며 기립 박수를 쳤다.

5) 쉬운 문제는 _____ 풀리지만, 어려운 문제는 도무지 풀리지 않는다.

6) 병아리들이 어미 닭의 뒤를 _____ 쫓아다닌다.

7) 늦잠을 자는 바람에 _____ 옷을 주워 입고 잰걸음으로 학교에 갔다.

8) 하늘에 먹구름이 끼더니 이내 빗방울이 _____ 떨어지기 시작했다.

9) 늦잠을 잤지만 서둘러 등교해서 지각을 _____ 면할 수 있었다.

10) 종이 할머니는 눈에 혹이 난 할머니에게 "또 내 것을 가져갔다가는 큰코다칠 테니께 조심혀"라고 _____.

11) 나는 일주일에 용돈을 천 원 받는데, 생활하기에 _____ 부족하다.

12) 종이 할머니는 스케치북에 있는 그림을 한 장 한 장 떼어 내어 벽에 붙이고, 옆으로 누워서 _____ 그림을 보았다.

13) 할머니는 하루 종일 모은 폐지와 빈 병, 고철을 _____ 에 팔았다.

14) 피자를 주문하면서 _____ 에 치킨과 음료수도 함께 시켰다.

15) 수많은 고리들로 이루어진 토성의 _____ 는 아주 작은 알갱이 크기에서부터 기차만한 크기의 얼음들로 이루어져 있다.

16) 수학 문제를 붙잡고 20분 넘게 씨름했지만 _____ 풀리지 않았다.

17) 아주 어릴 적에 달을 올려다보면서 '꼭 한 번 달에 가고 싶다'고 꿈꿨던 기억이 _____ 떠올랐다.

18) 학생들은 각자의 일기장을 선생님의 책상 위에 _____ 쌓았다.

19) 평소에 달리기는 누구에게도 이길 자신 있다고 큰 소리를 쳤는데, 오늘 달리기 시합에서 꼴등을 해서 _____.

20) 할머니 댁 처마 밑에 있는 둥지 안에서 어미 참새가 알을 _____ 있었다.

21) 그는 사랑하는 그녀에게 꽃다발을 한 _____ 선사했다.

22) 늦은 오후의 _____ 하늘에 붉은 노을이 물들기 시작했다.

23) 운동장을 가로질러 달리던 아이들은 체육관 건물의 _____ 쪽으로 사라졌다.

24) 오늘 전학 온 친구의 얼굴은 어디에선가 많이 본 듯한 낯익은 _____ 이다.

25) 동생의 얼굴은 _____ 생겨서 꼭 달덩이 같다.

26) 빗방울 하나가 뺨에 떨어졌고, 이내 두 방울, 세 방울이 떨어지더니 후두두 _____ 쏟아졌다.

27) 박물관에 전시된 도자기의 이곳저곳에 _____ 이 가서 잔주름처럼 보였다.

28) 목이 말랐던 아이는 속이 다 들여다보이는 _____ 유리잔에 시원한 물을 한가득 따라 마셨다.

29) 나는 공부를 하다가 중요한 내용이 나오면 _____ 되뇌는 버릇이 있다.

30) 맑았던 하늘에 갑자기 먹구름이 몰려들더니 _____ 소나기가 쏟아졌다.

1일

희한하다

한자 드물 희 稀
드물 한 罕

매우 •드물거나 •신기하다

예 오늘은 햇볕이 •쨍쨍 내리쬐면서 동시에 비가 내린 **희한한** 날이었다.

• **드물다**   흔하지 않다

• **신기하다**   (사물 · 현상 따위가) 낯선 것이어서 새롭고 이상하다

• **쨍쨍**   볕이 몹시 내리쬐는 모양

타박하다

잘못한 일 또는 부족한 점 따위를 / •나무라거나 •핀잔하다

예 선생님은 수업 시간에 계속 장난치고 떠드는 두 아이를 **타박하였다.**

• **나무라다**   흠을 지적하여 말하다

• **핀잔하다**   못마땅하게 여겨 맞대 놓고 꾸짖다

비 나무라다, 꾸짖다, 꾸중하다, 꾸지람하다, 힐책하다

곰곰이

여러모로 깊이 생각하는 / 모양

예 지갑을 어디에서 잃어버렸는지 **곰곰이** 생각해 보았다.

수북하다

쌓이거나 담긴 물건 따위가 / 불룩하게 많다

예 며칠을 굶은 청년은 그릇에 **수북하게** 담긴 밥을 •순식간에 •먹어 치웠다.

• **순식간**   눈을 한 번 깜짝하거나 숨을 한 번 쉴 만한 극히 짧은 동안

• **먹어 치우다**   먹을 것을 다 먹어서 없애다

시치미(를) 떼다

어떤 일을 / 자기가 하고도 하지 않은 •체하다 또는 알고 있으면서도 모르는 체하다

예 동생이 내 서랍을 •뒤지는 •광경을 두 눈으로 •똑똑히 봤는데, 동생은 내 서랍에 손을 댄 적이 없다고 **시치미를 뗐다.**

• **체하다**   그럴듯하게 꾸미는 거짓 태도를 취하다

• **뒤지다**   물건을 찾으려고 샅샅이 들추어 찾다

• **광경**   어떤 일이나 현상이 벌어진 모습이나 상태

• **똑똑히**   또렷하고 분명하게

쓱쓸하다

•달갑지 않아 조금 / 싫거나 · •언짢다

예 기대에 못 미치는 점수를 받은 아이는 **쓱쓸한** 표정을 지었다.

• **달갑다**   (거리낌이나 불만이 없어) 마음이 흡족하다

• **언짢다**   마음에 들지 않거나 기분이 좋지 않다

비 쓱쓰레하다, 쓱쓰름하다

1 **문장을 읽고, 알맞은 낱말을 써 넣어 봅시다.**

1) 매우 드물거나 신기하다

2) 잘못한 일 또는 부족한 점 따위를 나무라거나 핀잔하다

3) 여러모로 깊이 생각하는 모양

4) 쌓이거나 담긴 물건 따위가 불룩하게 많다

5) 어떤 일을 자기가 하고도 하지 않은 체하다 또는 알고 있으면서도 모르는 체하다

6) 달갑지 않아 조금 싫거나 · 언짢다

2 **밑줄 친 곳에 알맞은 낱말을 써 넣어 문장을 완성해 봅시다.**

1) 오늘은 햇볕이 쨍쨍 내리쬐면서 동시에 비가 내린 _____ 날이었다.

2) 선생님은 수업 시간에 계속 장난치고 떠드는 두 아이를 _____ .

3) 지갑을 어디에서 잃어버렸는지 _____ 생각해 보았다.

4) 며칠을 굶은 청년은 그릇에 _____ 담긴 밥을 순식간에 먹어 치웠다.

5) 동생이 내 서랍을 뒤지는 광경을 두 눈으로 똑똑히 봤는데, 동생은 내 서랍에 손을 댄 적이 없다고 _____ .

6) 기대에 못 미치는 점수를 받은 아이는 _____ 표정을 지었다.

2. 이야기를 간추려요

2일

| 우주 호텔 | 교과서 72~87쪽 |

넌지시
드러나지 않게 / •가만히

㉠ 수업 시간에 친구에게 급히 할 말이 생겨서 **넌지시** 쪽지를 건넸다.

• **가만히**　움직임 따위가 그다지 드러나지(겉으로 나타나거나 두드러지지) 않을 만큼 조용하고 은은하게

처지
한자 곳 처 處
땅 지 地

•처하여 있는 / 상황

㉠ 그는 어려운 **처지**에 있는 사람들을 돕고 싶다고 버릇처럼 말했지만, 오히려 그 자신이 남들에게 도움을 받아야 할 **처지**였다.

• **처하다**　(사람이 어떤 처지나 형편에) 마주 대하여 닥치게 되다

비 입장, 지처

| 이야기 구조를 생각하며 작품 감상하기 | 교과서 88~93쪽 |

요약하다
한자 요긴할 요 要
맺을 약 約

말이나 글에서 / 중요한 •내용만 골라서 / 짧고 간단하게 •뽑아내다

㉠ 흥부전의 내용을 한 문장으로 **요약하면** '착한 일을 하면 복을 받고, 나쁜 짓을 하면 벌을 받는다'는 것이다.

• **내용**　말, 글, 그림 따위의 모든 표현 매체 속에 들어 있는 것. 또는 그런 것들로 전하고자 하는 것

• **뽑아내다**　여럿 가운데서 어떤 것을 가려서 뽑다

비 요략하다, 간추리다

인상(이) 깊다
한자 도장 인 印
코끼리 상 象

어떤 느낌이 / 마음속에 뚜렷하게 / 남다

㉠ 충무공 이순신의 위인전을 읽고 **인상 깊었던** 내용을 중심으로 •줄거리를 요약했다.

• **줄거리**　군더더기(쓸데없이 덧붙은 것)를 다 떼어 버리고, 핵심만 담은 내용

상상하다
한자 생각 상 想
모양 상 像

실제로 경험하지 않은 / 사물이나 •현상을 / 머릿속으로 그려 보다

㉠ 복권을 산 그는 일등에 당첨되면 어떤 일이 벌어질지 **상상했다.**

• **현상**　관찰(사물을 주의 깊게 살펴봄)할 수 있는 사물의 모양과 상태

간직하다
생각 · 기억 따위를 / 마음속에 깊이 새겨 두다

㉠ 그는 지난해 겨울에 다녀온 여행을 소중한 •추억으로 **간직하고** 있다.

• **추억**　지난 일을 돌이켜 생각함. 또는 그런 생각이나 일

1 문장을 읽고, 알맞은 낱말을 써 넣어 봅시다.

1) 드러나지 않게 가만히 ☐☐☐

2) 처하여 있는 상황 ☐☐

3) 말이나 글에서 중요한 내용만 골라서 짧고 간단하게 뽑아내다 ☐☐☐☐

4) 어떤 느낌이 마음속에 뚜렷하게 남다 ☐☐☐

5) 실제로 경험하지 않은 사물이나 현상을 머릿속으로 그려 보다 ☐☐☐

6) 생각·기억 따위를 마음속에 깊이 새겨 두다 ☐☐☐

2 밑줄 친 곳에 알맞은 낱말을 써 넣어 문장을 완성해 봅시다.

1) 수업 시간에 친구에게 급히 할 말이 생겨서 _____ 쪽지를 건넸다.

2) 그는 어려운 _____ 에 있는 사람들을 돕고 싶다고 버릇처럼 말했지만, 오히려 그 자신이 남들에게 도움을 받아야 할 _____ 였다.

3) 흥부전의 내용을 한 문장으로 _____ '착한 일을 하면 복을 받고, 나쁜 짓을 하면 벌을 받는다'는 것이다.

4) 충무공 이순신의 위인전을 읽고 _____ 내용을 중심으로 줄거리를 요약했다.

5) 복권을 산 그는 일등에 당첨되면 어떤 일이 벌어질지 _____.

6) 그는 지난해 겨울에 다녀온 여행을 소중한 추억으로 _____ 있다.

이야기 글

채	'어떤 상태로 계속' 의 / 뜻을 나타내는 말 예 소년은 소녀와의 추억을 마음속에 소중히 간직한 **채** 살고 있다.

체계 한자 몸 체 體 맬 계 系	일정한 원리에 따라 / •각각의 •부분들이 / •조화를 이룬 •전체 예 교육 기관의 **체계**는 '유치원-초등학교-중학교-고등학교-대학교'이다. • **각각** 사람이나 물건의 하나하나 • **부분** 전체를 몇 개로 나눈 것의 하나. 또는 전체를 이루는 작은 범위 • **조화** 서로 잘 어울리게 함. 또는 잘 어울림 • **전체** 어떤 대상의 모든 부분. 전부

구성하다 한자 얽을 구 構 이룰 성 成	몇 가지 부분이나 요소를 모아서 / 전체를 짜 이루다 예 이야기를 쓸 때에는 발단, 전개, 절정, 결말로 그 체계를 **구성해야** 한다.

짜임새	글 · 이야기 따위가 / 체계를 갖추어 •연관되어 있는 상태 예 설명하는 글은 '처음-가운데-끝'의 **짜임새**로 구성되고, 주장하는 글은 '서론-본론-결론'의 **짜임새**로 구성된다. • **연관되다** (사물이나 현상이) 서로 일정한 관계가 맺어지다

활용하다 한자 살 활 活 쓸 용 用	충분히 잘 •이용하다 예 자신이 겪은 일을 •글감으로 적절히 **활용하면** 재미있는 글을 쓸 수 있다. • **이용하다** 대상을 필요(꼭 쓸 곳이 있음)에 따라 이롭게 쓰다 • **글감(글거리)** 글로 쓸 만한 소재(예술 작품의 바탕이 되는 재료) 비 사용하다, 이용하다, 써먹다

공식적 한자 공평할 공 公 법 식 式 과녁 적 的	개인적이지 않고 / 국가나 사회의 •구성원에게 널리 •관계있는 (것) 예 많은 사람이 모여 있는 **공식적인** 자리에서 말을 할 때에는 높임 표현을 써야 한다. • **구성원** 어떤 조직이나 단체를 이루고 있는 사람들 • **관계있다** 둘 이상의 사람 · 사물 · 현상 따위가 서로 관련이 있다

1 문장을 읽고, 알맞은 낱말을 써 넣어 봅시다.

1) '어떤 상태로 계속'의 뜻을 나타내는 말 ☐

2) 일정한 원리에 따라 각각의 부분들이 조화를 이룬 전체 ☐☐

3) 몇 가지 부분이나 요소를 모아서 전체를 짜 이루다 ☐☐☐☐

4) 글·이야기 따위가 체계를 갖추어 연관되어 있는 상태 ☐☐☐

5) 충분히 잘 이용하다 ☐☐☐☐

6) 개인적이지 않고 국가나 사회의 구성원에게 널리 관계있는 (것) ☐☐☐

2 밑줄 친 곳에 알맞은 낱말을 써 넣어 문장을 완성해 봅시다.

1) 소년은 소녀와의 추억을 마음속에 소중히 간직한 _____ 살고 있다.

2) 교육 기관의 _____ 는 '유치원-초등학교-중학교-고등학교-대학교'이다.

3) 이야기를 쓸 때에는 발단, 전개, 절정, 결말로 그 체계를 _____ 한다.

4) 설명하는 글은 '처음-가운데-끝'의 _____ 로 구성되고, 주장하는 글은 '서론-본론-결론'의 _____ 로 구성된다.

5) 자신이 겪은 일을 글감으로 적절히 _____ 재미있는 글을 쓸 수 있다.

6) 많은 사람이 모여 있는 _____ 자리에서 말을 할 때에는 높임 표현을 써야 한다.

해롭다

한자 해할 해 害

•해가 되는 점이 / 있다

예 편식을 하면 건강은 물론이고 •성장에도 **해롭다.**

•해　　　이롭지 않게 하거나 손상을 입힘. 또는 그런 것

•성장　　(사람이나 동식물이) 자라서 몸무게가 늘거나 키가 점점 커짐

선거

한자 가릴 선 選
들 거 擧

조직 · 집단이 / 대표자나 •임원을 뽑는 일

예 반장이 전학을 가는 바람에 반장 **선거**를 다시 했다.

•임원　　어떤 단체에 속하여 그 단체의 중요한 일을 맡아보는 사람

공약

한자 공평할 공 公
맺을 약 約

구성원들에게 / 어떤 일을 •실행할 것이라고 / •약속함 또는 그 약속

예 반장 선거에 나가서 '즐겁고 안전한 학급을 만들겠다'고 **공약**을 내걸었다.

•실행하다　실제의 행동으로 옮기다

•약속　　　다른 사람과 앞으로의 일을 어떻게 할 것인가를 미리 정해 둠. 또는 그리 정한
　　　　　　내용

연설

한자 펼 연 演
말씀 설 說

여러 사람 앞에서 / 자신의 •의견을 자세하게 드러내어 / 말하다

예 국어 시간에 '행복한 학급을 만들기 위해 친구를 배려하는 말과 행동을 하자'
　라는 •주제로 **연설**을 했다.

•의견　　　(어떤 사물 · 현상에 대하여) 자기 마음에서 판단하여
　　　　　　가지는 생각

•주제　　　(회의, 대화, 연구 따위에서) 중심이 되는 문제

축제

한자 빌 축 祝
제사 제 祭

특정 대상이나 분야를 주제로 하여 벌이는 / 큰 규모의 •행사

예 4년마다 열리는 월드컵과 올림픽은 지구촌의 가장 큰 **축제**이다.

•행사　　　많은 사람이 특정한 목적이나 계획을 가지고 정해진 절차에 따라 조직적으로
　　　　　　진행하는 일

생생하다

한자 날 생 生
날 생 生

마치 눈앞에 보이는 것처럼 / 또렷하다

예 어렸을 적에 밤하늘을 •수놓은 별들을 바라보며 탄성을
　질렀던 일이 지금도 기억에 **생생하다.**

•수놓다　　(색실로 수를 놓은 것처럼) 아름다운 경치를 이루다

1　문장을 읽고, 알맞은 낱말을 써 넣어 봅시다.

1)　해가 되는 점이 있다

2)　조직·집단이 대표자나 임원을 뽑는 일

3)　구성원들에게 어떤 일을 실행할 것이라고 약속함 또는 그 약속

4)　여러 사람 앞에서 자신의 의견을 자세하게 드러내어 말하다

5)　특정 대상이나 분야를 주제로 하여 벌이는 큰 규모의 행사

6)　마치 눈앞에 보이는 것처럼 또렷하다

2　밑줄 친 곳에 알맞은 낱말을 써 넣어 문장을 완성해 봅시다.

1)　편식을 하면 건강은 물론이고 성장에도 _____ .

2)　반장이 전학을 가는 바람에 반장 _____ 를 다시 했다.

3)　반장 선거에 나가서 '즐겁고 안전한 학급을 만들겠다'고 _____ 을 내걸었다.

4)　국어 시간에 '행복한 학급을 만들기 위해 친구를 배려하는 말과 행동을 하자'라는 주제로 _____ 을 했다.

5)　4년마다 열리는 월드컵과 올림픽은 지구촌의 가장 큰 _____ 이다.

6)　어렸을 적에 밤하늘을 수놓은 별들을 바라보며 탄성을 질렀던 일이 지금도 기억에 _____ .

5일 | 다양한 자료의 특징 ② | 교과서 100~103쪽 |

효과적

한자 본받을 효 效
실과 과 果
과녁 적 的

어떤 목적을 지닌 행위에 의하여 / 좋은 •결과가 나타나는 (것)

예 발표를 할 때 사진과 동영상 자료를 활용하면 내용을 한층 더 생생하고 **효과적**으로 전달할 수 있다.

• **결과** 어떤 원인으로 결말(일을 맺는 끝)이 생김. 또는 그런 결말의 상태

종류

한자 씨 종 種
무리 류 類

일정한 기준에 따라 / 사물을 나누는 / •갈래

예 문구점에는 갖가지 학용품들이 **종류**에 따라 가지런히 놓여 있다.

• **갈래** 하나에서 둘 이상으로 갈라져 나간 낱낱의 가닥이나 부분

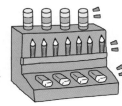

강수량

한자 내릴 강 降
물 수 水
헤아릴 량 量

일정 지역에 일정 기간 동안 / 비 · 눈 · 우박 등의 형태로 땅 표면에 떨어진 / 물의 •총량

예 우리나라는 장마와 태풍으로 인해 여름철에 **강수량**이 상당히 많다.

• **총량** 전체의 양 또는 무게

분석하다

한자 나눌 분 分
쪼갤 석 析

얽혀 있거나 · 복잡한 / 대상을 풀어서 / 그 •성분 · •성질 따위를 / 확실히 밝히다

예 우유갑의 겉면에는 우유의 영양 성분을 **분석한** 표가 있다.

• **성분** 물체를 이루는 바탕이 되는 요소
• **성질** 사물이나 현상이 본디부터 가지고 있는 고유한 특성

도표

한자 그림 도 圖
겉 표 表

여러 가지 자료를 분석하여 / 그 관계를 알아보기 쉽게 / 그림으로 나타낸 표

예 우리나라의 월별 평균 강수량을 분석한 **도표**를 살펴보면 여름철에 비가 상당히 많이 내린다는 사실을 알 수 있다.

비 그래프(graph), 그림표

보부상

한자 포대기 보 褓
질 부 負
장사 상 商

옛날에, •봇짐이나 •등짐을 지고 / 전국 각 지방을 돌아다니며 / 물건을 파는 / 사람

예 상품을 보자기에 싸서 들고 다닌 '보상'과 지게에 얹어 등에 짊어지고 다닌 '부상'을 통틀어서 **보부상**이라고 부른다.

• **봇짐** 물건을 보자기에 싸서 꾸린 짐(들거나 지거나 나르도록 꾸려 놓은 물건)
• **등짐** 사람의 등에 진 짐

1 문장을 읽고, 알맞은 낱말을 써 넣어 봅시다.

1) 어떤 목적을 지닌 행위에 의하여 좋은 결과가 나타나는 (것)

2) 일정한 기준에 따라 사물을 나누는 갈래

3) 일정 지역에 일정 기간 동안 비 · 눈 · 우박 등의 형태로
땅 표면에 떨어진 물의 총량

4) 얽혀 있거나 복잡한 대상을 풀어서 그 성분 · 성질
따위를 확실히 밝히다

5) 여러 가지 자료를 분석하여 그 관계를 알아보기 쉽게 그림으로 나타낸 표

6) 옛날에, 봇짐이나 등짐을 지고 전국 각 지방을 돌아다니며
물건을 파는 사람

2 밑줄 친 곳에 알맞은 낱말을 써 넣어 문장을 완성해 봅시다.

1) 발표를 할 때 사진과 동영상 자료를 활용하면 내용을 한층 더 생생하고 _____
으로 전달할 수 있다.

2) 문구점에는 갖가지 학용품들이 _____ 에 따라 가지런히 놓여 있다.

3) 우리나라는 장마와 태풍으로 인해 여름철에 _____ 이 상당히 많다.

4) 우유갑의 겉면에는 우유의 영양 성분을 _____ 표가 있다.

5) 우리나라의 월별 평균 강수량을 분석한 _____ 를 살펴보면 여름철에 비가 상당
히 많이 내린다는 사실을 알 수 있다.

6) 상품을 보자기에 싸서 들고 다닌 '보상'과 지게에 얹어 등에 짊어지고 다닌 '부상'을 통틀
어서 _____ 이라고 부른다.

1 문장을 읽고, 알맞은 낱말을 써 넣어 봅시다.

1) 어떤 느낌이 마음속에 뚜렷하게 남다 _____

2) '어떤 상태로 계속'의 뜻을 나타내는 말 _____

3) 여러모로 깊이 생각하는 모양 _____

4) 옛날에, 봇짐이나 등짐을 지고 전국 각 지방을 돌아다니며
물건을 파는 사람 _____

5) 일정한 원리에 따라 각각의 부분들이 조화를 이룬 전체 _____

6) 여러 사람 앞에서 자신의 의견을 자세하게 드러내어 말하다 _____

7) 몇 가지 부분이나 요소를 모아서 전체를 짜 이루다 _____

8) 드러나지 않게 가만히 _____

9) 어떤 일을 자기가 하고도 하지 않은 체하다 또는
알고 있으면서도 모르는 체하다 _____

10) 처하여 있는 상황 _____

11) 어떤 목적을 지닌 행위에 의하여 좋은 결과가 나타나는 (것) _____

12) 말이나 글에서 중요한 내용만 골라서 짧고 간단하게
뽑아내다 _____

13) 구성원들에게 어떤 일을 실행할 것이라고 약속함 또는 그 약속 _____

14) 달갑지 않아 조금 싫거나·언짢다 _____

15) 실제로 경험하지 않은 사물이나 현상을 머릿속으로
그려 보다 _____

16) 쌓이거나 담긴 물건 따위가 불룩하게 많다 _____

17) 생각·기억 따위를 마음속에 깊이 새겨 두다 _____

18) 특정 대상이나 분야를 주제로 하여 벌이는 큰 규모의 행사 _____

19) 충분히 잘 이용하다 _____

20) 여러 가지 자료를 분석하여 그 관계를 알아보기 쉽게
     그림으로 나타낸 표 _____

21) 매우 드물거나 신기하다 _____

22) 개인적이지 않고 국가나 사회의 구성원에게 널리 관계있는 (것) _____

23) 얽혀 있거나 복잡한 대상을 풀어서 그 성분·성질
     따위를 확실히 밝히다 _____

24) 일정한 기준에 따라 사물을 나누는 갈래 _____

25) 잘못한 일 또는 부족한 점 따위를 나무라거나 핀잔하다 _____

26) 일정 지역에 일정 기간 동안 비·눈·우박 등의 형태로
     땅 표면에 떨어진 물의 총량 _____

27) 해가 되는 점이 있다 _____

28) 마치 눈앞에 보이는 것처럼 또렷하다 _____

29) 조직·집단이 대표자나 임원을 뽑는 일 _____

30) 글·이야기 따위가 체계를 갖추어 연관되어 있는 상태 _____

2 밑줄 친 곳에 알맞은 낱말을 써 넣어 문장을 완성해 봅시다.

1) 자신이 겪은 일을 글감으로 적절히 _____ 재미있는 글을 쓸 수 있다.

2) 선생님은 수업 시간에 계속 장난치고 떠드는 두 아이를 _____ .

3) 4년마다 열리는 월드컵과 올림픽은 지구촌의 가장 큰 _____ 이다.

4) 우리나라는 장마와 태풍으로 인해 여름철에 _____ 이 상당히 많다.

5) 어렸을 적에 밤하늘을 수놓은 별들을 바라보며 탄성을 질렀던 일이 지금도 기억에 _____ .

6) 우유갑의 겉면에는 우유의 영양 성분을 _____ 표가 있다.

7) 편식을 하면 건강은 물론이고 성장에도 _____ .

8) 소년은 소녀와의 추억을 마음속에 소중히 간직한 _____ 살고 있다.

9) 국어 시간에 '행복한 학급을 만들기 위해 친구를 배려하는 말과 행동을 하자'라는 주제로 _____ 을 했다.

10) 교육 기관의 _____ 는 '유치원-초등학교-중학교-고등학교-대학교'이다.

11) 수업 시간에 친구에게 급히 할 말이 생겨서 _____ 쪽지를 건넸다.

12) 발표를 할 때 사진과 동영상 자료를 활용하면 내용을 한층 더 생생하고 _____ 으로 전달할 수 있다.

13) 우리나라의 월별 평균 강수량을 분석한 _____ 를 살펴보면 여름철에 비가 상당히 많이 내린다는 사실을 알 수 있다.

14) 며칠을 굶은 청년은 그릇에 _____ 담긴 밥을 순식간에 먹어 치웠다.

15) 흥부전의 내용을 한 문장으로 _____ '착한 일을 하면 복을 받고, 나쁜 짓을 하면 벌을 받는다'는 것이다.

16) 문구점에는 갖가지 학용품들이 _____ 에 따라 가지런히 놓여 있다.

17) 충무공 이순신의 위인전을 읽고 _____ 내용을 중심으로 줄거리를 요약했다.

18) 그는 지난해 겨울에 다녀온 여행을 소중한 추억으로 _____ 있다.

19) 이야기를 쓸 때에는 발단, 전개, 절정, 결말로 그 체계를 _____ 한다.

20) 기대에 못 미치는 점수를 받은 아이는 _____ 표정을 지었다.

21) 설명하는 글은 '처음-가운데-끝'의 _____ 로 구성되고, 주장하는 글은
'서론-본론-결론'의 _____ 로 구성된다.

22) 지갑을 어디에서 잃어버렸는지 _____ 생각해 보았다.

23) 상품을 보자기에 싸서 들고 다닌 '보상'과 지게에 얹어 등에 짊어지고 다닌 '부상'을
통틀어서 _____ 이라고 부른다.

24) 많은 사람이 모여 있는 _____ 자리에서 말을 할 때에는 높임 표현을 써야 한다.

25) 동생이 내 서랍을 뒤지는 광경을 두 눈으로 똑똑히 봤는데, 동생은 내 서랍에 손을
댄 적이 없다고 _____ .

26) 반장이 전학을 가는 바람에 반장 _____ 를 다시 했다.

27) 그는 어려운 _____ 에 있는 사람들을 돕고 싶다고 버릇처럼 말했지만,
오히려 그 자신이 남들에게 도움을 받아야 할 _____ 였다.

28) 반장 선거에 나가서 '즐겁고 안전한 학급을 만들겠다'고 _____ 을 내걸었다.

29) 복권을 산 그는 일등에 당첨되면 어떤 일이 벌어질지 _____ .

30) 오늘은 햇볕이 쨍쨍 내리쬐면서 동시에 비가 내린 _____ 날이었다.

1일

다양한 자료의 특징 알기 | 교과서 100~103쪽 |

자료
한자 재물 자 資
헤아릴 료 料

연구 · *조사 따위의 / *바탕이 되는 *재료
예) 숙제를 하기 위해 인터넷을 활용하여 **자료**를 찾았다.
* 조사   사물의 내용을 명확히 알기 위하여 자세히 살펴보거나 찾아봄
* 바탕   (사물 · 현상의 뼈대, 틀, 근본을 이루는) 기초가 되는 부분
* 재료   글이나 연구 등의 소재나 대상

정보
한자 뜻 정 情
알릴 보 報

찾아 모은 자료들을 / 문제 해결에 도움이 될 수 있도록 / 정리한 지식 또는 그 자료
예) 숙제를 하는 데 필요한 **정보**를 얻기 위하여 인터넷에서 찾은 자료들을 찬찬히 살펴보았다.

발달하다
한자 필 발 發
통달할 달 達

학문 · *기술 · 사회 따위가 / 한 단계 더 높은 수준에 이르다
예) *의학 기술이 인간의 *기대 수명을 100세로 *예측할 정도로 **발달했다**.
* 기술   과학 지식을 실제로 적용하여 사물을 인간 생활에 유용하도록 만드는 수단
* 의학   인체의 구조나 기능, 질병, 치료, 예방, 건강 유지의 방법이나 기술 따위를 연구하는 학문
* 기대 수명   인간이 태어났을 때 살아 있을 것으로 기대되는 평균 생존 연수
* 예측하다   (앞으로 있을 일을 어찌할 것이라고) 미리 헤아려 짐작하다

한눈

주위를 한꺼번에 / 전부 살펴보는 일
예) 123층 높이의 전망대에서 내려다보니 시내의 모습이 **한눈**에 들어왔다.

발표 내용 점검하기 | 교과서 104~107쪽 |

발표하다
한자 필 발 發
겉 표 表

사람이나 단체가 / 어떤 사실이나 내용을 / 드러내어 널리 알리다
예) 국어 시간에 친구들 앞에서 미래에 새로 생길 직업에 관하여 **발표했다**.
비) 알리다, 공표하다

핵심어
한자 씨 핵 核
마음 심 心
말씀 어 語

어떤 일이나 주제에 대하여 / 가장 *중심이 되는 / 단어
예) 인터넷에서 자료를 찾을 때 **핵심어**를 알고 있어야 필요한 자료를 빠르고 정확하게 찾을 수 있다.
* 중심   매우 중요하고 기본이 되는 부분

1 문장을 읽고, 알맞은 낱말을 써 넣어 봅시다.

1) 연구 · 조사 따위의 바탕이 되는 재료 ⬜⬜

2) 찾아 모은 자료들을 문제 해결에 도움이 될 수 있도록 정리한 지식 또는 그 자료 ⬜⬜

3) 학문 · 기술 · 사회 따위가 한 단계 더 높은 수준에 이르다 ⬜⬜⬜⬜

7주 1일

4) 주위를 한꺼번에 전부 살펴보는 일 ⬜⬜

5) 사람이나 단체가 어떤 사실이나 내용을 드러내어 널리 알리다 ⬜⬜⬜

6) 어떤 일이나 주제에 대하여 가장 중심이 되는 단어 ⬜⬜⬜

2 밑줄 친 곳에 알맞은 낱말을 써 넣어 문장을 완성해 봅시다.

1) 숙제를 하기 위해 인터넷을 활용하여 _____ 를 찾았다.

2) 숙제를 하는 데 필요한 _____ 를 얻기 위해여 인터넷에서 찾은 자료들을 찬찬히 살펴보았다.

3) 의학 기술이 인간의 기대 수명을 100세로 예측할 정도로 _____ .

4) 123층 높이의 전망대에서 내려다보니 시내의 모습이 _____ 에 들어왔다.

5) 국어 시간에 친구들 앞에서 미래에 새로 생길 직업에 관하여 _____ .

6) 인터넷에서 자료를 찾을 때 _____ 를 알고 있어야 필요한 자료를 빠르고 정확하게 찾을 수 있다.

검색
한자 검사할 검 檢
찾을 색 索

책이나 인터넷 따위에서 / 필요한 자료를 찾아냄
예 숙제를 하는 데 필요한 자료와 정보를 인터넷 **검색**으로 찾았다.

복잡하다
한자 겹칠 복 複
섞일 잡 雜

•혼란스럽게 얽혀 있다
예 친구의 발표 자료에는 갖가지 도표와 글씨가 빽빽이
적혀 있어서 한눈에 봤을 때 **복잡해** 보인다.
•**혼란스럽다** 뒤죽박죽이 되어 어지러운 데가 있다

설문
한자 베풀 설 設
물을 문 問

조사를 하거나 · •통계 자료 등을 얻기 위하여 / 어떤 주제에 대하여 / 문제를 내서
물음 또는 그 문제
예 우리 반 친구들에게 장래 희망을 묻는 **설문** 조사를 했다.
•**통계** 어떤 현상을 종합적으로 한눈에 알아보기 쉽게 일정한 체계에 따라 숫자로 나
타냄. 또는 그런 것

허락
한자 허락할 허 許
허락할 락 諾

•청하는 일을 하도록 / 들어줌
예 미술 시간에 **허락**을 구하고 친구의 물감을 빌려 썼다.
•**청하다** (남에게 어떤 일을 해 달라고) 부탁하다, 원하다,
바라다, 요청하다
비 승낙, 허가, 응낙, 긍가

출처
한자 날 출 出
곳 처 處

소문 · 말 · 사물 따위가 / 생긴 곳 또는 나온 곳
예 학교에 이상한 소문이 떠돌아다니자 선생님들이 소문의 **출처**를 캐내기 시작
했다.

저작권
한자 나타날 저 著
지을 작 作
권세 권 權

•저작자가 / 자신의 •창작물에 대해서 갖는 / •권리
예 **저작권**이란 문학, 예술 따위에 속하는 창작물에 저작자나 그 권리를 이어받은
사람이 갖는 권리를 말한다.
•**저작자(지은이)** (예술이나 학문에 관한 책이나 작품 따위를) 지은 사람
•**창작물** 사람의 정신적 노력에 의하여 만들어진 것을 통틀어 이르는 말
•**권리** 어떤 일을 행하거나 타인에 대하여 당연히 요구할 수 있는 힘이나 자격

1 **문장을 읽고, 알맞은 낱말을 써 넣어 봅시다.**

1) 책이나 인터넷 따위에서 필요한 자료를 찾아냄

2) 혼란스럽게 얽혀 있다

3) 조사를 하거나 · 통계 자료 등을 얻기 위하여 어떤 주제에
   대하여 문제를 내서 물음 또는 그 문제

4) 청하는 일을 하도록 들어줌

5) 소문 · 말 · 사물 따위가 생긴 곳 또는 나온 곳

6) 저작자가 자신의 창작물에 대해서 갖는 권리

7주
2일

2 **밑줄 친 곳에 알맞은 낱말을 써 넣어 문장을 완성해 봅시다.**

1) 숙제를 하는 데 필요한 자료와 정보를 인터넷 _____ 으로 찾았다.

2) 친구의 발표 자료에는 갖가지 도표와 글씨가 빽빽이 적혀 있어서 한눈에 봤을 때
   _____ 보인다.

3) 우리 반 친구들에게 장래 희망을 묻는 _____ 조사를 했다.

4) 미술 시간에 _____ 을 구하고 친구의 물감을 빌려 썼다.

5) 학교에 이상한 소문이 떠돌아다니자 선생님들이 소문의 _____ 를 캐내기 시작
   했다.

6) _____ 이란 문학, 예술 따위에 속하는 창작물에 저작자나 그 권리를 이어받은 사
   람이 갖는 권리를 말한다.

3. 짜임새 있게 구성해요

기업

한자 꾀할 기 企
업 업 業

*이윤을 얻기 위하여 / *재화나 *용역을 만들고 파는 / *단체

예 차고에서 사업을 시작한 빌 게이츠의 '마이크로소프트'와 스티브 잡스의 '애플'은 훗날 세계 최고의 **기업**이 되었다.

* 이윤   장사 따위를 하여 남긴 돈
* 재화   인간이 바라는 바를 충족시켜 주는 모든 물건
* 용역   생산과 소비에 필요한 노동을 제공하는 일
* 단체   같은 목적을 달성하기 위하여 모인 사람들의 일정한 조직체

인재

한자 사람 인 人
재목 재 材

*학식 · 능력 · 재주 따위를 갖춘 / 뛰어난 사람

예 수많은 기업이 모여 있는 미국의 실리콘밸리에는 세계 최고의 **인재**들이 몰려든다.

* 학식   학문과 식견(사물을 분별할 수 있는 능력)을 통틀어 이르는 말

소통

한자 소통할 소 疏
통할 통 通

생각이 / 서로 잘 통함

예 나와 단짝 친구는 **소통**이 잘 돼서 어떤 주제로 대화를 하더라도 의견 충돌이 전혀 생기지 않는다.

협력

한자 화합할 협 協
힘 력 力

힘을 합하여 / 서로 도움

예 벼농사는 *모내기나 *추수를 할 때 *일손이 많이 필요하기 때문에 마을 사람들 간에 **협력**이 무엇보다 중요했다.

* 모내기   어린 벼를 논으로 옮겨 심는 일
* 추수   가을에 익은 곡식을 거둬들이는 일. 가을걷이. 추확
* 일손(손)   일을 하는 사람

전문성

한자 오로지 전 專
문 문 門
성품 성 性

특정 분야에서 / 상당한 지식과 경험을 갖추고 / 높은 *수행 능력을 보이는 것

예 의학은 높은 **전문성**이 요구되는 분야로 의사의 역할을 적절히 수행하기 위해서는 십 년 이상의 *수련 과정을 거쳐야 한다.

* 수행   생각하거나 계획한 대로 일을 해냄
* 수련   (기술이나 학문 따위를) 힘써 배우고 익힘

인재상

한자 사람 인 人
재목 재 材
모양 상 像

인재로서 / 갖추어야 할 모습

예 우리나라 기업들이 원하는 **인재상**은 소통과 협력, 전문성, 도전 정신, 주인 의식 등을 갖춘 사람이다.

1 문장을 읽고, 알맞은 낱말을 써 넣어 봅시다.

1) 이윤을 얻기 위하여 재화나 용역을 만들고 파는 단체

2) 학식·능력·재주 따위를 갖춘 뛰어난 사람

3) 생각이 서로 잘 통함

4) 힘을 합하여 서로 도움

5) 특정 분야에서 상당한 지식과 경험을 갖추고
높은 수행 능력을 보이는 것

6) 인재로서 갖추어야 할 모습

2 밑줄 친 곳에 알맞은 낱말을 써 넣어 문장을 완성해 봅시다.

1) 차고에서 사업을 시작한 빌 게이츠의 '마이크로소프트'와 스티브 잡스의 '애플'은 훗날
세계 최고의 ＿＿＿＿＿ 이 되었다.

2) 수많은 기업이 모여 있는 미국의 실리콘밸리에는 세계 최고의 ＿＿＿＿＿ 들이
몰려든다.

3) 나와 단짝 친구는 ＿＿＿＿＿ 이 잘 돼서 어떤 주제로 대화를 하더라도 의견 충돌이
전혀 생기지 않는다.

4) 벼농사는 모내기나 추수를 할 때 일손이 많이 필요하기 때문에 마을 사람들 간에
＿＿＿＿＿ 이 무엇보다 중요했다.

5) 의학은 높은 ＿＿＿＿＿ 이 요구되는 분야로 의사의 역할을 적절히 수행하기 위해서
는 십 년 이상의 수련 과정을 거쳐야 한다.

6) 우리나라 기업들이 원하는 ＿＿＿＿＿ 은 소통과 협력, 전문성, 도전 정신, 주인 의식
등을 갖춘 사람이다.

3. 짜임새 있게 구성해요

교과서 내용 정리하기 | 국어교과서 108~113쪽 |

원칙

한자 언덕 원 原
법칙 칙 則

처음부터 끝까지 변함없이 꼭 지켜야 하는 / •기본적인 •규칙이나 •법칙

예 우리 반의 수업 •시종 **원칙**은 수업 시작종이 울리면 즉시 수업을 시작하고, 쉬는 시간 종이 울리면 즉시 수업을 끝내는 것이다.

• **기본적**　사물 · 현상 · 이론 · 시설 따위의 기초와 근본이 되는
• **규칙**　　(여러 사람이 다 함께 지키기로 정한) 약속
• **법칙**　　행동하거나 판단할 때에 마땅히 따르고 지켜야 할 가치 판단의 기준
• **시종**　　처음과 끝을 아울러 이르는 말

신뢰

한자 믿을 신 信
의뢰할 뢰 賴

굳게 믿고 의지함

예 나와 친구는 서로에게 한 번도 거짓말을 하지 않았기 때문에 서로에게 **신뢰**를 보내는 것은 당연한 일이다.

사물 인터넷

한자 일 사 事
물건 물 物
영어 Internet of Things

•사물과 사물이 인터넷으로 연결되어 / 서로 정보를 주고받는 / 것

예 **사물 인터넷**이란 책상, 자동차, 가방, 나무, 애완견 등 세상에 존재하는 모든 사물이 연결되어 구성된 인터넷을 말한다.

• **사물**　　물질세계에 있는 구체적이고 개별적인 대상을 통틀어 이르는 말

산업(생산 사업)

한자 낳을 산 産
업 업 業

•생활에 필요한 재화와 •서비스를 만들어 내는 / 모든 활동

예 **산업**이란 농사를 짓고, 공장에서 •상품을 만들고, 가게에서 물품을 파는 일 등 생활에 필요한 물건이나 서비스를 만드는 모든 활동을 말한다.

• **생활**　　사람 · 동물이 일정한 환경에서 활동(움직여 행동함)하며 살아감
• **서비스**　재화의 생산 · 운반 · 소비와 관련하여 남을 돕거나 여러 가지 심부름을 해 주는 것
• **상품**　　사고파는 물품(쓸 만한 값어치가 있는 물건)

예상하다

한자 미리 예 豫
생각 상 想

어떤 일이 벌어지기 전에 / 앞으로 어찌될지 / 미리 생각해 보다

예 내년에 중학교에 입학하면 학교생활이 어떻게 달라질지 **예상해** 보았다.

변화

한자 변할 변 變
될 화 化

사물의 성질, 모양, 상태 따위가 / 바뀌어 달라짐

예 중학교에 올라가면 학교, 선생님, 친구 같은 주변 환경뿐만 아니라 나 자신에게도 많은 **변화**가 생길 것으로 예상된다.

1 **문장을 읽고, 알맞은 낱말을 써 넣어 봅시다.**

1) 처음부터 끝까지 변함없이 꼭 지켜야 하는 기본적인 규칙이나 법칙

2) 굳게 믿고 의지함

3) 사물과 사물이 인터넷으로 연결되어
서로 정보를 주고받는 것

4) 생활에 필요한 재화와 서비스를 만들어 내는 모든 활동

5) 어떤 일이 벌어지기 전에 앞으로 어찌될지 미리 생각해 보다

6) 사물의 성질, 모양, 상태 따위가 바뀌어 달라짐

2 **밑줄 친 곳에 알맞은 낱말을 써 넣어 문장을 완성해 봅시다.**

1) 우리 반의 수업 시종 _____ 은 수업 시작종이 울리면 즉시 수업을 시작하고, 쉬는 시간 종이 울리면 즉시 수업을 끝내는 것이다.

2) 나와 친구는 서로에게 한 번도 거짓말을 하지 않았기 때문에 서로에게 _____ 를 보내는 것은 당연한 일이다.

3) _____ 이란 책상, 자동차, 가방, 나무, 애완견 등 세상에 존재하는 모든 사물이 연결되어 구성된 인터넷을 말한다.

4) _____ 이란 농사를 짓고, 공장에서 상품을 만들고, 가게에서 물품을 파는 일 등 생활에 필요한 물건이나 서비스를 만드는 모든 활동을 말한다.

5) 내년에 중학교에 입학하면 학교생활이 어떻게 달라질지 _____ 보았다.

6) 중학교에 올라가면 학교, 선생님, 친구 같은 주변 환경뿐만 아니라 나 자신에게도 많은 _____ 가 생길 것으로 예상된다.

의지

한자 뜻 의 意
뜻 지 志

어떤 일을 이루려는 / 마음

예 강한 **의지**만 있다면 어떠한 •고난도 이겨낼 수 있다.

•**고난**　　　괴로움과 어려움

핵심

한자 씨 핵 核
마음 심 心

가장 중요하고 · 기본이 되는 / 부분이나 사실

예 공부 잘하는 학생들이 •이구동성으로 외치는 •우등의 **핵심**은 '복습'이다.

•**이구동성**　(입은 다르나 목소리는 같다는 뜻으로) 여러 사람의
　　　　　　　말이 한결같음을 이르는 말

•**우등**　　　성적 따위가 우수한 것. 또는 그런 성적

역량

한자 힘 역 力
헤아릴 량 量

무엇을 / 해낼 수 있는 힘 또는 그 힘의 정도

예 시합에서 이기기 위해서는 •개개인의 **역량**도 중요하지만, 무엇보다도 팀원
　　간에 협력이 가장 중요하다.

•**개개인**　　한 사람 한 사람. 낱낱의 사람

비 능력

도구

한자 길 도 道
갖출 구 具

목적을 이루기 위한 / 수단이나 방법

예 학교 공부를 대학 •입시를 위한 **도구**로만 생각할 것이 아니라, 미래 사회가
　　원하는 인재의 역량을 키울 수 있는 기회로 여겨야 한다.

•**입시(입학시험)**　입학할 사람을 선별하기 위해 또는 입학하기 위해서 치르는 시험

자주적

한자 스스로 자 自
임금 주 主
과녁 적 的

자기 일을 스스로 / 결정하고 · •처리하는 (것)

예 미래 인재가 갖춰야 할 핵심 역량은 도구 활용 능력, •사회적 상호 작용 능력,
　　자기 삶에 대한 **자주적** 관리 능력이다.

•**처리하다**　(사무나 사건 따위를) 문제가 없도록 잘 마무리를 짓다

•**사회적 상호 작용**　(둘 또는 그 이상의 사람 · 집단 · 사회체제가)
　　　　　　　　　　　서로 영향을 주고받는 과정

적용하다

한자 맞을 적 適
쓸 용 用

알맞게 이용하다 또는 맞추어 쓰다

예 화면이 둘둘 말리는 •최첨단 기술을 **적용한** 텔레비전을 우리나라의 한 기업
　　이 •선보였다.

•**최첨단**　　(유행, 시대, 기술 수준 따위의) 맨 앞

•**선보이다**　사물을 처음으로 공개해서 여러 사람에게 보이다

1 문장을 읽고, 알맞은 낱말을 써 넣어 봅시다.

1) 어떤 일을 이루려는 마음

2) 가장 중요하고 · 기본이 되는 부분이나 사실

3) 무엇을 해낼 수 있는 힘 또는 그 힘의 정도

4) 목적을 이루기 위한 수단이나 방법

5) 자기 일을 스스로 결정하고 · 처리하는 (것)

6) 알맞게 이용하다 또는 맞추어 쓰다

2 밑줄 친 곳에 알맞은 낱말을 써 넣어 문장을 완성해 봅시다.

1) 강한 _____ 만 있다면 어떠한 고난도 이겨낼 수 있다.

2) 공부 잘하는 학생들이 이구동성으로 외치는 우등의 _____ 은 '복습'이다.

3) 시합에서 이기기 위해서는 개개인의 _____ 도 중요하지만, 무엇보다도 팀원 간
에 협력이 가장 중요하다.

4) 학교 공부를 대학 입시를 위한 _____ 로만 생각할 것이 아니라, 미래 사회가 원
하는 인재의 역량을 키울 수 있는 기회로 여겨야 한다.

5) 미래 인재가 갖춰야 할 핵심 역량은 도구 활용 능력, 사회적 상호 작용 능력, 자기 삶에
대한 _____ 관리 능력이다.

6) 화면이 둘둘 말리는 최첨단 기술을 _____ 텔레비전을 우리나라의 한 기업이
선보였다.

1 문장을 읽고, 알맞은 낱말을 써 넣어 봅시다.

1) 무엇을 해낼 수 있는 힘 또는 그 힘의 정도   _____

2) 어떤 일을 이루려는 마음   _____

3) 알맞게 이용하다 또는 맞추어 쓰다   _____

4) 주위를 한꺼번에 전부 살펴보는 일   _____

5) 굳게 믿고 의지함   _____

6) 책이나 인터넷 따위에서 필요한 자료를 찾아냄   _____

7) 사물의 성질, 모양, 상태 따위가 바뀌어 달라짐   _____

8) 혼란스럽게 얽혀 있다   _____

9) 자기 일을 스스로 결정하고 · 처리하는 (것)   _____

10) 조사를 하거나 · 통계 자료 등을 얻기 위하여 어떤 주제에
    대하여 문제를 내서 물음 또는 그 문제   _____

11) 학문 · 기술 · 사회 따위가 한 단계 더 높은 수준에 이르다   _____

12) 어떤 일이나 주제에 대하여 가장 중심이 되는 단어   _____

13) 소문 · 말 · 사물 따위가 생긴 곳 또는 나온 곳   _____

14) 처음부터 끝까지 변함없이 꼭 지켜야 하는 기본적인
    규칙이나 법칙   _____

15) 저작자가 자신의 창작물에 대해서 갖는 권리   _____

16)　사물과 사물이 인터넷으로 연결되어 서로 정보를 주고받는 것　＿＿＿＿＿＿＿

17)　이윤을 얻기 위하여 재화나 용역을 만들고 파는 단체　＿＿＿＿＿＿＿

18)　어떤 일이 벌어지기 전에 앞으로 어찌될지 미리 생각해 보다　＿＿＿＿＿＿＿

19)　학식·능력·재주 따위를 갖춘 뛰어난 사람　＿＿＿＿＿＿＿

20)　사람이나 단체가 어떤 사실이나 내용을 드러내어
　　널리 알리다　＿＿＿＿＿＿＿

21)　생각이 서로 잘 통함　＿＿＿＿＿＿＿

22)　목적을 이루기 위한 수단이나 방법　＿＿＿＿＿＿＿

23)　힘을 합하여 서로 도움　＿＿＿＿＿＿＿

24)　찾아 모은 자료들을 문제 해결에 도움이 될 수 있도록
　　정리한 지식 또는 그 자료　＿＿＿＿＿＿＿

25)　특정 분야에서 상당한 지식과 경험을 갖추고
　　높은 수행 능력을 보이는 것　＿＿＿＿＿＿＿

26)　인재로서 갖추어야 할 모습　＿＿＿＿＿＿＿

27)　생활에 필요한 재화와 서비스를 만들어 내는 모든 활동　＿＿＿＿＿＿＿

28)　가장 중요하고·기본이 되는 부분이나 사실　＿＿＿＿＿＿＿

29)　연구·조사 따위의 바탕이 되는 재료　＿＿＿＿＿＿＿

30)　청하는 일을 하도록 들어줌　＿＿＿＿＿＿＿

2 밑줄 친 곳에 알맞은 낱말을 써 넣어 문장을 완성해 봅시다.

1) 국어 시간에 친구들 앞에서 미래에 새로 생길 직업에 관하여 _____ .

2) 공부 잘하는 학생들이 이구동성으로 외치는 우등의 _____ 은 '복습'이다.

3) 차고에서 사업을 시작한 빌 게이츠의 '마이크로소프트'와 스티브 잡스의 '애플'은 훗날 세계 최고의 _____ 이 되었다.

4) 친구의 발표 자료에는 갖가지 도표와 글씨가 빽빽이 적혀 있어서 한눈에 봤을 때 _____ 보인다.

5) 123층 높이의 전망대에서 내려다보니 시내의 모습이 _____ 에 들어왔다.

6) 벼농사는 모내기나 추수를 할 때 일손이 많이 필요하기 때문에 마을 사람들 간에 _____ 이 무엇보다 중요했다.

7) 숙제를 하는 데 필요한 자료와 정보를 인터넷 _____ 으로 찾았다.

8) 숙제를 하기 위해 인터넷을 활용하여 _____ 를 찾았다.

9) _____ 이란 농사를 짓고, 공장에서 상품을 만들고, 가게에서 물품을 파는 일 등 생활에 필요한 물건이나 서비스를 만드는 모든 활동을 말한다.

10) 우리 반 친구들에게 장래 희망을 묻는 _____ 조사를 했다.

11) 숙제를 하는 데 필요한 _____ 를 얻기 위하여 인터넷에서 찾은 자료들을 찬찬히 살펴보았다.

12) 강한 _____ 만 있다면 어떠한 고난도 이겨낼 수 있다.

13) 의학 기술이 인간의 기대 수명을 100세로 예측할 정도로 _____ .

14) 나와 단짝 친구는 _____ 이 잘 돼서 어떤 주제로 대화를 하더라도 의견 충돌이 전혀 생기지 않는다.

15) 미술 시간에 _____ 을 구하고 친구의 물감을 빌려 썼다.

16) 우리 반의 수업 시종 _____ 은 수업 시작종이 울리면 즉시 수업을 시작하고, 쉬는 시간 종이 울리면 즉시 수업을 끝내는 것이다.

17) 학교에 이상한 소문이 떠돌아다니자 선생님들이 소문의 _____ 를 캐내기 시작했다.

18) 수많은 기업이 모여 있는 미국의 실리콘밸리에는 세계 최고의 _____ 들이 몰려든다.

19) 학교 공부를 대학 입시를 위한 _____ 로만 생각할 것이 아니라, 미래 사회가 원하는 인재의 역량을 키울 수 있는 기회로 여겨야 한다.

20) 나와 친구는 서로에게 한 번도 거짓말을 하지 않았기 때문에 서로에게 _____ 를 보내는 것은 당연한 일이다.

21) 인터넷에서 자료를 찾을 때 _____ 를 알고 있어야 필요한 자료를 빠르고 정확하게 찾을 수 있다.

22) 미래 인재가 갖춰야 할 핵심 역량은 도구 활용 능력, 사회적 상호 작용 능력, 자기 삶에 대한 _____ 관리 능력이다.

23) 화면이 둘둘 말리는 최첨단 기술을 _____ 텔레비전을 우리나라의 한 기업이 선보였다.

24) 중학교에 올라가면 학교, 선생님, 친구 같은 주변 환경뿐만 아니라 나 자신에게도 많은 _____ 가 생길 것으로 예상된다.

25) _____ 이란 문학, 예술 따위에 속하는 창작물에 저작자나 그 권리를 이어받은 사람이 갖는 권리를 말한다.

26) 의학은 높은 _____ 이 요구되는 분야로 의사의 역할을 적절히 수행하기 위해서는 십 년 이상의 수련 과정을 거쳐야 한다.

27) 우리나라 기업들이 원하는 _____ 은 소통과 협력, 전문성, 도전 정신, 주인 의식 등을 갖춘 사람이다.

28) 시합에서 이기기 위해서는 개개인의 _____ 도 중요하지만, 무엇보다도 팀원 간에 협력이 가장 중요하다.

29) _____ 이란 책상, 자동차, 가방, 나무, 애완견 등 세상에 존재하는 모든 사물이 연결되어 구성된 인터넷을 말한다.

30) 내년에 중학교에 입학하면 학교생활이 어떻게 달라질지 _____ 보았다.

7주
평가

3. 짜임새 있게 구성해요

강화하다

한자 강할 강 強
될 화 化

수준이나 정도를 / 더 높이다

예 미래 사회의 인재를 키우기 위해서는 단순 암기 교육이 아닌, 지식을 현실에 적용할 수 있는 능력을 키우는 역량 중심 교육을 **강화해야** 한다.

주의

한자 부을 주 注
뜻 의 意

① 집중을 요하는 일에서 관심을 •집중함 ② 마음에 새겨 두어 조심함

예 선생님은 학생들에게 수업 시간에 ①**주의**를 집중하지 않는다고 ②**주의**를 주셨다.

•**집중함**　(한 가지 일에) 모든 정신을 쏟음

점검하다

한자 점 점 點
검사할 검 檢

하나하나 빠짐없이 / 모두 •검사하다

예 담임은 교실을 둘러보면서 청소가 잘 되었는지 **점검했다.**

•**검사하다**　(사실 · 일의 상태 · 물질의 구성 성분 따위를) 조사하여 옳고 그름과 낫고 못함을 판단하다

비 검점하다, 검사하다, 점사하다

진로

한자 나아갈 진 進
길 로 路

앞으로의 / 삶의 방향

예 초등학교 시절은 자신의 •적성에 맞는 일이 무엇인지 다양한 경험을 통하여 **진로**를 •탐색하기 알맞은 시기이다.

•**적성**　성질이나 성격이 그 일에 알맞음. 또는 어떤 일에 알맞은 성질이나 성격

•**탐색**　감추어진 사실을 알아내기 위해 살펴 찾음

침해하다

한자 침노할 침 侵
해할 해 害

권리 · 재산 따위를 •침범하여 / •손해를 끼치다

예 악플을 달아 인권을 **침해하는** 문제가 사회적 •이슈가 되고 있다.

•**침범하다**　함부로 쳐들어가 해치거나 건드리다

•**손해**　처음보다 덜어지거나 나빠져 해롭게 됨

•**이슈(issue, 쟁점)**　논의나 논쟁 따위에서 중심이 되는 문제점. 논쟁거리

필요하다

한자 반드시 필 必
요긴할 요 要

반드시 / 쓸 곳이 있다

예 그림을 그리려면 도화지, 물감, 붓, 연필, 물통, 팔레트 따위의 도구들이 **필요하다.**

비 긴요하다, 긴하다, 절실하다, 수요하다

1 문장을 읽고, 알맞은 낱말을 써 넣어 봅시다.

1) 수준이나 정도를 더 높이다

2) 집중을 요하는 일에서 관심을 집중함, 마음에 새겨 두어 조심함

3) 하나하나 빠짐없이 모두 검사하다

4) 앞으로의 삶의 방향

5) 권리 · 재산 따위를 침범하여 손해를 끼치다

6) 반드시 쓸 곳이 있다

8주
1일

2 밑줄 친 곳에 알맞은 낱말을 써 넣어 문장을 완성해 봅시다.

1) 미래 사회의 인재를 키우기 위해서는 단순 암기 교육이 아닌, 지식을 현실에 적용할 수 있는 능력을 키우는 역량 중심 교육을 _____ 한다.

2) 선생님은 학생들에게 수업 시간에 _____ 를 집중하지 않는다고 _____ 를 주셨다.

3) 담임은 교실을 둘러보면서 청소가 잘 되었는지 _____ .

4) 초등학교 시절은 자신의 적성에 맞는 일이 무엇인지 다양한 경험을 통하여 _____ 를 탐색하기 알맞은 시기이다.

5) 악플을 달아 인권을 _____ 문제가 사회적 이슈가 되고 있다.

6) 그림을 그리려면 도화지, 물감, 붓, 연필, 물통, 팔레트 따위의 도구들이 _____ .

4. 주장과 근거를 판단해요

주장

한자 주인 주 主
베풀 장 張

자신의 의견 따위를 / 굳게 내세움 또는 그런 의견

예 국어 시간에 •토론을 했는데, 한 친구는 '동물원은 필요하다'고 **주장**했고, 다른 친구는 '동물원은 없애야 한다'고 **주장**했다.

• 토론　　서로 의견이 다른 문제를 놓고 여러 사람이 각자 의견을 내세우고 그 의견이 왜 옳은지 말하다

근거

한자 뿌리 근 根
근거 거 據

의견이 나오게 된 / 까닭

예 친구는 '동물원은 있어야 한다'고 주장하면서 그 **근거**로 '동물원은 인간에게 큰 즐거움을 주고, 동물을 보호해 주기 때문'이라고 밝혔다.

판단하다

한자 판단할 판 判
끊을 단 斷

어떤 대상의 / 시비(옳고 그름), 우열(나음과 못함) 따위를 따져서 / 분명하게 정하다

예 두 학생의 •상반된 주장을 듣고, 나머지 학생들은 동물원이 있어야 하는지, 동물원을 없애야 하는지 **판단했다**.

• 상반되다　서로 반대되거나 어긋나다

비 판가름하다

타당하다

한자 온당할 타 妥
마땅 당 當

형편이나 · 일의 이치로 보아 / 옳다

예 두 친구의 주장을 듣고 동물원을 없애자는 의견이 **타당하다**고 판단했다.

비 적합하다, 합당하다, 마땅하다

생태

한자 날 생 生
모습 태 態

생물이 살아가는 / 모양이나 상태

예 동물원에 가면 동물들이 어떻게 살아가는지 그 **생태**를 생생하게 살펴볼 수 있다.

습성

한자 익힐 습 習
성품 성 性

같은 •생물종에 / 속하는 •개체의 대부분에서 볼 수 있는 / 일정한 •생활 양식

예 사자는 보통 10~20마리가 무리를 지어 생활하는데, 한 마리의 수컷이 여러 암컷을 거느리고 다니는 **습성**이 있다.

• 생물종　　생명을 갖고 스스로 살아가는 모든 종(생물을 분류하는 가장 기본적 단위)

• 개체　　　(하나의 생물로서 완전한 기능을 갖는) 최소 단위의 독립된 생물체

• 생활 양식　(어떤 사회나 집단에서 공통적으로 볼 수 있는) 생활하는 방식

1 문장을 읽고, 알맞은 낱말을 써 넣어 봅시다.

1) 자신의 의견 따위를 굳게 내세움 또는 그런 의견

2) 의견이 나오게 된 까닭

3) 어떤 대상의 시비(옳고 그름), 우열(나음과 못함) 따위를
    따져서 분명하게 정하다

4) 형편이나 · 일의 이치로 보아 옳다

5) 생물이 살아가는 모양이나 상태

6) 같은 생물종에 속하는 개체의 대부분에서 볼 수 있는 일정한 생활 양식

2 밑줄 친 곳에 알맞은 낱말을 써 넣어 문장을 완성해 봅시다.

1) 국어 시간에 토론을 했는데, 한 친구는 '동물원은 필요하다'고 _____ 했고, 다른
    친구는 '동물원은 없애야 한다'고 _____ 했다.

2) 친구는 '동물원은 있어야 한다'고 주장하면서 그 _____ 로 '동물원은 인간에게
    큰 즐거움을 주고, 동물을 보호해 주기 때문'이라고 밝혔다.

3) 두 학생의 상반된 주장을 듣고, 나머지 학생들은 동물원이 있어야 하는지, 동물원을 없
    애야 하는지 _____ .

4) 두 친구의 주장을 듣고 동물원을 없애자는 의견이 _____ 고 판단했다.

5) 동물원에 가면 동물들이 어떻게 살아가는지 그 _____ 를 생생하게 살펴볼 수
    있다.

6) 사자는 보통 10~20마리가 무리를 지어 생활하는데, 한 마리의 수컷이 여러 암컷을 거느
    리고 다니는 _____ 이 있다.

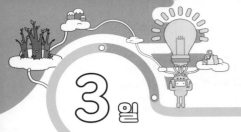

국어 완전 정복 | 교과서 118~123쪽 |

극지방

한자 다할 극 極
땅 지 地
모 방 方

남극, 북극과 그 부근에 위치한 •구역

예 **극지방**에는 매우 차가운 공기덩어리가 자리 잡고 있어서 그 영향으로 일 년 내내 추운 •기후가 나타난다.

• **구역** 갈라놓은 경계 안의 지역(땅의 경계. 또는 그 안의 땅)

• **기후** 일정한 지역의 여러 해에 걸쳐 나타나는 기온 · 강수 · 바람 등의 평균 상태

열대

한자 더울 열 熱
띠 대 帶

적도를 중심으로 / 남북 •회귀선 사이에 위치한 / •지대

예 남북 회귀선 사이에 위치한 **열대** 지역은 연중 기온이 높아 계절의 변화가 거의 없고, 비가 많이 내린다.

• **회귀선** 적도를 중심으로 하여 남북 각 23도 27분을 지나는 위선

• **지대** 한정된 일정한 구역

방문하다

한자 찾을 방 訪
물을 문 問

찾아가서 / 사람을 만나다 또는 장소를 보다

예 우리 가족은 명절 때마다 시골 할머니 댁에 **방문한다**.

야생

한자 들 야 野
날 생 生

산이나 들에서 / 동식물이 저절로 나서 자람 또는 그런 생물

예 할머니 댁에 방문했다가 그 근처 산에서 사는 **야생** 고양이를 보았다.

제한하다

한자 절제할 제 制
한할 한 限

범위 · 한계를 / 일정하게 정하다 또는 넘지 못하게 막다

예 어린이 보호 구역인 어린이집, 유치원, 초등학교, 학원 등의 주변 도로는 자동차 •운행 속도를 시속 30km 이내로 **제한하고** 있다.

• **운행** 정해진 길을 따라 차량 따위를 운전하여 다님

보장하다

한자 지킬 보 保
막을 장 障

일이 어려움 없이 이루어지도록 / 보호하다 또는 •보증하다

예 동물원은 자유를 제한하더라도 먹이와 안전을 **보장하기** 때문에 동물에게 훨씬 이롭다고 생각한다.

• **보증하다** 어떤 사물이나 사람에 대하여 책임지고 틀림이 없음을 증명하다

1 문장을 읽고, 알맞은 낱말을 써 넣어 봅시다.

1) 남극, 북극과 그 부근에 위치한 구역 ☐☐☐

2) 적도를 중심으로 남북 회귀선 사이에 위치한 지대 ☐☐

3) 찾아가서 사람을 만나다 또는 장소를 보다 ☐☐☐☐

4) 산이나 들에서 동식물이 저절로 나서 자람 또는 그런 생물 ☐☐

5) 범위·한계를 일정하게 정하다 또는 넘지 못하게 막다 ☐☐☐

6) 일이 어려움 없이 이루어지도록 보호하다 또는 보증하다 ☐☐☐

8주 3일

2 밑줄 친 곳에 알맞은 낱말을 써 넣어 문장을 완성해 봅시다.

1) _____ 에는 매우 차가운 공기덩어리가 자리 잡고 있어서 그 영향으로 일 년 내내 추운 기후가 나타난다.

2) 남북 회귀선 사이에 위치한 _____ 지역은 연중 기온이 높아 계절의 변화가 거의 없고, 비가 많이 내린다.

3) 우리 가족은 명절 때마다 시골 할머니 댁에 _____ .

4) 할머니 댁에 방문했다가 그 근처 산에서 사는 _____ 고양이를 보았다.

5) 어린이 보호 구역인 어린이집, 유치원, 초등학교, 학원 등의 주변 도로는 자동차 운행 속도를 시속 30km 이내로 _____ 있다.

6) 동물원은 자유를 제한하더라도 먹이와 안전을 _____ 때문에 동물에게 훨씬 이롭다고 생각한다.

4일

4. 주장과 근거를 판단해요

탈바꿈하다

처음의 모습을 / 바꾸다

예 쓰레기 매립장이 시민을 위한 체육 시설 및 공원으로 **탈바꿈했다.**

개선하다

한자 고칠 개 改
착할 선 善

잘못된 것, 부족한 것, 나쁜 것 따위를 고쳐서 / 이전보다 더 나아지게 하다

예 학교 주변에 건널목과 신호등, 과속 단속 카메라를 설치하여 •열악한 등하굣길 •환경을 **개선했다.**

• **열악하다** (품질이나 능력, 시설 따위가) 몹시 떨어지고 나쁘다

• **환경** 생활하는 주위의 상태

비 바로잡다

이롭다
(유리하다)

한자 이로울 이 利

•이익이 / 있다

예 동물들이 지내는 환경을 개선하면 동물원은 사람에게도, 동물에게도 **이로운** 곳이다.

• **이익** 물질적 · 정신적으로 보탬(모자라는 것을 더하여 채우거나 돕는 일)이 되는 것

구속하다

한자 잡을 구 拘
묶을 속 束

자유를 / •제한하거나 · •속박하다

예 동물원은 동물의 자유를 **구속하고,** 동물에게 사람의 구경거리가 되는 고통을 준다.

• **제한하다** 범위나 한계를 정하거나 그것을 넘지 못하게 막다

• **속박하다** 강압적으로 얽어매거나 자유롭지 못하게 하다

극심하다

한자 극진할 극 極
심할 심 甚

매우 심하다

예 미세먼지가 **극심해서** 하늘이 회색 물감을 칠한 것처럼 •뿌옇다.

• **뿌옇다** 연기나 안개가 낀 것처럼 선명하지 않고 흐릿하다

비 막심하다, 대단하다, 지독하다

눈요깃거리
(눈요깃감)

한자 고칠 요 療
주릴 기 飢

눈으로 보고 즐기며 · 어느 정도 •만족을 느끼는 / 대상

예 동물원은 소중한 생명체인 동물을 사람들의 **눈요깃거리로** •전락시킨다.

• **만족** (모자람이 없이) 마음에 흡족함. 또는 흡족하게 생각함

• **전락시키다** 사람이나 사물을 나쁜 모습이나 상태로 타락하여 빠지게 하다

1 문장을 읽고, 알맞은 낱말을 써 넣어 봅시다.

1) 처음의 모습을 바꾸다

2) 잘못된 것, 부족한 것, 나쁜 것 따위를 고쳐서 이전보다 더 나아지게 하다

3) 이익이 있다

4) 자유를 제한하거나·속박하다

5) 매우 심하다

6) 눈으로 보고 즐기며·어느 정도 만족을 느끼는 대상

8주
4일

2 밑줄 친 곳에 알맞은 낱말을 써 넣어 문장을 완성해 봅시다.

1) 쓰레기 매립장이 시민을 위한 체육 시설 및 공원으로 _____ .

2) 학교 주변에 건널목과 신호등, 과속 단속 카메라를 설치하여 열악한 등하굣길 환경을 _____ .

3) 동물들이 지내는 환경을 개선하면 동물원은 사람에게도, 동물에게도 _____ 곳이다.

4) 동물원은 동물의 자유를 _____ , 동물에게 사람의 구경거리가 되는 고통을 준다.

5) 미세먼지가 _____ 하늘이 회색 물감을 칠한 것처럼 뿌옇다.

6) 동물원은 소중한 생명체인 동물을 사람들의 _____ 로 전락시킨다.

친환경
(환경친화)

한자 친할 친 親
고리 환 環
경계 경 境

자연환경을 •오염하지 않고 / •자연 그대로의 •환경과 / 잘 어울리는 것

예 **친환경** 동물원이 생기고 있지만 동물이 •원래 살던 환경을 그대로 동물원으로 옮기는 것은 불가능하다.

• **오염하다** (자연이나 환경 따위를) 더럽히거나 해로운 물질로 물들이다
• **자연** 저절로 생겨난 산, 바다, 식물, 동물 따위의 존재. 또는 그것들이 이루는 환경
• **환경** 생물에게 직접 · 간접으로 영향을 주는 자연적 조건이나 사회적 상황
• **원래(본디)** 사물이 전하여 내려온 그 처음

자체

한자 스스로 자 自
몸 체 體

그 자신 또는 그 •본디의 •바탕

예 동물은 사람의 눈요깃거리가 아니라 그 **자체**로 존중받아야 하는 소중한 생명체이다.

• **본디** 사물이 전하여 내려온 그 처음
• **바탕** (사물 · 현상의 뼈대, 틀, 근본을 이루는) 기초가 되는 부분

인공적

한자 사람 인 人
장인 공 工
과녁 적 的

사람의 힘으로 / 만든 (것)

예 커피의 카페인은 자연적으로 •함유된 것인 반면, 콜라의 카페인은 **인공적**으로 만들어진 것이다.

• **함유되다** 한 물질에 어떤 성분이 포함되어 있다

우리

짐승을 / 가두어 기르는 / 곳

예 동물원의 사자가 **우리**를 탈출했다는 뉴스가 •속보로 전해졌다.

• **속보** 새로 들어온 사실을 빨리 알림. 또는 그런 소식

행동반경

한자 다닐 행 行
움직일 동 動
반 반 半
길 경 徑

행동할 수 있는 / •범위

예 동물원의 우리는 동물들의 **행동반경**에 비해 턱없이 좁다.

• **범위** 일정하게 한정된 영역

인위적

한자 사람 인 人
할 위 爲
과녁 적 的

사람의 힘으로 / 이루어지는 (것)

예 논밭이 펼쳐져 있던 땅을 **인위적**으로 •개발하여 호수 공원을 •조성했다.

• **개발하다** (토지나 천연자원 따위를) 쓸모 있게 만들다
• **조성하다** 무엇을 만들어서 이루다

1 　문장을 읽고, 알맞은 낱말을 써 넣어 봅시다.

1) 자연환경을 오염하지 않고 자연 그대로의 환경과 잘 어울리는 것 ☐☐☐

2) 그 자신 또는 그 본디의 바탕 ☐☐

3) 사람의 힘으로 만든 (것) ☐☐☐

4) 짐승을 가두어 기르는 곳 ☐☐

5) 행동할 수 있는 범위 ☐☐☐

6) 사람의 힘으로 이루어지는 (것) ☐☐☐

8주
5일

2 　밑줄 친 곳에 알맞은 낱말을 써 넣어 문장을 완성해 봅시다.

1) _____ 동물원이 생기고 있지만 동물이 원래 살던 환경을 그대로 동물원으로 옮기는 것은 불가능하다.

2) 동물은 사람의 눈요깃거리가 아니라 그 _____ 로 존중받아야 하는 소중한 생명체이다.

3) 커피의 카페인은 자연적으로 함유된 것인 반면, 콜라의 카페인은 _____ 으로 만들어진 것이다.

4) 동물원의 사자가 _____ 를 탈출했다는 뉴스가 속보로 전해졌다.

5) 동물원의 우리는 동물들의 _____ 에 비해 턱없이 좁다.

6) 논밭이 펼쳐져 있던 땅을 _____ 으로 개발하여 호수 공원을 조성했다.

1 문장을 읽고, 알맞은 낱말을 써 넣어 봅시다.

1) 하나하나 빠짐없이 모두 검사하다 _____

2) 자연환경을 오염하지 않고 자연 그대로의 환경과
잘 어울리는 것 _____

3) 권리·재산 따위를 침범하여 손해를 끼치다 _____

4) 처음의 모습을 바꾸다 _____

5) 사람의 힘으로 만든 (것) _____

6) 산이나 들에서 동식물이 저절로 나서 자람 또는 그런 생물 _____

7) 잘못된 것, 부족한 것, 나쁜 것 따위를 고쳐서 이전보다
더 나아지게 하다 _____

8) 사람의 힘으로 이루어지는 (것) _____

9) 이익이 있다 _____

10) 남극, 북극과 그 부근에 위치한 구역 _____

11) 수준이나 정도를 더 높이다 _____

12) 적도를 중심으로 남북 회귀선 사이에 위치한 지대 _____

13) 자신의 의견 따위를 굳게 내세움 또는 그런 의견 _____

14) 행동할 수 있는 범위 _____

15) 의견이 나오게 된 까닭 _____

16) 반드시 쓸 곳이 있다 _____

17) 어떤 대상의 시비(옳고 그름), 우열(나음과 못함) 따위를
   따져서 분명하게 정하다 _____

18) 그 자신 또는 그 본디의 바탕 _____

19) 형편이나·일의 이치로 보아 옳다 _____

20) 앞으로의 삶의 방향 _____

21) 범위·한계를 일정하게 정하다 또는 넘지 못하게 막다 _____

22) 짐승을 가두어 기르는 곳 _____

23) 같은 생물종에 속하는 개체의 대부분에서 볼 수 있는
   일정한 생활 양식 _____

24) 일이 어려움 없이 이루어지도록 보호하다 또는 보증하다 _____

25) 생물이 살아가는 모양이나 상태 _____

26) 자유를 제한하거나·속박하다 _____

27) 눈으로 보고 즐기며·어느 정도 만족을 느끼는 대상 _____

28) 매우 심하다 _____

29) 찾아가서 사람을 만나다 또는 장소를 보다 _____

30) 집중을 요하는 일에서 관심을 집중함, 마음에 새겨 두어 조심함 _____

2 밑줄 친 곳에 알맞은 낱말을 써 넣어 문장을 완성해 봅시다.

1) 동물원은 소중한 생명체인 동물을 사람들의 _____ 로 전락시킨다.

2) 남북 회귀선 사이에 위치한 _____ 지역은 연중 기온이 높아 계절의 변화가 거의 없고, 비가 많이 내린다.

3) 학교 주변에 건널목과 신호등, 과속 단속 카메라를 설치하여 열악한 등하굣길 환경을 _____ .

4) 두 친구의 주장을 듣고 동물원을 없애자는 의견이 _____ 고 판단했다.

5) 동물원에 가면 동물들이 어떻게 살아가는지 그 _____ 를 생생하게 살펴볼 수 있다.

6) _____ 에는 매우 차가운 공기덩어리가 자리 잡고 있어서 그 영향으로 일 년 내내 추운 기후가 나타난다.

7) 커피의 카페인은 자연적으로 함유된 것인 반면, 콜라의 카페인은 _____ 으로 만들어진 것이다.

8) 사자는 보통 10~20마리가 무리를 지어 생활하는데, 한 마리의 수컷이 여러 암컷을 거느리고 다니는 _____ 이 있다.

9) 동물원의 우리는 동물들의 _____ 에 비해 턱없이 좁다.

10) 초등학교 시절은 자신의 적성에 맞는 일이 무엇인지 다양한 경험을 통하여 _____ 를 탐색하기 알맞은 시기이다.

11) 미세먼지가 _____ 하늘이 회색 물감을 칠한 것처럼 뿌옇다.

12) 쓰레기 매립장이 시민을 위한 체육 시설 및 공원으로 _____ .

13) 할머니 댁에 방문했다가 그 근처 산에서 사는 _____ 고양이를 보았다.

14) 친구는 '동물원은 있어야 한다'고 주장하면서 그 _____ 로 '동물원은 인간에게 큰 즐거움을 주고, 동물을 보호해 주기 때문'이라고 밝혔다.

15) 어린이 보호 구역인 어린이집, 유치원, 초등학교, 학원 등의 주변 도로는 자동차 운행 속도를 시속 30km 이내로 _____ 있다.

16) 미래 사회의 인재를 키우기 위해서는 단순 암기 교육이 아닌, 지식을 현실에 적용할 수 있는 능력을 키우는 역량 중심 교육을 _____ 한다.

17) 국어 시간에 토론을 했는데, 한 친구는 '동물원은 필요하다'고 _____ 했고, 다른 친구는 '동물원은 없애야 한다'고 _____ 했다.

18) 담임은 교실을 둘러보면서 청소가 잘 되었는지 _____ .

19) 선생님은 학생들에게 수업 시간에 _____ 를 집중하지 않는다고 _____ 를 주셨다.

20) 동물원의 사자가 _____ 를 탈출했다는 뉴스가 속보로 전해졌다.

21) 동물들이 지내는 환경을 개선하면 동물원은 사람에게도, 동물에게도 _____ 곳이다.

22) 악플을 달아 인권을 _____ 문제가 사회적 이슈가 되고 있다.

23) _____ 동물원이 생기고 있지만 동물이 원래 살던 환경을 그대로 동물원으로 옮기는 것은 불가능하다.

24) 그림을 그리려면 도화지, 물감, 붓, 연필, 물통, 팔레트 따위의 도구들이 _____ .

25) 동물원은 자유를 제한하더라도 먹이와 안전을 _____ 때문에 동물에게 훨씬 이롭다고 생각한다.

26) 동물원은 동물의 자유를 _____ , 동물에게 사람의 구경거리가 되는 고통을 준다.

27) 논밭이 펼쳐져 있던 땅을 _____ 으로 개발하여 호수 공원을 조성했다.

28) 동물은 사람의 눈요깃거리가 아니라 그 _____ 로 존중받아야 하는 소중한 생명체이다.

29) 두 학생의 상반된 주장을 듣고, 나머지 학생들은 동물원이 있어야 하는지, 동물원을 없애야 하는지 _____ .

30) 우리 가족은 명절 때마다 시골 할머니 댁에 _____ .

1 문장을 읽고, 알맞은 낱말을 써 넣어 봅시다.

1) 수준·분수에 한참 모자라 맞지 않게 ( )

2) 달갑지 않아 조금 싫거나·언짢다 ( )

3) 정신이 흐릿하고 희미한 상태 ( )

4) 무엇을 해낼 수 있는 힘 또는 그 힘의 정도 ( )

5) 잘못한 일 또는 부족한 점 따위를 나무라거나 핀잔하다 ( )

6) 작은 발걸음을 빨리 움직여 걷거나·뒤를 따라다니는 모양 ( )

7) 자기 일을 스스로 결정하고·처리하는 (것) ( )

8) 글·이야기 따위가 체계를 갖추어 연관되어 있는 상태 ( )

9) 몹시 감탄하는 소리 ( )

10) 힘을 합하여 서로 도움 ( )

11) 옛날에, 봇짐이나 등짐을 지고 전국 각 지방을 돌아다니며
    물건을 파는 사람 ( )

12) 힘이나 말로 남을 위협하다 ( )

13) 하나하나 빠짐없이 모두 검사하다 ( )

14) 굳게 믿고 의지함 ( )

15) 여러 가지 자료를 분석하여 그 관계를 알아보기 쉽게
    그림으로 나타낸 표 ( )

16) 형편이나 · 일의 이치로 보아 옳다 ( )

17) 과일 · 음식 따위가 푹 익어서 원래 모양이 없어지다 ( )

18) 남극, 북극과 그 부근에 위치한 구역 ( )

19) 소문 · 말 · 사물 따위가 생긴 곳 또는 나온 곳 ( )

20) 사물과 사물이 인터넷으로 연결되어 서로 정보를 주고받는 것 ( )

21) 저작자가 자신의 창작물에 대해서 갖는 권리 ( )

22) 권리 · 재산 따위를 침범하여 손해를 끼치다 ( )

23) 푸른빛과 자줏빛의 중간 빛깔 또는 짙은 푸른빛 ( )

24) 눈으로 보고 즐기며 · 어느 정도 만족을 느끼는 대상 ( )

25) 일정한 원리에 따라 각각의 부분들이 조화를 이룬 전체 ( )

26) 일이 어려움 없이 이루어지도록 보호하다 또는 보증하다 ( )

27) '어떤 상태로 계속'의 뜻을 나타내는 말 ( )

28) 청하는 일을 하도록 들어줌 ( )

29) 행동할 수 있는 범위 ( )

30) 드러나지 않게 가만히 ( )

2 밑줄 친 곳에 알맞은 낱말을 써 넣어 문장을 완성해 봅시다.

1)   어제 현장 체험 학습을 가서 많이 걸어서 그런지 아침에 일어났을 때 온몸이
     _____ .

2)   남북 회귀선 사이에 위치한 _____ 지역은 연중 기온이 높아 계절의 변화가
     거의 없고, 비가 많이 내린다.

3)   이야기를 쓸 때에는 발단, 전개, 절정, 결말로 그 체계를 _____ 한다.

4)   학생들은 각자의 일기장을 선생님의 책상 위에 _____ 쌓았다.

5)   기대에 못 미치는 점수를 받은 아이는 _____ 표정을 지었다.

6)   늦잠을 자는 바람에 _____ 옷을 주워 입고 잰걸음으로 학교에 갔다.

7)   인터넷에서 자료를 찾을 때 _____ 를 알고 있어야 필요한 자료를 빠르고
     정확하게 찾을 수 있다.

8)   설명하는 글은 '처음-가운데-끝'의 _____ 로 구성되고, 주장하는 글은
     '서론-본론-결론'의 _____ 로 구성된다.

9)   오늘은 햇볕이 쨍쨍 내리쬐면서 동시에 비가 내린 _____ 날이었다.

10) 의학은 높은 _____ 이 요구되는 분야로 의사의 역할을 적절히 수행하기
     위해서는 십 년 이상의 수련 과정을 거쳐야 한다.

11) 수많은 고리들로 이루어진 토성의 _____ 는 아주 작은 알갱이 크기에서
     부터 기차만한 크기의 얼음들로 이루어져 있다.

12) 우리 반 친구들에게 장래 희망을 묻는 _____ 조사를 했다.

13) 동물들이 지내는 환경을 개선하면 동물원은 사람에게도, 동물에게도 _____
     곳이다.

14) 맑았던 하늘에 갑자기 먹구름이 몰려들더니 _____ 소나기가 쏟아졌다.

15) 친구의 발표 자료에는 갖가지 도표와 글씨가 빽빽이 적혀 있어서 한눈에 봤을 때
     _____ 보인다.

16) 사자는 보통 10~20마리가 무리를 지어 생활하는데, 한 마리의 수컷이 여러 암컷을 거느리고 다니는 _____ 이 있다.

17) 동생의 얼굴은 _____ 생겨서 꼭 달덩이 같다.

18) 어렸을 적에 밤하늘을 수놓은 별들을 바라보며 탄성을 질렀던 일이 지금도 기억에 _____ .

19) 논밭이 펼쳐져 있던 땅을 _____ 으로 개발하여 호수 공원을 조성했다.

20) 수학 문제를 붙잡고 20분 넘게 씨름했지만 _____ 풀리지 않았다.

21) 학교 주변에 건널목과 신호등, 과속 단속 카메라를 설치하여 열악한 등하굣길 환경을 _____ .

22) 내년에 중학교에 입학하면 학교생활이 어떻게 달라질지 _____ 보았다.

23) 그는 사랑하는 그녀에게 꽃다발을 한 _____ 선사했다.

24) 미세먼지가 _____ 하늘이 회색 물감을 칠한 것처럼 뿌옇다.

25) 국어 시간에 친구들 앞에서 미래에 새로 생길 직업에 관하여 _____ .

26) 발표를 할 때 사진과 동영상 자료를 활용하면 내용을 한층 더 생생하고 _____ 으로 전달할 수 있다.

27) _____ 동물원이 생기고 있지만 동물이 원래 살던 환경을 그대로 동물원으로 옮기는 것은 불가능하다.

28) 지갑을 어디에서 잃어버렸는지 _____ 생각해 보았다.

29) 화면이 둘둘 말리는 최첨단 기술을 _____ 텔레비전을 우리나라의 한 기업이 선보였다.

30) 동생이 내 서랍을 뒤지는 광경을 두 눈으로 똑똑히 봤는데, 동생은 내 서랍에 손을 댄 적이 없다고 _____ .

9~12주

칭찬 사과 스티커

하루 공부를 잘 마쳤다면 나에게 칭찬 사과를 선물하세요.
사과 나무에 사과가 주렁주렁 열릴 때까지 열심히 공부합시다!

■ 스티커는 색인(찾아보기) 마지막 페이지 이후에 있습니다.

생태계

한자 살 생 生
모습 태 態
맬 계 系

어떤 장소 안에서 사는 / 생물이 서로 •조화를 이루며 살아가는 / 세계

예 **생태계** 안에서 생물들은 서로 •영향을 주고받으며 살아갈 뿐 아니라 주위 환경과도 영향을 주고받으며 살아간다.

• **조화**　　　(어긋나거나 부딪침이 없이) 서로 잘 어울림

• **영향**　　　어떤 사물의 효과나 작용이 다른 것에 미치는 일

어우러지다

여럿이 모여 / 하나의 큰 덩어리나 판을 / 이루게 되다

예 올림픽은 •세계 사람들이 함께 **어우러지는** 지구촌의 축제이다.

• **세계**　　　지구 위의 모든 나라. 온 세상

비 어울리다

광활하다

한자 넓을 광 廣
넓을 활 闊

막힌 곳 없이 / 트이고 · 넓다

예 동물은 인위적으로 만든 동물원보다 생태계가 어우러진 **광활한** 자연에서 살아야 한다.

권리

한자 권세 권 權
이로울 리 利

어떤 일을 하거나 · 누릴 수 있는 / 힘 · •자격

예 사람은 누구나 자신의 행복을 •추구할 **권리**가 있다.

• **자격**　　　(일정한 신분 · 지위를 갖거나 어떤 역할 · 행동을 하는 데) 필요한 조건 또는 능력

• **추구하다**　(어떤 가치나 목적을 이룰 때까지) 그것을 좇아 구하다

곰곰이
(곰곰)

여러모로 깊이 생각하는 / 모양

예 '동물원을 없애야 한다'는 친구의 주장을 듣고 동물원이 정말 필요한 것인지 **곰곰이** 생각해 보았다.

유래하다

한자 말미암을 유 由
올 래 來

사물이 무엇에서 말미암아 / 생겨나다 또는 •전하여 오다

예 많은 어린이가 떡이나 한과 같은 우리 전통 음식보다 햄버거나 피자 같은 외국에서 **유래한** 음식을 더 좋아한다.

• **전하다**　　어떤 것을 상대에게 옮기어 주다

비 오다, 나오다

1 문장을 읽고, 알맞은 낱말을 써 넣어 봅시다.

1) 어떤 장소 안에서 사는 생물이 서로 조화를 이루며 살아가는 세계 ☐☐☐

2) 여럿이 모여 하나의 큰 덩어리나 판을 이루게 되다 ☐☐☐☐

3) 막힌 곳 없이 트이고 · 넓다 ☐☐☐☐

4) 어떤 일을 하거나 · 누릴 수 있는 힘 · 자격 ☐☐

5) 여러모로 깊이 생각하는 모양 ☐☐☐

6) 사물이 무엇에서 말미암아 생겨나다 또는 전하여 오다 ☐☐☐☐

2 밑줄 친 곳에 알맞은 낱말을 써 넣어 문장을 완성해 봅시다.

1) _____ 안에서 생물들은 서로 영향을 주고받으며 살아갈 뿐 아니라 주위 환경과
도 영향을 주고받으며 살아간다.

2) 올림픽은 세계 사람들이 함께 _____ 지구촌의 축제이다.

3) 동물은 인위적으로 만든 동물원보다 생태계가 어우러진 _____ 자연에서 살아
야 한다.

4) 사람은 누구나 자신의 행복을 추구할 _____ 가 있다.

5) '동물원을 없애야 한다'는 친구의 주장을 듣고 동물원이 정말 필요한 것인지
_____ 생각해 보았다.

6) 많은 어린이가 떡이나 한과 같은 우리 전통 음식보다 햄버거나 피자 같은 외국에서
_____ 음식을 더 좋아한다.

전통 음식의 우수성 | 교과서 124~129쪽 |

| 체질 | 사람의 **타고난** / 몸의 •성질 |

한자 몸 체 體
　　바탕 질 質

예 아이는 허약한 **체질**이어서 자주 아프고 •환절기 때마다 감기에 걸린다.

• **성질**　　사물이나 현상이 본디부터 가지고 있는 고유한 특성
• **환절기**　계절이 바뀌는 시기

발전하다

한자 필 발 發
　　펼 전 展

더 앞서고 좋은 **상태** 또는 더 높은 **단계로** / **나아가다**

예 우리 •전통 음식은 오랜 세월에 •걸쳐 전해 오면서 우리 •입맛과 체질에 맞게 **발전해** 왔기 때문에 여러 가지 면에서 우수하다.

• **전통**　　어떤 집단이나 공동체에서 과거로부터 전하여 내려오는 바람직한 생각, 생활 방식, 행동 따위가 현재까지 전해진 것
• **걸치다**　일정한 시간 · 공간 · 횟수를 거쳐 이어지다
• **입맛**　　음식을 먹을 때 입으로 느끼는 맛

담백하다

한자 맑을 담 淡
　　흰 백 白

음식이나 그 **맛**이 / 느끼하지 않고 •**산뜻하다**

예 우리의 전통 음식은 •인공 •조미료가 들어가지 않아서 그 맛이 **담백하다.**

• **산뜻하다**　(기분이나 느낌이) 깨끗하고 시원하다
• **인공**　　　사람이 만들어 내거나 꾸며 낸 것
• **조미료**　　음식의 맛을 맞추는 데 쓰는 재료

균형

한자 고를 균 均
　　저울대 형 衡

•**차이가 없이** / 똑같은 **상태**

예 몸에 필요한 영양분을 **균형** 있게 섭취하려면 반찬을 골고루 먹어야 한다.

• **차이**　　서로 차가 있게 다름. 또는 그런 정도나 상태
비 평형

섭취하다

한자 다스릴 섭 攝
　　가질 취 取

•**영양분 따위를** / 몸속에 **빨아들이다**

예 쌀밥은 담백해 쉽게 싫증이 나지 않으며 어떤 반찬과도 잘 어우러져 균형 잡힌 영양분을 **섭취하기** 좋다.

• **영양분(양분)**　생물의 생명 유지와 성장에 필요한 성분

풍부하다

한자 풍년 풍 豐
　　부유할 부 富

•**넉넉하고 많다**

예 우유는 칼슘이 **풍부하게** 들어 있어 •성장기 어린이에게 좋다.

• **넉넉하다**　크기나 수량 따위가 기준에 차고도 남음이 있다
• **성장기(발육기)**　생물이 몸이 자라서 커지는 시기

1 문장을 읽고, 알맞은 낱말을 써 넣어 봅시다.

1) 사람의 타고난 몸의 성질

2) 더 앞서고 좋은 상태 또는 더 높은 단계로 나아가다

3) 음식이나 그 맛이 느끼하지 않고 산뜻하다

4) 차이가 없이 똑같은 상태

5) 영양분 따위를 몸속에 빨아들이다

6) 넉넉하고 많다

2 밑줄 친 곳에 알맞은 낱말을 써 넣어 문장을 완성해 봅시다.

1) 아이는 허약한 _____ 이어서 자주 아프고 환절기 때마다 감기에 걸린다.

2) 우리 전통 음식은 오랜 세월에 걸쳐 전해 오면서 우리 입맛과 체질에 맞게
   _____ 왔기 때문에 여러 가지 면에서 우수하다.

3) 우리의 전통 음식은 인공 조미료가 들어가지 않아서 그 맛이 _____ .

4) 몸에 필요한 영양분을 _____ 있게 섭취하려면 반찬을 골고루 먹어야 한다.

5) 쌀밥은 담백해 쉽게 싫증이 나지 않으며 어떤 반찬과도 잘 어우러져 균형 잡힌 영양분
   을 _____ 좋다.

6) 우유는 칼슘이 _____ 들어 있어 성장기 어린이에게 좋다.

전통 음식의 우수성 | 교과서 124~129쪽 |

작용
한자 지을 작 作
쓸 용 用

어떤 •현상을 일으킴 또는 영향을 미침

예 물이나 바람은 오랜 세월에 걸쳐 바위나 돌을 부수는 •침식 **작용**을 일으킨다.

• 현상   관찰(사물을 주의 깊게 살펴봄)할 수 있는 사물의 모양과 상태

• 침식   (비·하천·빙하·바람 따위의 자연현상으로) 땅의 겉면이 깎이는 일

침식

발효 식품
한자 술 괼 발 醱
삭힐 효 酵
밥 식 食
물건 품 品

•미생물의 •발효를 이용하여 만든 / •식품

예 된장, 간장, 고추장과 같은 **발효 식품**에는 무기질과 비타민이 풍부하게 들어 있어 몸을 건강하게 해 준다.

• 미생물   (효모, 세균(박테리아), 원생동물 따위의) 눈으로는 볼 수 없는 아주 작은 생물

• 발효   미생물이 지니고 있는 효소의 작용으로 유기물(탄소를 포함하는 화합물)이 분해되어 알코올류, 유기산류, 탄산가스 따위가 발생하는 작용

• 식품   사람이 일상적으로 섭취하는 음식물을 통틀어 이르는 말

항암 효과
한자 겨룰 항 抗
암 암 癌
본받을 효 效
열매 과 果

암세포의 •증식을 막거나 · 암세포를 죽이는 / •효과

예 김치, 젓갈, 청국장 같은 발효 음식은 암세포의 증식을 •억제하는 **항암 효과**가 뛰어나다.

• 증식   생물 또는 세포 따위의 수가 늘어남

• 효과   어떤 목적을 지닌 행위에 의해 나타나는 보람 있는 일이나 결과

• 억제하다   정도나 한도를 넘어서 나아가려는 것을 억눌러 그치게 하다

해독
한자 풀 해 解
독 독 毒

몸 안에 들어간 •독성 물질을 / 풀어 없앰

예 독사에게 물렸을 때 즉시 **해독**을 하지 않으면 생명이 위태로울 수 있다.

• 독성   건강이나 생명에 해가 되는 성분

산천
한자 메 산 山
내 천 川

산과 •내라는 뜻으로 / '자연'을 이르는 말

예 가을 단풍에 **산천**이 온통 울긋불긋하게 물들었다.

• 내   시내(산골짜기나 평지에서 흐르는 자그마한 내)보다는 크고 강보다는 조금 작은 물줄기

특색
한자 특별할 특 特
빛 색 色

다른 것과 견주어 / 특히 눈에 띄게 다른 점

예 바다가 있는 어촌에 가면 도시에서 볼 수 없는 **특색**을 느낄 수 있다.

비 특징

1 문장을 읽고, 알맞은 낱말을 써 넣어 봅시다.

1) 어떤 현상을 일으킴 또는 영향을 미침

2) 미생물의 발효를 이용하여 만든 식품

3) 암세포의 증식을 막거나·암세포를 죽이는 효과

4) 몸 안에 들어간 독성 물질을 풀어 없앰

5) 산과 내라는 뜻으로 '자연'을 이르는 말

6) 다른 것과 견주어 특히 눈에 띄게 다른 점

2 밑줄 친 곳에 알맞은 낱말을 써 넣어 문장을 완성해 봅시다.

1) 물이나 바람은 오랜 세월에 걸쳐 바위나 돌을 부수는 침식 _____ 을 일으킨다.

2) 된장, 간장, 고추장과 같은 _____ 에는 무기질과 비타민이 풍부하게 들어 있어 몸을 건강하게 해 준다.

3) 김치, 젓갈, 청국장 같은 발효 음식은 암세포의 증식을 억제하는 _____ 가 뛰어나다.

4) 독사에게 물렸을 때 즉시 _____ 을 하지 않으면 생명이 위태로울 수 있다.

5) 가을 단풍에 _____ 이 온통 울긋불긋하게 물들었다.

6) 바다가 있는 어촌에 가면 도시에서 볼 수 없는 _____ 을 느낄 수 있다.

4. 주장과 근거를 판단해요

고유하다

한자 굳을 고 固
있을 유 有

어느 사물에만 / 특별히 있다 또는 원래부터 갖고 있다

예 주변 바다와 산천에서 나는 풍부하고 다양한 *해산물, 갖은 *나물, 채소와 같은 재료에는 각각 **고유한** 맛이 있다.

* **해산물**　(물고기, 조개, 미역 따위의) 바다에서 나는 물건
* **나물**　사람이 먹을 수 있는 풀이나 나뭇잎의 총칭
비 특유하다

독특하다

한자 홀로 독 獨
특별할 특 特

다른 것과 견줄 만한 것이 없을 만큼 / 특별하게 다르다

예 어촌은 바다가 *자아내는 **독특한** *지방색이 있다.

* **자아내다**　어떤 감정 따위가 저절로 생기거나 나오도록
일으켜 내다
* **지방색**　어떤 지방의 자연이나 풍속, 인정 따위에 의해 고유하게 갖는 특색
비 색다르다, 유다르다, 특별하다, 특이하다

특산물

한자 특별할 특 特
낳을 산 産
물건 물 物

어떤 지방에서 특별하게 생산되는 / *물품

예 우리나라 각 고장의 **특산물**에는 여주 쌀, 횡성 한우, 충주 사과, 금산 인삼, 상주 곶감, 보성 녹차, 나주 배, 제주 감귤 등이 있다.

* **물품**　쓸 만한 값어치가 있는 물건

쏘다

맛이나 냄새가 / 사람의 코나 입안을 / 강하게 *자극하다

예 아이는 탄산의 톡 **쏘는** 맛을 좋아해서 탄산음료를 즐겨 마신다.

* **자극하다**　(감각 기관을 작용시켜) 흥분이나 반응이 일어나도록 하다

감칠맛

음식이 입에 *당기는 듯이 / *맛깔스러운 맛

예 엄마가 가끔 해 주시는 떡볶이는 혀끝에서 녹는 듯한 **감칠맛**이 난다.

* **당기다**　무엇이 사람의 입맛을 생기게 하다
* **맛깔스럽다**　입에 당길 만큼 맛이 있다

슬기

일의 이치를 바르게 판단하고 · 일을 잘 *처리해 내는 / 재주와 능력

예 온돌과 마루는 우리 조상들의 **슬기**가 담긴 소중한 *유산이다.

* **처리하다**　일 따위를 문제가 없도록 잘 마무리를 짓다
* **유산**　옛 조상들이 남긴 가치 있는 사물이나 문화

전통 음식의 우수성 | 교과서 124~129쪽 |

1 문장을 읽고, 알맞은 낱말을 써 넣어 봅시다.

1) 어느 사물에만 특별히 있다 또는 원래부터 갖고 있다 ☐☐☐☐

2) 다른 것과 견줄 만한 것이 없을 만큼 특별하게 다르다 ☐☐☐☐

3) 어떤 지방에서 특별하게 생산되는 물품 ☐☐☐

4) 맛이나 냄새가 사람의 코나 입안을 강하게 자극하다 ☐☐

5) 음식이 입에 당기는 듯이 맛깔스러운 맛 ☐☐

6) 일의 이치를 바르게 판단하고·일을 잘 처리해 내는 재주와 능력 ☐☐

2 밑줄 친 곳에 알맞은 낱말을 써 넣어 문장을 완성해 봅시다.

1) 주변 바다와 산천에서 나는 풍부하고 다양한 해산물, 갖은 나물, 채소와 같은 재료에는 각각 _____ 맛이 있다.

2) 어촌은 바다가 자아내는 _____ 지방색이 있다.

3) 우리나라 각 고장의 _____ 에는 여주 쌀, 횡성 한우, 충주 사과, 금산 인삼, 상주 곶감, 보성 녹차, 나주 배, 제주 감귤 등이 있다.

4) 아이는 탄산의 톡 _____ 맛을 좋아해서 탄산음료를 즐겨 마신다.

5) 엄마가 가끔 해 주시는 떡볶이는 혀끝에서 녹는 듯한 _____ 이 난다.

6) 온돌과 마루는 우리 조상들의 _____ 가 담긴 소중한 유산이다.

5일

진통 음식의 우수성 | 교과서 124~129쪽 |

저장하다

한자 쌓을 저 貯
감출 장 藏

물건 · 재화 따위를 / 모아서 *보관하다

예 옛날에는 간장, 고추장 같은 발효 식품을 장독에 **저장했다.**

* **보관하다** 물건을 맡아서 잘 간직하다

조절하다

한자 고를 조 調
마디 절 節

상태를 / *알맞은 수준으로 맞추다

예 우리 조상은 저장 온도와 저장 기간을 **조절해** 겨울철에도 신선하게 채소를 먹을 수 있도록 했다.

* **알맞다** 일정한 기준 · 조건 · 정도 따위에 넘치거나 모자라지 않고 딱 들어맞다

염장

한자 소금 염 鹽
감출 장 藏

음식을 소금에 절여 / 저장함

예 우리 조상은 삼국 시대부터 발달한 **염장** 기술로 고기류와 *어패류를 오랫동안 보관해 맛있게 먹을 수 있었다.

* **어패류** 생선과 조개 종류를 아울러 이르는 말

농경

한자 농사 농 農
밭 갈 경 耕

논밭을 갈아 / *농작물을 심고 가꿈

예 우리 민족은 농사를 *천하의 *으뜸가는 일로 삼아 온 **농경** 민족이다.

* **농작물** 논이나 밭에 심어서 가꾸는 곡식 · 채소 따위
* **천하** 하늘 아래 온 세상
* **으뜸가다** (무엇이) 많은 것 가운데서 첫째가 되다

세시 음식

한자 해 세 歲
때 시 時
마실 음 飮
먹을 식 食

명절과 *절기, 그밖에 다른 *연중행사 때 / 그 계절에 나는 재료를 이용하여 만들어 먹었던 / 음식

예 우리 조상은 농경 생활을 하면서 설이나 추석과 같은 명절에 가족이나 이웃과 함께 떡국, 송편 같은 **세시 음식**을 만들어 먹으며 정답게 어울려 지냈다.

* **절기** 한 해를 스물넷으로 나눈, 계절을 나누는 기준이 되는 것
* **연중행사** 해마다 일정한 시기를 정해 놓고 하는 행사

주목받다

한자 부을 주 注
눈 목 目

다른 사람들에게 / *시선을 받다

예 김치나 비빔밥 같은 우리 전통 음식이 세계 사람들에게 **주목받고** 있다.

* **시선** 주의(어떤 곳이나 일에 관심을 집중함) 또는 관심(어떤 것에 마음이 끌려 주의를 기울임)을 비유적으로 이르는 말

1　문장을 읽고, 알맞은 낱말을 써 넣어 봅시다.

1)　물건·재화 따위를 모아서 보관하다

2)　상태를 알맞은 수준으로 맞추다

3)　음식을 소금에 절여 저장함

4)　논밭을 갈아 농작물을 심고 가꿈

5)　명절과 절기, 그밖에 다른 연중행사 때 그 계절에 나는
　　재료를 이용하여 만들어 먹었던 음식

6)　다른 사람들에게 시선을 받다

2　밑줄 친 곳에 알맞은 낱말을 써 넣어 문장을 완성해 봅시다.

1)　옛날에는 간장, 고추장 같은 발효 식품을 장독에 _____ .

2)　우리 조상은 저장 온도와 저장 기간을 _____ 겨울철에도 신선하게 채소를 먹
　　을 수 있도록 했다.

3)　우리 조상은 삼국 시대부터 발달한 _____ 기술로 고기류와 어패류를 오랫동안
　　보관해 맛있게 먹을 수 있었다.

4)　우리 민족은 농사를 천하의 으뜸가는 일로 삼아 온 _____ 민족이다.

5)　우리 조상은 농경 생활을 하면서 설이나 추석과 같은 명절에 가족이나 이웃과 함께 떡
　　국, 송편 같은 _____ 을 만들어 먹으며 정답게 어울려 지냈다.

6)　김치나 비빔밥 같은 우리 전통 음식이 세계 사람들에게 _____ 있다.

1 문장을 읽고, 알맞은 낱말을 써 넣어 봅시다.

1) 다른 것과 견주어 특히 눈에 띄게 다른 점 _____

2) 음식을 소금에 절여 저장함 _____

3) 다른 사람들에게 시선을 받다 _____

4) 여럿이 모여 하나의 큰 덩어리나 판을 이루게 되다 _____

5) 사람의 타고난 몸의 성질 _____

6) 막힌 곳 없이 트이고·넓다 _____

7) 더 앞서고 좋은 상태 또는 더 높은 단계로 나아가다 _____

8) 산과 내라는 뜻으로 '자연'을 이르는 말 _____

9) 음식이나 그 맛이 느끼하지 않고 산뜻하다 _____

10) 어느 사물에만 특별히 있다 또는 원래부터 갖고 있다 _____

11) 여러모로 깊이 생각하는 모양 _____

12) 어떤 일을 하거나·누릴 수 있는 힘·자격 _____

13) 명절과 절기, 그밖에 다른 연중행사 때 그 계절에 나는
재료를 이용하여 만들어 먹었던 음식 _____

14) 어떤 지방에서 특별하게 생산되는 물품 _____

15) 미생물의 발효를 이용하여 만든 식품 _____

16) 맛이나 냄새가 사람의 코나 입안을 강하게 자극하다

_____

17) 일의 이치를 바르게 판단하고 · 일을 잘 처리해 내는
재주와 능력

_____

18) 차이가 없이 똑같은 상태

_____

19) 사물이 무엇에서 말미암아 생겨나다 또는 전하여 오다

_____

20) 논밭을 갈아 농작물을 심고 가꿈

_____

21) 넉넉하고 많다

_____

22) 어떤 현상을 일으킴 또는 영향을 미침

_____

23) 음식이 입에 당기는 듯이 맛깔스러운 맛

_____

24) 암세포의 증식을 막거나 · 암세포를 죽이는 효과

_____

25) 다른 것과 견줄 만한 것이 없을 만큼 특별하게 다르다

_____

26) 몸 안에 들어간 독성 물질을 풀어 없앰

_____

27) 물건 · 재화 따위를 모아서 보관하다

_____

28) 영양분 따위를 몸속에 빨아들이다

_____

29) 상태를 알맞은 수준으로 맞추다

_____

30) 어떤 장소 안에서 사는 생물이 서로 조화를 이루며
살아가는 세계

_____

2 **밑줄 친 곳에 알맞은 낱말을 써 넣어 문장을 완성해 봅시다.**

1) 사람은 누구나 자신의 행복을 추구할 _____ 가 있다.

2) 우리의 전통 음식은 인공 조미료가 들어가지 않아서 그 맛이 _____ .

3) 우리 조상은 저장 온도와 저장 기간을 _____ 겨울철에도 신선하게 채소를 먹을 수 있도록 했다.

4) '동물원을 없애야 한다'는 친구의 주장을 듣고 동물원이 정말 필요한 것인지 _____ 생각해 보았다.

5) 우리 조상은 삼국 시대부터 발달한 _____ 기술로 고기류와 어패류를 오랫동안 보관해 맛있게 먹을 수 있었다.

6) 주변 바다와 산천에서 나는 풍부하고 다양한 해산물, 갖은 나물, 채소와 같은 재료에는 각각 _____ 맛이 있다.

7) 많은 어린이가 떡이나 한과 같은 우리 전통 음식보다 햄버거나 피자 같은 외국에서 _____ 음식을 더 좋아한다.

8) 어촌은 바다가 자아내는 _____ 지방색이 있다.

9) 옛날에는 간장, 고추장 같은 발효 식품을 장독에 _____ .

10) 우리 조상은 농경 생활을 하면서 설이나 추석과 같은 명절에 가족이나 이웃과 함께 떡국, 송편 같은 _____ 을 만들어 먹으며 정답게 어울려 지냈다.

11) 가을 단풍에 _____ 이 온통 울긋불긋하게 물들었다.

12) 우리나라 각 고장의 _____ 에는 여주 쌀, 횡성 한우, 충주 사과, 금산 인삼, 상주 곶감, 보성 녹차, 나주 배, 제주 감귤 등이 있다.

13) 물이나 바람은 오랜 세월에 걸쳐 바위나 돌을 부수는 침식 _____ 을 일으킨다.

14) 된장, 간장, 고추장과 같은 _____ 에는 무기질과 비타민이 풍부하게 들어 있어 몸을 건강하게 해 준다.

15) 바다가 있는 어촌에 가면 도시에서 볼 수 없는 _____ 을 느낄 수 있다.

16) 독사에게 물렸을 때 즉시 _____ 을 하지 않으면 생명이 위태로울 수 있다.

17) 김치, 젓갈, 청국장 같은 발효 음식은 암세포의 증식을 억제하는 _____ 가 뛰어나다.

18) 우리 전통 음식은 오랜 세월에 걸쳐 전해 오면서 우리 입맛과 체질에 맞게 _____ 왔기 때문에 여러 가지 면에서 우수하다.

19) 몸에 필요한 영양분을 _____ 있게 섭취하려면 반찬을 골고루 먹어야 한다.

20) 쌀밥은 담백해 쉽게 싫증이 나지 않으며 어떤 반찬과도 잘 어우러져 균형 잡힌 영양분을 _____ 좋다.

21) 아이는 허약한 _____ 이어서 자주 아프고 환절기 때마다 감기에 걸린다.

22) 우유는 칼슘이 _____ 들어 있어 성장기 어린이에게 좋다.

23) _____ 안에서 생물들은 서로 영향을 주고받으며 살아갈 뿐 아니라 주위 환경과도 영향을 주고받으며 살아간다.

24) 엄마가 가끔 해 주시는 떡볶이는 혀끝에서 녹는 듯한 _____ 이 난다.

25) 올림픽은 세계 사람들이 함께 _____ 지구촌의 축제이다.

26) 아이는 탄산의 톡 _____ 맛을 좋아해서 탄산음료를 즐겨 마신다.

27) 온돌과 마루는 우리 조상들의 _____ 가 담긴 소중한 유산이다.

28) 우리 민족은 농사를 천하의 으뜸가는 일로 삼아 온 _____ 민족이다.

29) 김치나 비빔밥 같은 우리 전통 음식이 세계 사람들에게 _____ 있다.

30) 동물은 인위적으로 만든 동물원보다 생태계가 어우러진 _____ 자연에서 살아야 한다.

4. 주장과 근거를 판단해요

전통 음식의 우수성 | 교과서 124~129쪽 |

넉넉하다

마음이 넓고 · ●여유가 있다

예 그는 가진 재물은 적었지만 마음만큼은 누구보다 **넉넉했다**.

- ●여유　서두르지 않고 느긋하게 생각하고 행동하는 마음의 상태. 또는 대범하고 너그럽게 일을 처리하는 마음의 상태

지혜

한자 지혜 지 智
슬기로울 혜 慧

사물의 이치나 상황을 제대로 깨닫고 / 그것에 슬기롭게 ●대처할 방법을 생각해 내는 / 정신 능력

예 우리 조상의 넉넉한 마음과 삶에서 ●배어 나온 **지혜**가 담긴 우리 전통 음식은 맛과 멋과 영양의 ●삼박자를 모두 갖추고 있다.

- ●대처하다　어떤 일에 대하여 알맞은 조치를 취하다
- ●배다　감정이나 정신이 마음 깊이 느껴지게 나타나다
- ●삼박자　어떤 대상에게 있어야 할 세 가지 요소

논설문

한자 논할 논 論
말씀 설 說
글월 문 文

글쓴이가 자신의 ●주장을 내세워 / 읽는 사람을 ●설득하기 위한 / 글

예 **논설문**은 설득하기 위해 쓴 글로 서론, 본론, 결론의 짜임새로 이루어져 있다.

- ●주장　자기의 의견이나 주장을 굳게 내세움. 또는 그런 의견이나 주의
- ●설득하다　자신의 뜻에 따르도록 듣는 사람에게 잘 알아듣게 말하다

포함하다

한자 쌀 포 包
머금을 함 含

함께 들어 있다 또는 함께 넣다

예 우리 반 ●인원수는 스물다섯 명이고, 담임 선생님까지 **포함하면** 모두 스물여섯 명이다.

- ●인원수　(단체를 이루고 있는) 사람의 수

서론

한자 차례 서 序
논할 론 論

말이나 글에서 / 앞부분에 그것의 목적이나 내용을 간단하게 밝힌 부분

예 논설문의 **서론**에서는 글을 쓴 문제 상황과 글쓴이의 주장을 밝힌다.

본론

한자 근본 본 本
논할 론 論

말이나 글에서 / ●중심이 되는 부분

예 논설문의 **본론**에서는 주장에 대한 ●적절한 근거를 ●제시한다.

- ●중심　매우 중요하고 기본이 되는 부분
- ●적절하다　정도나 기준에 매우 알맞다
- ●제시하다　자신의 의견이나 생각을 말이나 글로 나타내어 보이다

1 **문장을 읽고, 알맞은 낱말을 써 넣어 봅시다.**

1) 마음이 넓고 · 여유가 있다

2) 사물의 이치나 상황을 제대로 깨닫고 그것에 슬기롭게
   대처할 방법을 생각해 내는 정신 능력

3) 글쓴이가 자신의 주장을 내세워 읽는 사람을 설득하기 위한 글

4) 함께 들어 있다 또는 함께 넣다

5) 말이나 글에서 앞부분에 그것의 목적이나 내용을 간단하게 밝힌 부분

6) 말이나 글에서 중심이 되는 부분

2 **밑줄 친 곳에 알맞은 낱말을 써 넣어 문장을 완성해 봅시다.**

1) 그는 가진 재물은 적었지만 마음만큼은 누구보다 _____ .

2) 우리 조상의 넉넉한 마음과 삶에서 배어 나온 _____ 가 담긴 우리 전통 음식은
   맛과 멋과 영양의 삼박자를 모두 갖추고 있다.

3) _____ 은 설득하기 위해 쓴 글로 서론, 본론, 결론의 짜임새로 이루어져 있다.

4) 우리 반 인원수는 스물다섯 명이고, 담임 선생님까지 _____ 모두 스물여섯 명
   이다.

5) 논설문의 _____ 에서는 글을 쓴 문제 상황과 글쓴이의 주장을 밝힌다.

6) 논설문의 _____ 에서는 주장에 대한 적절한 근거를 제시한다.

전통 음식의 우수성

자연 보호는 우리가 꼭 해야 할 일 | 교과서 130~137쪽 |

결론

한자 맺을 결 結
논할 론 論

말이나 글의 / 끝을 맺는 부분

예 논설문의 **결론**에서는 글 내용을 요약하거나 주장을 다시 한 번 •강조한다.

• **강조하다** 어떤 부분을 특히 강하게 주장하거나 두드러지게 하다

무분별하다

한자 없을 무 無
나눌 분 分
나눌 별 別

세상 •물정에 대하여 / 바르게 생각하거나 · 판단하는 / 능력이 없다

예 외국어의 **무분별한** 사용으로 인해 우리말 •오염이 •심각한 상태이다.

• **물정** 세상의 이러저러한 실정(실제의 사정이나 정세)이나 형편

• **오염** 순수한 것이 훼손되거나 없어져 버림

• **심각하다** 상태나 정도가 매우 중요하고 절박하다

위협하다

한자 위엄 위 威
위협할 협 脅

두려움이나 •위험을 / 느끼게 하다

예 무분별한 자연 •개발은 인간의 삶과 지구의 환경을 **위협한다**.

• **위험** 신체나 생명 따위가 해로움이나 손실이 생길 우려가
있음. 또는 그런 상태

• **개발** (토지나 천연자원 따위를) 쓸모 있게 만듦

터전

•생활에서 / 중요한 •활동 장소가 되는 / 곳

예 •농지는 농부에게 삶의 **터전**이 되고, 바다는 어부에게 삶의 **터전**이 된다.

• **생활** (사람이나 동물이) 일정한 환경에서 활동하며 살아감

• **활동** (일정한 성과를 거두기 위해) 어떤 일을 활발히 함

• **농지(농경지, 농토)** 농사를 짓는 데 쓰는 땅

몸살(을) 앓다

어떤 일로 인하여 / 고통을 겪다

예 명절에는 고속도로가 •귀성 차량들로 **몸살을 앓는다**.

• **귀성** 부모를 뵙기 위하여 객지에서 고향으로 돌아가거나 돌아옴

인류

한자 사람 인 人
무리 류 類

사람을 / 다른 동물과 •구별하여 이르는 / 말

예 무분별한 개발로 우리 삶의 터전인 자연은 몸살을 앓고, 동물뿐만 아니라 **인류**의 •생존까지 위협하는 상황에 이르렀다.

• **구별하다** 차이에 따라 나누다(하나를 둘 이상으로 가르다)

• **생존** 살아 있음. 또는 끝까지 살아서 남음

10주
2일

1 문장을 읽고, 알맞은 낱말을 써 넣어 봅시다.

1) 말이나 글의 끝을 맺는 부분 ☐☐

2) 세상 물정에 대하여 바르게 생각하거나 · 판단하는 능력이 없다 ☐☐☐☐☐

3) 두려움이나 위험을 느끼게 하다 ☐☐☐☐

4) 생활에서 중요한 활동 장소가 되는 곳 ☐☐

5) 어떤 일로 인하여 고통을 겪다 ☐☐☐

6) 사람을 다른 동물과 구별하여 이르는 말 ☐☐

2 밑줄 친 곳에 알맞은 낱말을 써 넣어 문장을 완성해 봅시다.

1) 논설문의 _____ 에서는 글 내용을 요약하거나 주장을 다시 한 번 강조한다.

2) 외국어의 _____ 사용으로 인해 우리말 오염이 심각한 상태이다.

3) 무분별한 자연 개발은 인간의 삶과 지구의 환경을 _____ .

4) 농지는 농부에게 삶의 _____ 이 되고, 바다는 어부에게 삶의 _____ 이 된다.

5) 명절에는 고속도로가 귀성 차량들로 _____ .

6) 무분별한 개발로 우리 삶의 터전인 자연은 몸살을 앓고, 동물뿐만 아니라 _____ 의 생존까지 위협하는 상황에 이르렀다.

자연 보호는 우리가 꼭 해야 할 일 | 교과서 130~137쪽 |

파괴하다

한자 깨뜨릴 파 破
무너질 괴 壞

- *산산이 무너뜨리다 또는 흩어지게 하다
- 예 산을 가로지르는 도로의 건설은 주변의 생태계를 심각하게 **파괴한다**.
- *산산이 여지없이(달리 더 말할 필요가 없이) 깨어지거나 흩어지는 모양

복원되다

한자 회복할 복 復
으뜸 원 元

- 처음 상태로 / 되돌아가다 또는 되찾아지다
- 예 자연환경은 한 번 파괴되면 **복원되기** 어렵기 때문에 잘 가꾸고 보호해야 한다.

자정

한자 스스로 자 自
깨끗할 정 淨

- *오염된 물이나 땅 따위가 / *저절로 깨끗해짐
- 예 물속에 사는 부레옥잠, 꽃창포, 미나리 등과 같은 식물들은 더러워진 물을 깨끗하게 하는 **자정** 능력이 있다.
- *오염되다 (해로운 물질 따위로) 더러워지다
- *저절로 (사람의 힘을 더하지 않고) 자연적으로

감당하다

한자 견딜 감 堪
마땅 당 當

- *능히 견디어 내다
- 예 자연의 힘이 아무리 *위대해도 자정 능력을 넘어서는 오염을 **감당하기는** 어렵다.
- *능히 능력이 있어서 (막히거나 서투른 데가 없이) 쉽게
- *위대하다 뛰어나고 훌륭하다

무리하다

한자 없을 무 無
다스릴 리 理

- *정도에서 / 지나치게 벗어나다
- 예 적절한 운동은 건강에 도움이 되지만, **무리한** 운동은 건강을 해친다.
- *정도 알맞은 한도(일정하게 정한 정도. 그 이상 넘을 수 없는 범위)

유기적

한자 있을 유 有
틀 기 機
과녁 적 的

- 전체를 구성하고 있는 각각의 부분이 / 서로 *밀접하게 *관련되어 / 떼어 낼 수 없는 (것)
- 예 생물은 생태계 안에서 서로 **유기적**으로 *얽혀 있으며 주변 환경과 *영향을 주고받으면서 살아간다.
- *밀접하다 아주 가깝게 맞닿아 있다. 또는 그런 관계에 있다
- *관련되다 서로 관계를 맺어 얽히게 되다
- *얽히다 (사람이 사건과, 또는 둘 이상의 대상이) 관련이 되다
- *영향 어떤 사물의 효과나 작용이 다른 것에 미치는 일

1 문장을 읽고, 알맞은 낱말을 써 넣어 봅시다.

1) 산산이 무너뜨리다 또는 흩어지게 하다

2) 처음 상태로 되돌아가다 또는 되찾아지다

3) 오염된 물이나 땅 따위가 저절로 깨끗해짐

4) 능히 견디어 내다

5) 정도에서 지나치게 벗어나다

6) 전체를 구성하고 있는 각각의 부분이 서로 밀접하게 관련되어 떼어 낼 수 없는 (것)

2 밑줄 친 곳에 알맞은 낱말을 써 넣어 문장을 완성해 봅시다.

1) 산을 가로지르는 도로의 건설은 주변의 생태계를 심각하게 _____ .

2) 자연환경은 한 번 파괴되면 _____ 어렵기 때문에 잘 가꾸고 보호해야 한다.

3) 물속에 사는 부레옥잠, 꽃창포, 미나리 등과 같은 식물들은 더러워진 물을 깨끗하게 하는 _____ 능력이 있다.

4) 자연의 힘이 아무리 위대해도 자정 능력을 넘어서는 오염을 _____ 어렵다.

5) 적절한 운동은 건강에 도움이 되지만, _____ 운동은 건강을 해친다.

6) 생물은 생태계 안에서 서로 _____ 으로 얽혀 있으며 주변 환경과 영향을 주고 받으면서 살아간다.

악화시키다

한자 악할 악 惡
될 화 化

나쁜 쪽으로 / 바뀌어 달라지게 하다

(예) 감기에 걸렸는데 병원에 가지 않고 버티다가 몸 상태를 **악화시켰다.**

초래하다

한자 부를 초 招
올 래 來

어떤 •결과를 / 가져오다 또는 이끌어 내다

(예) 자연 개발로 생태계를 파괴하면 결국 사람의 생활 환경을 악화시키는 결과를 **초래한다.**

• 결과　　　어떤 원인으로 결말(일을 맺는 끝)이 생김. 또는 그런 결말의 상태

비 불러들이다, 낳다, 재래하다

편의

한자 편할 편 便
마땅 의 宜

생활하거나 일하는 데 / 편하고 좋음

(예) 사람의 **편의**를 돕는 시설을 만들기 위해 산과 들을 무분별하게 파헤치면 동식물은 삶의 터전을 잃는다.

멸종

한자 멸할 멸 滅
씨 종 種

생물 •종의 모든 •개체가 / 완전히 없어짐

(예) 무리한 자연 개발의 결과로 기후 •변화 현상까지 나타나 동물이 **멸종** 위기에 처하고, 지구 환경이 위협을 받기도 한다.

• 종　　　생물을 분류하는 가장 기본적 단위

• 개체　　　(하나의 생물로서 완전한 기능을 갖는) 최소 단위의 독립된 생물체

• 변화　　　(사물의 성질, 모양, 상태 따위가) 바뀌어 달라짐

훼손되다

한자 헐 훼 毀
덜 손 損

헐리거나 · 깨뜨려져서 / 못 쓰게 되다

(예) •당장의 •편리와 이익만을 추구하다 보면 우리 •후손에게 **훼손된** 자연을 물려주게 된다.

• 당장　　　눈앞에 닥친 현재의 이 시간

• 편리　　　편하고 이로우며 이용하기 쉬움

• 후손(자손)　자신의 세대에서 여러 세대가 지난 뒤의 자녀

견해

한자 볼 견 見
풀 해 解

사물 · 현상에 대한 / 자신의 생각

(예) 인간은 •자기중심적으로 생각하고 행동하기 마련이므로 올바른 **견해**를 갖기 위해서는 남의 •입장에서도 생각해 보는 지혜가 필요하다.

• 자기중심적　남의 일보다 자기의 일을 먼저 생각하고 더 중요하게 여기는. 또는 그런 것

• 입장　　　직면하고(직접 당하거나 접하고) 있는 형편이나 상황

비 생각, 소견, 의견

자연 보전은 우리가 꼭 해야 할 일 | 교과서 130~137쪽 |

1 **문장을 읽고, 알맞은 낱말을 써 넣어 봅시다.**

1) 나쁜 쪽으로 바뀌어 달라지게 하다

2) 어떤 결과를 가져오다 또는 이끌어 내다

3) 생활하거나 일하는 데 편하고 좋음

4) 생물 종의 모든 개체가 완전히 없어짐

5) 헐리거나 · 깨뜨려져서 못 쓰게 되다

6) 사물 · 현상에 대한 자신의 생각

2 **밑줄 친 곳에 알맞은 낱말을 써 넣어 문장을 완성해 봅시다.**

1) 감기에 걸렸는데 병원에 가지 않고 버티다가 몸 상태를 _____ .

2) 자연 개발로 생태계를 파괴하면 결국 사람의 생활 환경을 악화시키는 결과를
_____ .

3) 사람의 _____ 를 돕는 시설을 만들기 위해 산과 들을 무분별하게 파헤치면 동
식물은 삶의 터전을 잃는다.

4) 무리한 자연 개발의 결과로 기후 변화 현상까지 나타나 동물이 _____ 위기에
처하고, 지구 환경이 위협을 받기도 한다.

5) 당장의 편리와 이익만을 추구하다 보면 우리 후손에게 _____ 자연을 물려주게
된다.

6) 인간은 자기중심적으로 생각하고 행동하기 마련이므로 올바른 _____ 를 갖기
위해서는 남의 입장에서도 생각해 보는 지혜가 필요하다.

심각하다

한자 깊을 심 深
새길 각 刻

상태 · 정도가 / 매우 •중대하다 또는 아주 •절박하다

예 우리 동네는 주차 공간이 매우 부족하여 •주차난이 **심각하다**.

• **중대하다** (가볍게 여길 수 없을 만큼) 매우 중요하고 크다

• **절박하다** (어떤 일이나 때가 가까이 닥쳐서) 몹시 급하다

• **주차난** 주차(자동차를 일정한 곳에 세워 둠) 공간이 부족하여 겪는 어려움

모호하다

한자 모호할 모 模
풀칠할 호 糊

말 · 태도가 / 분명하지 않다

예 친구에게 주말에 만나서 놀자고 했더니, **모호한** 말로 •얼버무렸다.

• **얼버무리다** 말이나 행동을 분명하지 않게 대충하다

비 애매하다, 애매모호하다, 얼버무리다

관점

한자 내볼 관 觀
점 점 點

사람이 사물을 관찰하거나 •고찰할 때, 그것을 / 바라보는 방향 또는 생각하는 입장

예 '학생에게 휴대폰 사용을 •허용해야 하는가'에 대한 •쟁점에 대하여 나는 '허용해야 한다'는 **관점**을 갖고 있는 반면, 친구는 '금지해야 한다'는 **관점**을 갖고 있다.

• **고찰하다** 이리저리 깊이 생각하여 살피다(두루두루 주의하여 자세히 보다)

• **허용하다** (어떤 일이나 행동을) 허락하여 너그럽게 받아들이다

• **쟁점(이슈issue)** (논의나 논쟁 따위에서) 중심이 되는 문제점. 논쟁거리

비 견지, 시각, 시점

단정하다

한자 끊을 단 斷
정할 정 定

딱 잘라 / 판단하다 또는 결정하다

예 논설문을 쓸 때 '반드시', '절대로', '결코'와 같이 어떤 사실을 **단정하는** 표현은 조심해서 써야 한다.

금수강산

한자 비단 금 錦
수놓을 수 繡
강 강 江
메 산 山

비단에 수를 놓은 듯 / 아름다운 우리나라의 산천

예 **금수강산**이란 함경북도 북쪽 끝에서 제주도 남쪽 끝까지 3,000리가 되는 우리나라의 아름다운 자연을 비단에 비유하여 이르는 말이다.

유산

한자 남길 유 遺
낳을 산 産

조상들이 남긴 / 가치 있는 사물 · 문화

예 자연은 조상이 남긴 소중한 환경 **유산**이자 후손이 앞으로 살아갈 삶의 터전임을 기억해야 한다.

자연 보전은 우리가 꼭 해야 할 일 | 교과서 130~137쪽 |

1 문장을 읽고, 알맞은 낱말을 써 넣어 봅시다.

1) 상태·정도가 매우 중대하다 또는 아주 절박하다

2) 말·태도가 분명하지 않다

3) 사람이 사물을 관찰하거나 고찰할 때, 그것을 바라보는 방향
   또는 생각하는 입장

4) 딱 잘라 판단하다 또는 결정하다

5) 비단에 수를 놓은 듯 아름다운 우리나라의 산천

6) 조상들이 남긴 가치 있는 사물·문화

2 밑줄 친 곳에 알맞은 낱말을 써 넣어 문장을 완성해 봅시다.

1) 우리 동네는 주차 공간이 매우 부족하여 주차난이 _____ .

2) 친구에게 주말에 만나서 놀자고 했더니, _____ 말로 얼버무렸다.

3) '학생에게 휴대폰 사용을 허용해야 하는가'에 대한 쟁점에 대하여 나는 '허용해야 한다'는
   _____ 을 갖고 있는 반면, 친구는 '금지해야 한다'는 _____ 을 갖고 있다.

4) 논설문을 쓸 때 '반드시', '절대로', '결코'와 같이 어떤 사실을 _____ 표현은 조심
   해서 써야 한다.

5) _____ 이란 함경북도 북쪽 끝에서 제주도 남쪽 끝까지 3,000리가 되는 우리나라
   의 아름다운 자연을 비단에 비유하여 이르는 말이다.

6) 자연은 조상이 남긴 소중한 환경 _____ 이자 후손이 앞으로 살아갈 삶의 터전
   임을 기억해야 한다.

1 문장을 읽고, 알맞은 낱말을 써 넣어 봅시다.

1) 정도에서 지나치게 벗어나다

＿＿＿＿＿＿＿＿

2) 딱 잘라 판단하다 또는 결정하다

＿＿＿＿＿＿＿＿

3) 말이나 글에서 중심이 되는 부분

＿＿＿＿＿＿＿＿

4) 사물의 이치나 상황을 제대로 깨닫고 그것에 슬기롭게
대처할 방법을 생각해 내는 정신 능력

＿＿＿＿＿＿＿＿

5) 말이나 글의 끝을 맺는 부분

＿＿＿＿＿＿＿＿

6) 생활하거나 일하는 데 편하고 좋음

＿＿＿＿＿＿＿＿

7) 세상 물정에 대하여 바르게 생각하거나 ·
판단하는 능력이 없다

＿＿＿＿＿＿＿＿

8) 처음 상태로 되돌아가다 또는 되찾아지다

＿＿＿＿＿＿＿＿

9) 조상들이 남긴 가치 있는 사물 · 문화

＿＿＿＿＿＿＿＿

10) 헐리거나 · 깨뜨려져서 못 쓰게 되다

＿＿＿＿＿＿＿＿

11) 생활에서 중요한 활동 장소가 되는 곳

＿＿＿＿＿＿＿＿

12) 상태 · 정도가 매우 중대하다 또는 아주 절박하다

＿＿＿＿＿＿＿＿

13) 마음이 넓고 · 여유가 있다

＿＿＿＿＿＿＿＿

14) 생물 종의 모든 개체가 완전히 없어짐

＿＿＿＿＿＿＿＿

15) 사람이 사물을 관찰하거나 고찰할 때, 그것을 바라보는 방향
또는 생각하는 입장

＿＿＿＿＿＿＿＿

16) 말 · 태도가 분명하지 않다 　　　　　　　　　　　　　　　_____

17) 전체를 구성하고 있는 각각의 부분이 서로 밀접하게
　　　관련되어 떼어 낼 수 없는 (것) 　　　　　　　　　　　_____

18) 비단에 수를 놓은 듯 아름다운 우리나라의 산천 　　　　_____

19) 나쁜 쪽으로 바뀌어 달라지게 하다 　　　　　　　　　　_____

20) 어떤 일로 인하여 고통을 겪다 　　　　　　　　　　　　_____

21) 어떤 결과를 가져오다 또는 이끌어 내다 　　　　　　　　_____

22) 말이나 글에서 앞부분에 그것의 목적이나 내용을 간단하게
　　　밝힌 부분 　　　　　　　　　　　　　　　　　　　　_____

23) 사람을 다른 동물과 구별하여 이르는 말 　　　　　　　　_____

24) 글쓴이가 자신의 주장을 내세워 읽는 사람을 설득하기
　　　위한 글 　　　　　　　　　　　　　　　　　　　　　_____

25) 함께 들어 있다 또는 함께 넣다 　　　　　　　　　　　　_____

26) 산산이 무너뜨리다 또는 흩어지게 하다 　　　　　　　　_____

27) 능히 견디어 내다 　　　　　　　　　　　　　　　　　　_____

28) 사물 · 현상에 대한 자신의 생각 　　　　　　　　　　　　_____

29) 두려움이나 위험을 느끼게 하다 　　　　　　　　　　　　_____

30) 오염된 물이나 땅 따위가 저절로 깨끗해짐 　　　　　　　_____

2 밑줄 친 곳에 알맞은 낱말을 써 넣어 문장을 완성해 봅시다.

1) 우리 동네는 주차 공간이 매우 부족하여 주차난이 _____ .

2) 외국어의 _____ 사용으로 인해 우리말 오염이 심각한 상태이다.

3) 친구에게 주말에 만나서 놀자고 했더니, _____ 말로 얼버무렸다.

4) 명절에는 고속도로가 귀성 차량들로 _____ .

5) '학생에게 휴대폰 사용을 허용해야 하는가'에 대한 쟁점에 대하여 나는 '허용해야 한다'는 _____ 을 갖고 있는 반면, 친구는 '금지해야 한다'는 _____ 을 갖고 있다.

6) 무분별한 개발로 우리 삶의 터전인 자연은 몸살을 앓고, 동물뿐만 아니라 _____ 의 생존까지 위협하는 상황에 이르렀다.

7) 그는 가진 재물은 적었지만 마음만큼은 누구보다 _____ .

8) 자연은 조상이 남긴 소중한 환경 _____ 이자 후손이 앞으로 살아갈 삶의 터전임을 기억해야 한다.

9) 사람의 _____ 를 돕는 시설을 만들기 위해 산과 들을 무분별하게 파헤치면 동식물은 삶의 터전을 잃는다.

10) 자연 개발로 생태계를 파괴하면 결국 사람의 생활 환경을 악화시키는 결과를 _____ .

11) 당장의 편리와 이익만을 추구하다 보면 우리 후손에게 _____ 자연을 물려주게 된다.

12) 논설문을 쓸 때 '반드시', '절대로', '결코'와 같이 어떤 사실을 _____ 표현은 조심해서 써야 한다.

13) 자연환경은 한 번 파괴되면 _____ 어렵기 때문에 잘 가꾸고 보호해야 한다.

14) 감기에 걸렸는데 병원에 가지 않고 버티다가 몸 상태를 _____ .

15) 물속에 사는 부레옥잠, 꽃창포, 미나리 등과 같은 식물들은 더러워진 물을 깨끗하게 하는 _____ 능력이 있다.

16) 자연의 힘이 아무리 위대해도 자정 능력을 넘어서는 오염을 _____ 어렵다.

17) 우리 조상의 넉넉한 마음과 삶에서 배어 나온 _____ 가 담긴 우리 전통 음식은 맛과 멋과 영양의 삼박자를 모두 갖추고 있다.

18) 논설문의 _____ 에서는 글을 쓴 문제 상황과 글쓴이의 주장을 밝힌다.

19) 적절한 운동은 건강에 도움이 되지만, _____ 운동은 건강을 해친다.

20) 산을 가로지르는 도로의 건설은 주변의 생태계를 심각하게 _____ .

21) 생물은 생태계 안에서 서로 _____ 으로 얽혀 있으며 주변 환경과 영향을 주고 받으면서 살아간다.

22) 무리한 자연 개발의 결과로 기후 변화 현상까지 나타나 동물이 _____ 위기에 처하고, 지구 환경이 위협을 받기도 한다.

23) 우리 반 인원수는 스물다섯 명이고, 담임 선생님까지 _____ 모두 스물여섯 명이다.

24) 논설문의 _____ 에서는 글 내용을 요약하거나 주장을 다시 한 번 강조한다.

25) 농지는 농부에게 삶의 _____ 이 되고, 바다는 어부에게 삶의 _____ 이 된다.

26) _____ 은 설득하기 위해 쓴 글로 서론, 본론, 결론의 짜임새로 이루어져 있다.

27) 논설문의 _____ 에서는 주장에 대한 적절한 근거를 제시한다.

28) 인간은 자기중심적으로 생각하고 행동하기 마련이므로 올바른 _____ 를 갖기 위해서는 남의 입장에서도 생각해 보는 지혜가 필요하다.

29) _____ 이란 함경북도 북쪽 끝에서 제주도 남쪽 끝까지 3,000리가 되는 우리나라의 아름다운 자연을 비단에 비유하여 이르는 말이다.

30) 무분별한 자연 개발은 인간의 삶과 지구의 환경을 _____ .

4. 주장과 근거를 판단해요

자연 보호는 우리가 꼭 해야 할 일 | 교과서 130~137쪽 |

안식처

한자 편안 안 安
쉴 식 息
곳 처 處

편히 쉴 수 있는 / 곳

예 자연은 어머니의 따뜻한 품이요, 인류의 영원한 **안식처**이다.

지구 온난화

한자 땅 지 地
공 구 球
따뜻할 온 溫
따뜻할 난 暖
될 화 化

*온실가스에 의해 / 지구 표면의 평균 기온이 / 점점 올라가는 현상

예 **지구 온난화**는 대기 중의 온실가스의 *농도가 증가하면서 *온실 효과가 발생하여 지구 표면의 온도가 점차 상승하는 현상을 말한다.

* 온실가스 지구 온난화를 일으키는 원인이 되는 대기 중의 가스
* 농도 (용액, 기체, 고체 혼합물에 들어 있는) 구성 성분의 진한 정도
* 온실 효과 (지구 대기 중의 수증기·이산화탄소·오존 따위가 늘어나는 것이 원인이 되어) 지구의 표면 기온이 높아지는 현상

주관적

한자 임금 주 主
볼 관 觀
과녁 적 的

자기의 생각이나 관점을 / 기초로 하는 (것)

예 일기는 자신이 겪은 일을 *대체로 **주관적** 관점에서 쓴 글이다.

* 대체로 전체를 보아서. 또는 일반적으로

객관적

한자 손 객 客
볼 관 觀
과녁 적 的

자기와의 관계에서 벗어나 제삼자의 입장에서 / 사건·사물을 있는 그대로 / 보거나·생각하는 (것)

예 '비가 내리고 있다'는 **객관적** 사실이고, '비를 좋아한다'는 주관적 감정이다.

타당한 근거를 들어 알맞은 표현으로 | 교과서 138~143쪽 |

갈래
(장르 genre)

*문학·예술 따위를 / 내용과 형식의 일정한 기준에 따라 / 묶은 것

예 문학의 **갈래**에는 시, 동화, *희곡, *수필 등이 있다.

* 문학 생각과 감정을 글로 표현한 예술. 또는 그런 작품
* 희곡 (무대 위에서 공연하는 것을 목적으로 쓰인) 연극 대본
* 수필(에세이 essay) 자신이 듣고 본 것, 체험한 것, 느낀 것 따위를 일정한 형식에 얽매이지 않고 자유롭게 쓴 글

수치

한자 셈 수 數
값 치 値

계산하여 얻은 / 값

예 우리나라의 *합계 출산율이 점점 낮아지더니 결국 그 **수치**가 1명 아래로 떨어지고 말았다.

* 합계 출산율 여성 1명이 평생 동안 낳을 수 있는 평균 자녀수

1 문장을 읽고, 알맞은 낱말을 써 넣어 봅시다.

1) 편히 쉴 수 있는 곳

2) 온실가스에 의해 지구 표면의 평균 기온이
점점 올라가는 현상

3) 자기의 생각이나 관점을 기초로 하는 (것)

4) 자기와의 관계에서 벗어나 제삼자의 입장에서 사건·사물을
있는 그대로 보거나·생각하는 (것)

5) 문학·예술 따위를 내용과 형식의 일정한 기준에 따라 묶은 것

6) 계산하여 얻은 값

11주 1일

2 밑줄 친 곳에 알맞은 낱말을 써 넣어 문장을 완성해 봅시다.

1) 자연은 어머니의 따뜻한 품이요, 인류의 영원한 _____ 이다.

2) _____ 는 대기 중의 온실가스의 농도가 증가하면서 온실 효과가 발생하여
지구 표면의 온도가 점차 상승하는 현상을 말한다.

3) 일기는 자신이 겪은 일을 대체로 _____ 관점에서 쓴 글이다.

4) '비가 내리고 있다'는 _____ 사실이고, '비를 좋아한다'는 주관적 감정이다.

5) 문학의 _____ 에는 시, 동화, 희곡, 수필 등이 있다.

6) 우리나라의 합계 출산율이 점점 낮아지더니 결국 그 _____ 가 1명 아래로 떨어
지고 말았다.

2일

타당한 근거를 들어 알맞은 표현으로 주장하는 글 쓰기

통계

한자 거느릴 통 統
셀 계 計

*수집한 자료를 / 한눈에 알아보기 쉽게 / 일정한 기준에 따라 숫자로 나타냄 또는 그런 것

예 우리 반 친구들이 좋아하는 운동 종목을 조사하여 **통계**를 내어 봤더니 피구가 가장 인기가 높았다.

*수집하다 (취미나 연구를 위해 여러 가지 물건이나 재료를) 찾아 모으다

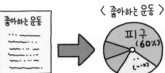

보완하다

한자 기울 보 補
완전할 완 完

모자라는 것을 / 보태어 채워서 / 완전하게 하다

예 미술 시간에 그린 그림을 집에 가져와서 색을 *덧칠하여 **보완했다**.

*덧칠하다 칠한 데에 겹쳐 칠하다

속담을 사용하는 까닭 생각하기
| 교과서 144~149쪽 |

백지장

한자 흰 백 白
종이 지 紙
베풀 장 張

흰 종이의 *낱장

예 시험지를 받으니, 내 머릿속이 **백지장**처럼 하얗게 변했다.

*낱장 따로따로의 한 장 한 장

굽히다

자신의 *뜻 · 주장 · *의지 따위를 꺾고 / 남을 따르다

예 엄마는 놀이동산을 다음번에 가자고 달랬지만, 동생은 오늘 꼭 가겠다며 뜻을 **굽히지** 않았다.

*뜻 무엇을 하겠다고 속으로 먹는 마음

*의지 어떠한 일을 이루고자 하는 마음

다양한 상황에서 쓰이는 속담의 뜻 알기
| 교과서 150~155쪽 |

속담

한자 풍속 속 俗
말씀 담 談

옛날부터 말로 전해 내려온 / *교훈이 될 만한 / 짧은 말

예 **속담**은 짧은 말이지만 교훈이 될 만한 조상들의 지혜가 담겨 있다.

*교훈 앞으로의 행동이나 생활에 도움이 되거나 참고할 만한 사실

실태

한자 열매 실 實
모습 태 態

있는 그대로의 상태 또는 실제의 *형편

예 초등학생의 사교육 이용 **실태**에 대한 통계를 내기 위하여 설문 조사를 벌였다.

*형편 일이 되어 가는 상태나 경로 또는 결과

비 실정, 실황

1 문장을 읽고, 알맞은 낱말을 써 넣어 봅시다.

1) 수집한 자료를 한눈에 알아보기 쉽게 일정한 기준에 따라 숫자로 나타냄 또는 그런 것

2) 모자라는 것을 보태어 채워서 완전하게 하다

3) 흰 종이의 낱장

4) 자신의 뜻·주장·의지 따위를 꺾고 남을 따르다

5) 옛날부터 말로 전해 내려온 교훈이 될 만한 짧은 말

6) 있는 그대로의 상태 또는 실제의 형편

11주 2일

2 밑줄 친 곳에 알맞은 낱말을 써 넣어 문장을 완성해 봅시다.

1) 우리 반 친구들이 좋아하는 운동 종목을 조사하여 _____ 를 내어 봤더니 피구가 가장 인기가 높았다.

2) 미술 시간에 그린 그림을 집에 가져와서 색을 덧칠하여 _____ .

3) 시험지를 받으니, 내 머릿속이 _____ 처럼 하얗게 변했다.

4) 엄마는 놀이동산을 다음번에 가자고 달렸지만, 동생은 오늘 꼭 가겠다며 뜻을 _____ 않았다.

5) _____ 은 짧은 말이지만 교훈이 될 만한 조상들의 지혜가 담겨 있다.

6) 초등학생의 사교육 이용 _____ 에 대한 통계를 내기 위하여 설문 조사를 벌였다.

다양한 상황에서 쓰이는 속담의 뜻 읽기 | 교과서 150~155쪽 |

태산
한자 클 태 泰
메 산 山

크고 많음을 / 비유적으로 이르는 말

예 '티끌 모아 **태산**'이라는 속담의 뜻은 아무리 작은 것이라도 모이고 모이면 나중에 큰 •덩어리가 된다는 것이다.

• 덩어리　뭉쳐진 것. 또는 뭉쳐서 이루어진 사물의 일부

수선

정신을 어지럽게 만드는 / •부산스러운 말이나 행동

예 동생이 자신의 생일 파티를 •준비한다고 **수선**을 떨어서 정신이 어지럽다.

• 부산하다　떠들썩하고 시끄러운 데가 있다. 또는 급하게 서둘러
　　　　　　어수선하고 바쁜 데가 있다

• 준비하다　(어떤 일에 물건을 필요로 하여) 미리 마련하여 갖추다

소용
한자 바 소 所
쓸 용 用

쓸 곳

예 '소 잃고 •외양간 고친다'는 속담은 일이 이미 잘못된 뒤에는 손을 써도 **소용**이 없다는 뜻이다.

• 외양간　소나 말을 기르는 곳

업신여기다

•교만한 마음으로 / 남을 / 낮추어 보다 또는 •하찮게 여기다

예 토끼는 거북이의 달리기 실력을 **업신여기고** •경주 •도중에 낮잠을 잤다가 거북이에게 지고 말았다.

• 교만하다　잘난 척하고 뽐내며 겸손함이 없이 건방지다

• 하찮다　　중요하게 여길 만하지 않다

• 경주　　　일정한 거리를 달려 빠르기를 겨룸. 또는 그 경기

• 도중　　　어떤 일이 계속되고 있는 과정이나 일의 중간

비 경멸하다, 멸시하다, 무시하다

응달(음지)

볕이 잘 들지 않는 / 그늘진 곳

예 •한낮이 되자, 농부들은 •땡볕을 피하여 **응달**로 모여들었다.

• 한낮　　낮의 한가운데. 곧, 낮 열두 시쯤 되는 때

• 땡볕　　따갑게 내리쬐는 뜨거운 볕

후회
한자 뒤 후 後
뉘우칠 회 悔

이전의 잘못을 / 깨닫고 •뉘우침

예 •성인들을 대상으로 한 어느 통계 조사에 따르면 인생에서 가장 **후회**로 남는 일 1위가 "학창시절에 열심히 공부하지 않은 것"이었다.

• 뉘우침　자신이 저지른 잘못(잘하지 못한 일)에 대해서 후회하고 반성함

• 성인　　자라서 어른이 된 사람. 보통 만 19세 이상의 남녀를 이른다

1 문장을 읽고, 알맞은 낱말을 써 넣어 봅시다.

1) 크고 많음을 비유적으로 이르는 말

2) 정신을 어지럽게 만드는 부산스러운 말이나 행동

3) 쓸 곳

4) 교만한 마음으로 남을 낮추어 보다 또는
   하찮게 여기다

5) 볕이 잘 들지 않는 그늘진 곳

6) 이전의 잘못을 깨닫고 뉘우침

2 밑줄 친 곳에 알맞은 낱말을 써 넣어 문장을 완성해 봅시다.

1) '티끌 모아 _____ '이라는 속담의 뜻은 아무리 작은 것이라도 모이고 모이면 나
   중에 큰 덩어리가 된다는 것이다.

2) 동생이 자신의 생일 파티를 준비한다고 _____ 을 떨어서 정신이 어지럽다.

3) '소 잃고 외양간 고친다'는 속담은 일이 이미 잘못된 뒤에는 손을 써도 _____ 이
   없다는 뜻이다.

4) 토끼는 거북이의 달리기 실력을 _____ 경주 도중에 낮잠을 잤다가 거북이
   에게 지고 말았다.

5) 한낮이 되자, 농부들은 땡볕을 피하여 _____ 로 모여들었다.

6) 성인들을 대상으로 한 어느 통계 조사에 따르면 인생에서 가장 _____ 로 남는 일
   1위가 "학창시절에 열심히 공부하지 않은 것"이었다.

담그다

김치 · 술 · 간장 · 젓갈 따위의 *발효 음식을 만드는 재료를 뒤섞은 후에 / *익거나 *삭도록 / 그릇에 넣다

(예) 엄마는 가을철마다 친척들과 모여서 함께 김장을 **담그신다.**

* **발효**　미생물이 지니고 있는 효소의 작용으로 유기물(탄소를 포함하는 화합물)이 분해되어 알코올류, 유기산류, 탄산가스 따위가 발생하는 작용

* **익다**　(김치, 술, 장 따위의 음식물이) 맛이 들다

* **삭다**　(김치나 젓갈 따위의 음식물이) 발효되어 맛이 들다

고개턱

*고개에서 / 가장 높은 곳

(예) *고갯길을 지나가는 *독장수는 숨을 헐떡거리며 높은 **고개턱**에 겨우 올랐다.

* **고개**　산이나 언덕을 넘어 다니게 된 비탈진 곳

* **고갯길**　고개를 넘는 길

* **독장수**　독(큰 오지그릇이나 질그릇) 을 파는 일을 직업으로 하는 사람

가누다

몸을 / 바른 자세로 가지다

(예) 늦은 밤까지 게임을 해서 다음날 수업 시간에 몸을 제대로 **가누지** 못하고 꾸벅꾸벅 졸았다.

산산조각

한자 흩을 산 散
흩을 산 散

아주 잘게 *깨어진 / 여러 조각

(예) 접시를 떨어뜨려서 *형체를 알아볼 수 없을 정도로 **산산조각**이 났다.

* **깨어지다**　(그릇이나 물건 따위가) 여러 조각이 나다

* **형체**　물건의 생김새나 그 바탕이 되는 몸체(물체의 몸이 되는 부분)

눈앞(목전)

눈으로 볼 수 있는 / 아주 가까운 곳

(예) 독장수는 너무 힘들어 **눈앞**이 *핑핑 돌 *지경이었다.

* **핑핑**　갑자기 매우 어질어질해지는 느낌을 나타내는 말

* **지경**　어떤 처지, 형편, 경우의 뜻을 나타내는 말

오지다
(오달지다)

허술한 데가 없이 / 알차다

(예) 할머니 댁의 *텃밭에서 기르는 고추를 *한입 먹었는데 입 안에 불이 난 것처럼 **오지게** 매웠다.

* **텃밭**　집의 울타리 안에 있거나 집 가까이 있는 밭

* **한입**　입안에 음식물 등을 한 번에 넣을 수 있을 만큼 넣은 상태. 또는 그만큼의 양

1 문장을 읽고, 알맞은 낱말을 써 넣어 봅시다.

1) 김치 · 술 · 간장 · 젓갈 따위의 발효 음식을 만드는 재료를
뒤섞은 후에 익거나 삭도록 그릇에 넣다

2) 고개에서 가장 높은 곳

3) 몸을 바른 자세로 가지다

4) 아주 잘게 깨어진 여러 조각

5) 눈으로 볼 수 있는 아주 가까운 곳

6) 허술한 데가 없이 알차다

2 밑줄 친 곳에 알맞은 낱말을 써 넣어 문장을 완성해 봅시다.

1) 엄마는 가을철마다 친척들과 모여서 함께 김장을 _____ .

2) 고갯길을 지나가는 독장수는 숨을 헐떡거리며 높은 _____ 에 겨우 올랐다.

3) 늦은 밤까지 게임을 해서 다음날 수업 시간에 몸을 제대로 _____ 못하고 꾸벅
꾸벅 졸았다.

4) 접시를 떨어뜨려서 형체를 알아볼 수 없을 정도로 _____ 이 났다.

5) 독장수는 너무 힘들어 _____ 이 핑핑 돌 지경이었다.

6) 할머니 댁의 텃밭에서 기르는 고추를 한입 먹었는데 입 안에 불이 난 것처럼
_____ 매웠다.

5일 5. 속담을 활용해요

기우뚱하다

물체가 / 한쪽으로 약간 기울어져 있다

예 왼쪽 다리를 다쳐서 걸을 때마다 몸이 한쪽으로 **기우뚱한다.**

박살나다

깨져서 / •조각조각 부서지다

예 바닥에 떨어진 쟁반이 **박살나서** 그 •파편들이 •사방으로 •흩뿌려졌다.

• **조각조각** 여러 조각으로 갈라지거나 깨어진 모양
• **파편** 깨어지거나 부서진 조각
• **사방** 모든 곳 또는 여러 곳을 비유적으로 이르는 말
• **흩뿌리다** 마구 흩어지게 뿌리다

허황되다

한자 빌 허 虛
거칠 황 荒

•황당하여 / 믿기 어렵다

예 친구가 자기 통장에 일억 원이 있다고 자꾸 자랑을 하는데, 도무지 믿을 수 없는 **허황된** 말로 들렸다.

• **황당하다** 말이나 행동이 어처구니없고 터무니없다

궁리하다

한자 다할 궁 窮
다스릴 리 理

마음속으로 이리저리 따져 / 깊이 생각하다

예 방과 후에 친구들과 놀기 위해 학원에 빠질 •핑곗거리를 **궁리했다.**

• **핑곗거리** 핑계(내키지 아니하는 사태를 피하거나 사실을 감추려고 방패막이가 되는 다른 일을 내세움)를 댈 재료가 되는 일

실현성

한자 열매 실 實
나타날 현 現
성품 성 性

실제로 이루어질 / •가능성

예 지난 수학 시험에서 빵점을 맞은 내 친구가 이번 시험에서 백점을 맞는 일은 **실현성**이 없는 이야기이다.

• **가능성** 일이 앞으로 실제로 이루어질 수 있는 성질이나 정도

도리어(되레)

미리 생각하거나 기대한 것과 / 전혀 반대되거나 · 다르게

예 엄마께 오늘 학원에 빠지면 안 되겠냐고 여쭈었더니, 엄마는 **도리어** 평소 수업에 더하여 보강 수업까지 받아야 한다고 말씀하셨다.

1 　문장을 읽고, 알맞은 낱말을 써 넣어 봅시다.

1) 물체가 한쪽으로 약간 기울어져 있다

2) 깨져서 조각조각 부서지다

3) 황당하여 믿기 어렵다

4) 마음속으로 이리저리 따져 깊이 생각하다

5) 실제로 이루어질 가능성

6) 미리 생각하거나 기대한 것과 전혀 반대되거나 · 다르게

2 　밑줄 친 곳에 알맞은 낱말을 써 넣어 문장을 완성해 봅시다.

1) 왼쪽 다리를 다쳐서 걸을 때마다 몸이 한쪽으로 _____ .

2) 바닥에 떨어진 쟁반이 _____ 그 파편들이 사방으로 흩뿌려졌다.

3) 친구가 자기 통장에 일억 원이 있다고 자꾸 자랑을 하는데, 도무지 믿을 수 없는
_____ 말로 들렸다.

4) 방과 후에 친구들과 놀기 위해 학원에 빠질 핑곗거리를 _____ .

5) 지난 수학 시험에서 빵점을 맞은 내 친구가 이번 시험에서 백점을 맞는 일은
_____ 이 없는 이야기이다.

6) 엄마께 오늘 학원에 빠지면 안 되겠냐고 여쭈었더니, 엄마는 _____ 평소 수업
에 더하여 보강 수업까지 받아야 한다고 말씀하셨다.

1 문장을 읽고, 알맞은 낱말을 써 넣어 봅시다.

1) 옛날부터 말로 전해 내려온 교훈이 될 만한 짧은 말　＿＿＿＿＿＿

2) 쓸 곳　＿＿＿＿＿＿

3) 계산하여 얻은 값　＿＿＿＿＿＿

4) 있는 그대로의 상태 또는 실제의 형편　＿＿＿＿＿＿

5) 눈으로 볼 수 있는 아주 가까운 곳　＿＿＿＿＿＿

6) 자기의 생각이나 관점을 기초로 하는 (것)　＿＿＿＿＿＿

7) 아주 잘게 깨어진 여러 조각　＿＿＿＿＿＿

8) 모자라는 것을 보태어 채워서 완전하게 하다　＿＿＿＿＿＿

9) 고개에서 가장 높은 곳　＿＿＿＿＿＿

10) 흰 종이의 낱장　＿＿＿＿＿＿

11) 크고 많음을 비유적으로 이르는 말　＿＿＿＿＿＿

12) 미리 생각하거나 기대한 것과 전혀 반대되거나 · 다르게　＿＿＿＿＿＿

13) 이전의 잘못을 깨닫고 뉘우침　＿＿＿＿＿＿

14) 김치 · 술 · 간장 · 젓갈 따위의 발효 음식을 만드는 재료를 뒤섞은 후에 익거나 삭도록 그릇에 넣다　＿＿＿＿＿＿

15) 실제로 이루어질 가능성　＿＿＿＿＿＿

16) 정신을 어지럽게 만드는 부산스러운 말이나 행동　＿＿＿＿＿＿

17)　자기와의 관계에서 벗어나 제삼자의 입장에서 사건 · 사물을
　　있는 그대로 보거나 · 생각하는 (것)　＿＿＿＿＿

18)　문학 · 예술 따위를 내용과 형식의 일정한 기준에 따라 묶은 것　＿＿＿＿＿

19)　몸을 바른 자세로 가지다　＿＿＿＿＿

20)　온실가스에 의해 지구 표면의 평균 기온이
　　점점 올라가는 현상　＿＿＿＿＿

21)　허술한 데가 없이 알차다　＿＿＿＿＿

22)　볕이 잘 들지 않는 그늘진 곳　＿＿＿＿＿

23)　물체가 한쪽으로 약간 기울어져 있다　＿＿＿＿＿

24)　자신의 뜻 · 주장 · 의지 따위를 꺾고 남을 따르다　＿＿＿＿＿

25)　깨져서 조각조각 부서지다　＿＿＿＿＿

26)　교만한 마음으로 남을 낮추어 보다 또는 하찮게 여기다　＿＿＿＿＿

27)　수집한 자료를 한눈에 알아보기 쉽게 일정한 기준에 따라
　　숫자로 나타냄 또는 그런 것　＿＿＿＿＿

28)　황당하여 믿기 어렵다　＿＿＿＿＿

29)　마음속으로 이리저리 따져 깊이 생각하다　＿＿＿＿＿

30)　편히 쉴 수 있는 곳　＿＿＿＿＿

2 밑줄 친 곳에 알맞은 낱말을 써 넣어 문장을 완성해 봅시다.

1) '비가 내리고 있다'는 _____ 사실이고, '비를 좋아한다'는 주관적 감정이다.

2) 시험지를 받으니, 내 머릿속이 _____ 처럼 하얗게 변했다.

3) 문학의 _____ 에는 시, 동화, 희곡, 수필 등이 있다.

4) 일기는 자신이 겪은 일을 대체로 _____ 관점에서 쓴 글이다.

5) 엄마는 놀이동산을 다음번에 가자고 달랬지만, 동생은 오늘 꼭 가겠다며 뜻을 _____ 않았다.

6) 왼쪽 다리를 다쳐서 걸을 때마다 몸이 한쪽으로 _____ .

7) 자연은 어머니의 따뜻한 품이요, 인류의 영원한 _____ 이다.

8) 한낮이 되자, 농부들은 땡볕을 피하여 _____ 로 모여들었다.

9) 엄마는 가을철마다 친척들과 모여서 함께 김장을 _____ .

10) 성인들을 대상으로 한 어느 통계 조사에 따르면 인생에서 가장 _____ 로 남는 일 1위가 "학창시절에 열심히 공부하지 않은 것"이었다.

11) 고갯길을 지나가는 독장수는 숨을 헐떡거리며 높은 _____ 에 겨우 올랐다.

12) 늦은 밤까지 게임을 해서 다음날 수업 시간에 몸을 제대로 _____ 못하고 꾸벅꾸벅 졸았다.

13) 우리나라의 합계 출산율이 점점 낮아지더니 결국 그 _____ 가 1명 아래로 떨어지고 말았다.

14) 접시를 떨어뜨려서 형체를 알아볼 수 없을 정도로 _____ 이 났다.

15) 미술 시간에 그린 그림을 집에 가져와서 색을 덧칠하여 _____ .

16) 엄마께 오늘 학원에 빠지면 안 되겠냐고 여쭈었더니, 엄마는 _____ 평소 수업에 더하여 보강 수업까지 받아야 한다고 말씀하셨다.

17) 할머니 댁의 텃밭에서 기르는 고추를 한입 먹었는데 입 안에 불이 난 것처럼 _____ 매웠다.

18) 친구가 자기 통장에 일억 원이 있다고 자꾸 자랑을 하는데, 도무지 믿을 수 없는 _____ 말로 들렸다.

19) '티끌 모아 _____'이라는 속담의 뜻은 아무리 작은 것이라도 모이고 모이면 나중에 큰 덩어리가 된다는 것이다.

20) 초등학생의 사교육 이용 _____ 에 대한 통계를 내기 위하여 설문 조사를 벌였다.

21) 동생이 자신의 생일 파티를 준비한다고 _____ 을 떨어서 정신이 어지럽다.

22) 지난 수학 시험에서 빵점을 맞은 내 친구가 이번 시험에서 백점을 맞는 일은 _____ 이 없는 이야기이다.

23) 토끼는 거북이의 달리기 실력을 _____ 경주 도중에 낮잠을 잤다가 거북이에게 지고 말았다.

24) 바닥에 떨어진 쟁반이 _____ 그 파편들이 사방으로 흩뿌려졌다.

25) 독장수는 너무 힘들어 _____ 이 핑핑 돌 지경이었다.

26) 방과 후에 친구들과 놀기 위해 학원에 빠질 핑곗거리를 _____.

27) 우리 반 친구들이 좋아하는 운동 종목을 조사하여 _____ 를 내어 봤더니 피구가 가장 인기가 높았다.

28) _____ 은 짧은 말이지만 교훈이 될 만한 조상들의 지혜가 담겨 있다.

29) '소 잃고 외양간 고친다'는 속담은 일이 이미 잘못된 뒤에는 손을 써도 _____ 이 없다는 뜻이다.

30) _____ 는 대기 중의 온실가스의 농도가 증가하면서 온실 효과가 발생하여 지구 표면의 온도가 점차 상승하는 현상을 말한다.

5. 속담을 활용해요

손해(손)

한자 덜 손 損
해할 해 害

처음보다 •밑져서 / 해롭게 됨

예 "독장수구구는 독만 깨뜨린다"라는 속담은 실현성이 없는 허황된 계산은 도리어 **손해**만 가져온다는 뜻이다.

•**밑지다**   들인 돈이나 제 값어치보다 얻는 것이 적다. 또는 손해를 보다

비 실, 손실, 해, 해손

대령하다

한자 기다릴 대 待
하여금 령 令

아랫사람이 / 윗사람의 명령을 기다리다

예 왕의 •부름을 받은 신하들은 즉시 •입궐하여 **대령하고** 있었다.

•**부름**   어떤 일로 불러들이는 일

•**입궐하다**   궁궐 안으로 들어가다

맡아보다

맡은 일을 / 책임지고 •해내다

예 회장과 부회장이 학급 •회의의 준비와 진행을 **맡아보았다.**

•**해내다**   맡은 일이나 닥친 일을 능히 처리하다

•**회의**   여럿이 모여서 의논함. 또는 그런 모임

횡하니

조금도 •지체하지 않고 / 곧장 빠르게 가는 모양

예 토끼는 느릿느릿 걸어가는 거북이를 •가볍게 앞지르고 **횡하니** 내달렸다.

•**지체하다**   때를 늦추거나 질질 끌다

•**가볍게**   (힘들지 않고) 쉽게

딴전

지금 해야 할 일과는 / 전혀 관계가 없는 / 일 또는 행동

예 아이는 수업 시간마다 수업과 관련 없는 일을 하며 **딴전**을 부렸지만, 쉬는 시간이 되면 누구보다 열심히 놀았다.

비 딴청

다짐

어떤 일을 반드시 행하겠다고 / 마음이나 뜻을 / 굳게 가다듬어 정함

예 앞으로는 동생과 싸우지 않고 사이좋게 지내겠다고 **다짐**을 했다.

1 문장을 읽고, 알맞은 낱말을 써 넣어 봅시다.

1) 처음보다 밑져서 해롭게 됨

2) 아랫사람이 윗사람의 명령을 기다리다

3) 맡은 일을 책임지고 해내다

4) 조금도 지체하지 않고 곧장 빠르게 가는 모양

5) 지금 해야 할 일과는 전혀 관계가 없는 일 또는 행동

6) 어떤 일을 반드시 행하겠다고 마음이나 뜻을 굳게 가다듬어 정함

12주 1일

2 밑줄 친 곳에 알맞은 낱말을 써 넣어 문장을 완성해 봅시다.

1) "독장수구구는 독만 깨뜨린다"라는 속담은 실현성이 없는 허황된 계산은 도리어 _____ 만 가져온다는 뜻이다.

2) 왕의 부름을 받은 신하들은 즉시 입궐하여 _____ 있었다.

3) 회장과 부회장이 학급 회의의 준비와 진행을 _____ .

4) 토끼는 느릿느릿 걸어가는 거북이를 가볍게 앞지르고 _____ 내달렸다.

5) 아이는 수업 시간마다 수업과 관련 없는 일을 하며 _____ 을 부렸지만, 쉬는 시간이 되면 누구보다 열심히 놀았다.

6) 앞으로는 동생과 싸우지 않고 사이좋게 지내겠다고 _____ 을 했다.

5. 속담을 활용해요

맴

제자리에서 / 뱅글뱅글 도는 짓

예 독수리가 •먹잇감을 찾기 위해 하늘에서 **맴**을 돌고 있다.

• 먹잇감 동물의 먹이(동물이 살아가기 위하여 먹어야 할 거리)가 되는 것

넋(을)잃다

제정신을 잃고 멍한 상태가 되다 또는 정신을 잃다

예 어디선가 아주 고소한 냄새가 나자 까마귀는 그 냄새에 **넋을 잃었다.**

온데간데없다

•감쪽같이 사라져 / 찾을 수가 없다

예 지갑을 책상 속에 넣어 두었는데, **온데간데없이** 사라졌다.

• 감쪽같이 남이 알아채지 못할 만큼 티가 나지 않게

하는(할) 수 없다

어찌 할 / 방법이 없다

예 놀이동산에 가기로 한 •당일이 되었는데, 아침부터 •장대비가 쏟아져서 **하는 수 없이** 하루 종일 집에 있었다.

• 당일(그날) 일이 있는 바로 그날

• 장대비 장대같이 굵고 세차게 좍좍 내리는 비

호통을 치다

크게 꾸짖고 · •주의를 주다

예 선생님은 다툼을 벌인 두 학생에게 **호통을 치셨다.**

• 주의 특정한 일에 대하여 경고나 충고를 하여 일깨움.
또는 그러한 말이나 행위

탐구

한자 찾을 탐 探
구할 구 求

필요한 것을 •조사하여 / 찾아냄 또는 얻어냄

예 '동물과 관련 있는 속담'을 **탐구** 대상으로 정하고 인터넷에서 찾아보았다.

• 조사하다 (사물의 내용을 명확히 알기 위하여) 자세히
살펴보거나 찾아보다

1 문장을 읽고, 알맞은 낱말을 써 넣어 봅시다.

1)   제자리에서 뱅글뱅글 도는 짓

2)   제정신을 잃고 멍한 상태가 되다 또는 정신을 잃다

3)   감쪽같이 사라져 찾을 수가 없다

4)   어찌 할 방법이 없다

5)   크게 꾸짖고 · 주의를 주다

6)   필요한 것을 조사하여 찾아냄 또는 얻어냄

12주
2일

2 밑줄 친 곳에 알맞은 낱말을 써 넣어 문장을 완성해 봅시다.

1)   독수리가 먹잇감을 찾기 위해 하늘에서 _____ 을 돌고 있다.

2)   어디선가 아주 고소한 냄새가 나자 까마귀는 그 냄새에 _____ .

3)   지갑을 책상 속에 넣어 두었는데, _____ 사라졌다.

4)   놀이동산에 가기로 한 당일이 되었는데, 아침부터 장대비가 쏟아져서 _____ 하루 종일 집에 있었다.

5)   선생님은 다툼을 벌인 두 학생에게 _____ .

6)   '동물과 관련 있는 속담'을 _____ 대상으로 정하고 인터넷에서 찾아보았다.

6. 내용을 추론해요

짐작하다

한자 짐작할 짐 斟
술 부을 작 酌

이미 알고 있는 사실에 •비추어 / 무엇이 어찌할 것이라고 생각하다

예 엄마는 아이의 굳은 표정을 보고 안 좋은 일이 생겼을
거라고 **짐작했다**.

• **비추다**　(주로 '…에 비추어' 꼴로 쓰여) 어떤 것과
관련하여 견주어 보다

단서

한자 끝 단 端
실마리 서 緒

일 · 사건 따위를 / 풀어 나갈 수 있는 •실마리

예 경찰은 사건의 **단서**를 찾기 위해 사건 현장을 샅샅이 조사했다.

• **실마리**　일이나 사건을 풀어 나갈 수 있는 첫머리(일이 시작되는 부분)

비 실마리, 단초

적응하다

한자 맞을 적 適
응할 응 應

일정한 조건이나 환경에 / 맞추어 잘 어울리다

예 전학을 간 친구는 새 학교에서의 생활에 **적응하려고** 애썼다.

이탈

한자 떠날 이 離
벗을 탈 脫

어떤 범위나 •대열에서 / 떨어져 나옴 또는 떨어져 나감

예 선생님은 점심시간에 •무단으로 학교 밖으로 **이탈**을
시도한 학생들에게 호통을 치셨다.

• **대열**　줄을 지어 늘어선 행렬(여럿이 줄지어 감. 또는 그런 줄)

• **무단**　사전에 허락이 없음. 또는 아무 사유(일의 까닭)가 없음

문화유산

한자 글월 문 文
될 화 化
남길 유 遺
낳을 산 産

조상들의 •문화 중에서 / 후손들에게 물려줄 만한 / 가치가 있는 것

예 **문화유산**은 궁궐이나 성곽처럼 형태가 있는 '유형 문화재'와 공예 기술이나 탈
춤처럼 형태가 없는 '무형 문화재'로 나뉜다.

• **문화**　사회 구성원에 의하여 배우고 전달받은 행동 양식이나 생활양식 및 정신적 ·
물질적 결과물

성곽(성)

한자 재 성 城
둘레 곽 郭

예전에, 적의 공격을 막기 위하여 / 흙이나 돌로 높이 쌓아 만든 / 큰 •담

예 적군은 두 달 넘게 **성곽**을 에워싸고 공격했으나 성을 •함락하지 못했다.

• **담**　집 둘레나 공간을 흙 · 돌 · 벽돌 따위로 둘러막는 것

• **함락하다**　적의 성, 요새(군사적으로 중요한 곳에 건설한 방어 시설) 따위를 공격하여 무
너뜨리다

1 문장을 읽고, 알맞은 낱말을 써 넣어 봅시다.

1) 이미 알고 있는 사실에 비추어 무엇이 어찌할 것이라고 생각하다

2) 일 · 사건 따위를 풀어 나갈 수 있는 실마리

3) 일정한 조건이나 환경에 맞추어 잘 어울리다

4) 어떤 범위나 대열에서 떨어져 나옴 또는 떨어져 나감

5) 조상들의 문화 중에서 후손들에게 물려줄 만한 가치가 있는 것

6) 예전에, 적의 공격을 막기 위하여 흙이나 돌로 높이 쌓아 만든 큰 담

2 밑줄 친 곳에 알맞은 낱말을 써 넣어 문장을 완성해 봅시다.

1) 엄마는 아이의 굳은 표정을 보고 안 좋은 일이 생겼을 거라고 _____ .

2) 경찰은 사건의 _____ 를 찾기 위해 사건 현장을 샅샅이 조사했다.

3) 전학을 간 친구는 새 학교에서의 생활에 _____ 애썼다.

4) 선생님은 점심시간에 무단으로 학교 밖으로 _____ 을 시도한 학생들에게 호통을 치셨다.

5) _____ 은 궁궐이나 성곽처럼 형태가 있는 '유형 문화재'와 공예 기술이나 탈춤처럼 형태가 없는 '무형 문화재'로 나뉜다.

6) 적군은 두 달 넘게 _____ 을 에워싸고 공격했으나 성을 함락하지 못했다.

일대

한자 한 일 一
띠 대 帶

일정한 •범위 안에 있는 / 어느 지역 전부

㉠ 수원 화성은 일제 •강점기를 거치면서 성곽 **일대가** 훼손되기 시작하고 6. 25 전쟁 때 크게 파괴되었다.

• **범위**   일정하게 한정된 영역
• **강점기**   남의 영토나 물건 따위를 강제로 빼앗아 차지하고 있는 기간
비 일원

규모

한자 법 규 規
본뜰 모 模

사물이나 현상 따위의 / 크기 또는 범위

㉠ 수원 화성은 **규모가** 커서 다 돌아보려면 꽤 시간이 걸린다.

국경

한자 나라 국 國
지경 경 境

나라와 나라의 •영역을 가르는 / •경계

㉠ 많은 •난민이 미국으로 밀려들자 미국은 멕시코와의 **국경** 지역에 •장벽을 세우겠다고 발표했다.

• **영역**   한 나라의 주권(국가의 의사를 최종적으로 결정하는 권력)이 미치는 범위
• **경계**   어떤 지역과 지역을 구분 짓거나 가르는 선
• **난민**   전쟁, 재난, 인종, 종교 또는 정치적, 사상적 차이로 인하여 겪게 되는 곤경(어려운 형편)을 피해 외국이나 다른 지방으로 탈출하는 사람
• **장벽**   길게 쌓은 성벽(성곽의 벽)

대비하다

한자 대할 대 對
갖출 비 備

앞으로 일어날지도 모르는 일에 / •대처할 계획이나 수단을 / 미리 •세우다

㉠ 고구려는 국경 지방에 천리장성을 쌓으면서 외적의 침략에 **대비했다.**

• **대처하다**   어떤 일에 대하여 알맞은 조치를 취하다
• **세우다**   계획 등을 확실하게 정하다

다의어

한자 많을 다 多
옳을 의 義
말씀 어 語

두 가지 이상의 뜻을 가진 / 낱말

㉠ '친구에게 사과를 받았다'는 문장만으로는 그 뜻을 정확히 알 수 없는데, 그 까닭은 '사과'가 **다의어이기** 때문이다.

수준

한자 물 수 水
준할 준 準

사물의 가치 · 등급 따위의 / 일정한 •기준 또는 정도

㉠ 국어 시험을 치렀는데, 문제의 **수준이** 낮아서 많은 학생이 백점을 받았다.

• **기준**   기본이 되는 표준

1 문장을 읽고, 알맞은 낱말을 써 넣어 봅시다.

1) 일정한 범위 안에 있는 어느 지역 전부

2) 사물이나 현상 따위의 크기 또는 범위

3) 나라와 나라의 영역을 가르는 경계

4) 앞으로 일어날지도 모르는 일에 대처할 계획이나 수단을 미리 세우다

5) 두 가지 이상의 뜻을 가진 낱말

6) 사물의 가치·등급 따위의 일정한 기준

12주
4일

2 밑줄 친 곳에 알맞은 낱말을 써 넣어 문장을 완성해 봅시다.

1) 수원 화성은 일제 강점기를 거치면서 성곽 _____ 가 훼손되기 시작하고 6.25 전쟁 때 크게 파괴되었다.

2) 수원 화성은 _____ 가 커서 다 돌아보려면 꽤 시간이 걸린다.

3) 많은 난민이 미국으로 밀려들자 미국은 멕시코와의 _____ 지역에 장벽을 세우겠다고 발표했다.

4) 고구려는 국경 지방에 천리장성을 쌓으면서 외적의 침략에 _____ .

5) '친구에게 사과를 받았다'는 문장만으로는 그 뜻을 정확히 알 수 없는데, 그 까닭은 '사과'가 _____ 이기 때문이다.

6) 국어 시험을 치렀는데, 문제의 _____ 이 낮아서 많은 학생이 백점을 받았다.

5일

수행 완성을 이끌어 만들기 엿보기 | 교과서 214~221쪽 |

설계

한자 베풀 설 設
셀 계 計

건축물, 구조물, 기계 따위를 만들기 위해 / 계획을 세워 •도면 등으로 / 그 내용을 밝히는 일

예 아이는 미래에 살고 싶은 집을 상상하며 도화지에 **설계**를 해 보았다.

• **도면**   공간의 구조와 그 안의 있는 물체를 나타낸 그림

구조물

한자 얽을 구 構
지을 조 造
물건 물 物

일정한 설계에 따라 / 여러 가지 재료로 만든 / 물건

예 과학관 앞에 있는 •광장에는 로봇 형태의 **구조물**이 전시되어 있다.

• **광장**   많은 사람이 모일 수 있게 거리에 만들어 놓은, 넓은 공간

세세하다

한자 가늘 세 細
가늘 세 細

아주 •자세하다

예 아이가 그린 집의 설계 도면에는 방과 주방, 거실과 화장실, 현관의 위치와 크기가 **세세하게** 그려져 있다.

• **자세하다**   사소하고 하찮은 부분까지 아주 구체적이고 분명하다

비 세밀하다, 면밀하다, 상세하다, 자세하다

치밀하다

한자 빽빽할 치 緻
빽빽할 밀 密

자세하고 꼼꼼하다

예 아이의 일기에는 그 일이 일어난 날짜와 시간, 장소와 날씨는 물론이고 등장하는 인물들이 입었던 옷과 표정, 했던 말까지 **치밀하게** 적혀 있다.

비 세밀하다, 면밀하다

상세히

한자 자세할 상 詳
가늘 세 細

•사소한 부분까지 / •샅샅이 자세하게

예 선생님은 싸움을 벌인 두 아이가 서로 주고받은 말과 행동을 분 단위까지 따져가며 **상세히** •기록했다.

• **사소하다**   (사물이나 대상이) 적거나 작아서 보잘것없거나 중요하지 않다

• **샅샅이**   빈틈없이 모조리

• **기록하다**   남길 필요가 있는 사실을 글 · 기호로 적다

비 세밀히, 면밀히, 세세히, 자세히, 소상히

원만하다

한자 둥글 원 圓
찰 만 滿

성격이 / 부드럽고 •너그럽다

예 그는 성격이 **원만하여** 주위 사람들과 •두루두루 사이좋게 지낸다.

• **너그럽다**   마음이 넓고 이해심이 많다

• **두루두루**   모든 사람에게 모나지 않고 원만하게 대하는 모양

1 문장을 읽고, 알맞은 낱말을 써 넣어 봅시다.

1) 건축물, 구조물, 기계 따위를 만들기 위해 계획을 세워 도면
   등으로 그 내용을 밝히는 일

2) 일정한 설계에 따라 여러 가지 재료로 만든 물건

3) 아주 자세하다

4) 자세하고 꼼꼼하다

5) 사소한 부분까지 샅샅이 자세하게

6) 성격이 부드럽고 너그럽다

12주
5일

2 밑줄 친 곳에 알맞은 낱말을 써 넣어 문장을 완성해 봅시다.

1) 아이는 미래에 살고 싶은 집을 상상하며 도화지에 _____ 를 해 보았다.

2) 과학관 앞에 있는 광장에는 로봇 형태의 _____ 이 전시되어 있다.

3) 아이가 그린 집의 설계 도면에는 방과 주방, 거실과 화장실, 현관의 위치와 크기가
   _____ 그려져 있다.

4) 아이의 일기에는 그 일이 일어난 날짜와 시간, 장소와 날씨는 물론이고 등장하는 인물
   들이 입었던 옷과 표정, 했던 말까지 _____ 적혀 있다.

5) 선생님은 싸움을 벌인 두 아이가 서로 주고받은 말과 행동을 분 단위까지 따져가며
   _____ 기록했다.

6) 그는 성격이 _____ 주위 사람들과 두루두루 사이좋게 지낸다.

1 문장을 읽고, 알맞은 낱말을 써 넣어 봅시다.

1) 감쪽같이 사라져 찾을 수가 없다 _____

2) 조상들의 문화 중에서 후손들에게 물려줄 만한
가치가 있는 것 _____

3) 일정한 설계에 따라 여러 가지 재료로 만든 물건 _____

4) 필요한 것을 조사하여 찾아냄 또는 얻어냄 _____

5) 아주 자세하다 _____

6) 이미 알고 있는 사실에 비추어 무엇이 어찌할 것이라고
생각하다 _____

7) 나라와 나라의 영역을 가르는 경계 _____

8) 일·사건 따위를 풀어 나갈 수 있는 실마리 _____

9) 처음보다 밑져서 해롭게 됨 _____

10) 어찌 할 방법이 없다 _____

11) 아랫사람이 윗사람의 명령을 기다리다 _____

12) 사물의 가치·등급 따위의 일정한 기준 _____

13) 맡은 일을 책임지고 해내다 _____

14) 예전에, 적의 공격을 막기 위하여 흙이나 돌로 높이 쌓아
만든 큰 담 _____

15) 성격이 부드럽고 너그럽다 _____

16) 조금도 지체하지 않고 곧장 빠르게 가는 모양 　　　＿＿＿＿＿＿

17) 지금 해야 할 일과는 전혀 관계가 없는 일 또는 행동 　　　＿＿＿＿＿＿

18) 일정한 조건이나 환경에 맞추어 잘 어울리다 　　　＿＿＿＿＿＿

19) 크게 꾸짖고 · 주의를 주다 　　　＿＿＿＿＿＿

20) 어떤 범위나 대열에서 떨어져 나옴 또는 떨어져 나감 　　　＿＿＿＿＿＿

21) 자세하고 꼼꼼하다 　　　＿＿＿＿＿＿

22) 사물이나 현상 따위의 크기 또는 범위 　　　＿＿＿＿＿＿

23) 제정신을 잃고 멍한 상태가 되다 또는 정신을 잃다 　　　＿＿＿＿＿＿

24) 앞으로 일어날지도 모르는 일에 대처할 계획이나
수단을 미리 세우다 　　　＿＿＿＿＿＿

25) 어떤 일을 반드시 행하겠다고 마음이나 뜻을 굳게
가다듬어 정함 　　　＿＿＿＿＿＿

26) 두 가지 이상의 뜻을 가진 낱말 　　　＿＿＿＿＿＿

27) 건축물, 구조물, 기계 따위를 만들기 위해 계획을 세워 도면
등으로 그 내용을 밝히는 일 　　　＿＿＿＿＿＿

28) 일정한 범위 안에 있는 어느 지역 전부 　　　＿＿＿＿＿＿

29) 사소한 부분까지 샅샅이 자세하게 　　　＿＿＿＿＿＿

30) 제자리에서 뱅글뱅글 도는 짓 　　　＿＿＿＿＿＿

12주
평가

2 밑줄 친 곳에 알맞은 낱말을 써 넣어 문장을 완성해 봅시다.

1) 그는 성격이 _____ 주위 사람들과 두루두루 사이좋게 지낸다.

2) 지갑을 책상 속에 넣어 두었는데, _____ 사라졌다.

3) 수원 화성은 일제 강점기를 거치면서 성곽 _____ 가 훼손되기 시작하고 6.25 전쟁 때 크게 파괴되었다.

4) 왕의 부름을 받은 신하들은 즉시 입궐하여 _____ 있었다.

5) '친구에게 사과를 받았다'는 문장만으로는 그 뜻을 정확히 알 수 없는데, 그 까닭은 '사과'가 _____ 이기 때문이다.

6) 과학관 앞에 있는 광장에는 로봇 형태의 _____ 이 전시되어 있다.

7) 많은 난민이 미국으로 밀려들자 미국은 멕시코와의 _____ 지역에 장벽을 세우겠다고 발표했다.

8) 선생님은 다툼을 벌인 두 학생에게 _____ .

9) 독수리가 먹잇감을 찾기 위해 하늘에서 _____ 을 돌고 있다.

10) 선생님은 싸움을 벌인 두 아이가 서로 주고받은 말과 행동을 분 단위까지 따져가며 _____ 기록했다.

11) 토끼는 느릿느릿 걸어가는 거북이를 가볍게 앞지르고 _____ 내달렸다.

12) _____ 은 궁궐이나 성곽처럼 형태가 있는 '유형 문화재'와 공예 기술이나 탈춤처럼 형태가 없는 '무형 문화재'로 나뉜다.

13) '동물과 관련 있는 속담'을 _____ 대상으로 정하고 인터넷에서 찾아보았다.

14) 고구려는 국경 지방에 천리장성을 쌓으면서 외적의 침략에 _____ .

15) 적군은 두 달 넘게 _____ 을 에워싸고 공격했으나 성을 함락하지 못했다.

16) 선생님은 점심시간에 무단으로 학교 밖으로 ＿＿＿＿＿ 을 시도한 학생들에게 호통을 치셨다.

17) 앞으로는 동생과 싸우지 않고 사이좋게 지내겠다고 ＿＿＿＿＿ 을 했다.

18) 국어 시험을 치렀는데, 문제의 ＿＿＿＿＿ 이 낮아서 많은 학생이 백점을 받았다.

19) 아이가 그린 집의 설계 도면에는 방과 주방, 거실과 화장실, 현관의 위치와 크기가 ＿＿＿＿＿ 그려져 있다.

20) 엄마는 아이의 굳은 표정을 보고 안 좋은 일이 생겼을 거라고 ＿＿＿＿＿ .

21) 경찰은 사건의 ＿＿＿＿＿ 를 찾기 위해 사건 현장을 샅샅이 조사했다.

22) 아이의 일기에는 그 일이 일어난 날짜와 시간, 장소와 날씨는 물론이고 등장하는 인물들이 입었던 옷과 표정, 했던 말까지 ＿＿＿＿＿ 적혀 있다.

23) 전학을 간 친구는 새 학교에서의 생활에 ＿＿＿＿＿ 애썼다.

24) "독장수구구는 독만 깨뜨린다"라는 속담은 실현성이 없는 허황된 계산은 도리어 ＿＿＿＿＿ 만 가져온다는 뜻이다.

25) 놀이동산에 가기로 한 당일이 되었는데, 아침부터 장대비가 쏟아져서 ＿＿＿＿＿ 하루 종일 집에 있었다.

26) 어디선가 아주 고소한 냄새가 나자 까마귀는 그 냄새에 ＿＿＿＿＿ .

27) 회장과 부회장이 학급 회의의 준비와 진행을 ＿＿＿＿＿ .

28) 수원 화성은 ＿＿＿＿＿ 가 커서 다 돌아보려면 꽤 시간이 걸린다.

29) 아이는 수업 시간마다 수업과 관련 없는 일을 하며 ＿＿＿＿＿ 을 부렸지만, 쉬는 시간이 되면 누구보다 열심히 놀았다.

30) 아이는 미래에 살고 싶은 집을 상상하며 도화지에 ＿＿＿＿＿ 를 해 보았다.

1 문장을 읽고, 알맞은 낱말을 써 넣어 봅시다.

1)   다른 것과 견주어 특히 눈에 띄게 다른 점   (   )

2)   감쪽같이 사라져 찾을 수가 없다   (   )

3)   교만한 마음으로 남을 낮추어 보다 또는 하찮게 여기다   (   )

4)   어떤 일로 인하여 고통을 겪다   (   )

5)   온실가스에 의해 지구 표면의 평균 기온이 점점 올라가는 현상   (   )

6)   딱 잘라 판단하다 또는 결정하다   (   )

7)   음식을 소금에 절여 저장함   (   )

8)   자기의 생각이나 관점을 기초로 하는 (것)   (   )

9)   옛날부터 말로 전해 내려온 교훈이 될 만한 짧은 말   (   )

10) 미생물의 발효를 이용하여 만든 식품   (   )

11) 볕이 잘 들지 않는 그늘진 곳   (   )

12) 말·태도가 분명하지 않다   (   )

13) 이미 알고 있는 사실에 비추어 무엇이 어찌할 것이라고
     생각하다   (   )

14) 막힌 곳 없이 트이고·넓다   (   )

15) 편히 쉴 수 있는 곳   (   )

16) 세상 물정에 대하여 바르게 생각하거나 · 판단하는 능력이 없다 (   )

17) 사물 · 현상에 대한 자신의 생각   (   )

18) 제정신을 잃고 멍한 상태가 되다 또는 정신을 잃다   (   )

19) 어떤 일을 하거나 · 누릴 수 있는 힘 · 자격   (   )

20) 예전에, 적의 공격을 막기 위하여 흙이나 돌로 높이 쌓아
     만든 큰 담   (   )

21) 고개에서 가장 높은 곳   (   )

22) 영양분 따위를 몸속에 빨아들이다   (   )

23) 제자리에서 뱅글뱅글 도는 짓   (   )

24) 생물 종의 모든 개체가 완전히 없어짐   (   )

25) 명절과 절기, 그밖에 다른 연중행사 때 그 계절에 나는 재료를
     이용하여 만들어 먹었던 음식   (   )

26) 생활에서 중요한 활동 장소가 되는 곳   (   )

27) 오염된 물이나 땅 따위가 저절로 깨끗해짐   (   )

28) 흰 종이의 낱장   (   )

29) 지금 해야 할 일과는 전혀 관계가 없는 일 또는 행동   (   )

30) 어떤 장소 안에서 사는 생물이 서로 조화를 이루며
     살아가는 세계   (   )

2 밑줄 친 곳에 알맞은 낱말을 써 넣어 문장을 완성해 봅시다.

1) 엄마가 가끔 해 주시는 떡볶이는 혀끝에서 녹는 듯한 _____ 이 난다.

2) 할머니 댁의 텃밭에서 기르는 고추를 한입 먹었는데 입 안에 불이 난 것처럼 _____ 매웠다.

3) 아이가 그린 집의 설계 도면에는 방과 주방, 거실과 화장실, 현관의 위치와 크기가 _____ 그려져 있다.

4) 동물은 인위적으로 만든 동물원보다 생태계가 어우러진 _____ 자연에서 살아야 한다.

5) '티끌 모아 _____ '이라는 속담의 뜻은 아무리 작은 것이라도 모이고 모이면 나중에 큰 덩어리가 된다는 것이다.

6) 어촌은 바다가 자아내는 _____ 지방색이 있다.

7) '친구에게 사과를 받았다'는 문장만으로는 그 뜻을 정확히 알 수 없는데, 그 까닭은 '사과'가 _____ 이기 때문이다.

8) _____ 은 설득하기 위해 쓴 글로 서론, 본론, 결론의 짜임새로 이루어져 있다.

9) 논설문의 _____ 에서는 글을 쓴 문제 상황과 글쓴이의 주장을 밝힌다.

10) 올림픽은 세계 사람들이 함께 _____ 지구촌의 축제이다.

11) 무분별한 자연 개발은 인간의 삶과 지구의 환경을 _____ .

12) 온돌과 마루는 우리 조상들의 _____ 가 담긴 소중한 유산이다.

13) 선생님은 점심시간에 무단으로 학교 밖으로 _____ 을 시도한 학생들에게 호통을 치셨다.

14) 우리의 전통 음식은 인공 조미료가 들어가지 않아서 그 맛이 _____ .

15) 아이는 미래에 살고 싶은 집을 상상하며 도화지에 _____ 를 해 보았다.

16) 생물은 생태계 안에서 서로 _____ 으로 얽혀 있으며 주변 환경과 영향을 주고받으면서 살아간다.

17) 토끼는 거북이의 달리기 실력을 _____ 경주 도중에 낮잠을 잤다가 거북이에게 지고 말았다.

18) 자연의 힘이 아무리 위대해도 자정 능력을 넘어서는 오염을 _____ 어렵다.

19) 수원 화성은 _____ 가 커서 다 돌아보려면 꽤 시간이 걸린다.

20) 몸에 필요한 영양분을 _____ 있게 섭취하려면 반찬을 골고루 먹어야 한다.

21) 친구가 자기 통장에 일억 원이 있다고 자꾸 자랑을 하는데, 도무지 믿을 수 없는 _____ 말로 들렸다.

22) 엄마는 가을철마다 친척들과 모여서 함께 김장을 _____ .

23) 많은 어린이가 떡이나 한과 같은 우리 전통 음식보다 햄버거나 피자 같은 외국에서 _____ 음식을 더 좋아한다.

24) 경찰은 사건의 _____ 를 찾기 위해 사건 현장을 샅샅이 조사했다.

25) 우리 반 친구들이 좋아하는 운동 종목을 조사하여 _____ 를 내어 봤더니 피구가 가장 인기가 높았다.

26) 왼쪽 다리를 다쳐서 걸을 때마다 몸이 한쪽으로 _____ .

27) 명절에는 고속도로가 귀성 차량들로 _____ .

28) 어디선가 아주 고소한 냄새가 나자 까마귀는 그 냄새에 _____ .

29) 당장의 편리와 이익만을 추구하다 보면 우리 후손에게 _____ 자연을 물려주게 된다.

30) 감기에 걸렸는데 병원에 가지 않고 버티다가 몸 상태를 _____ .

칭찬 사과 스티커

하루 공부를 잘 마쳤다면 나에게 칭찬 사과를 선물하세요.
사과 나무에 사과가 주렁주렁 열릴 때까지 열심히 공부합시다!

■ 스티커는 색인(찾아보기) 마지막 페이지 이후에 있습니다.

의궤 한자 거동 의 儀 바퀴 자국 궤 軌	예전에, 나라에서 큰일을 치를 때 / 그 일의 처음부터 끝까지의 •경과를 상세히 기록한 / 책 예 수원 화성을 쌓는 과정을 상세히 기록한 **의궤**가 남아 있어 건축 당시의 상황을 세세히 알 수 있다. • 경과　일이나 사물이 시간이 흘러 지나감에 따라 변화하고 진행되어 가는 과정

임금 한자 품삯 임 賃 쇠 금 金	•근로자가 / 일을 한 •대가로 받는 / 돈이나 물품 예 「화성성역의궤」는 내용이 아주 세세하고 치밀해서 공사에 참여한 기술자 1800여 명의 이름과 주소, 일한 날수와 받은 **임금**까지 적혀 있다. • 근로자　일을 하고 받는 소득으로 생활하는 사람 • 대가　일을 하고 그에 대한 값으로 받는 보수(돈이나 물품) 비 급료, 보수, 삯돈

동형어 한자 한가지 동 同 모형 형 形 말씀 어 語	글자는 같지만 / 뜻이 다른 / •낱말 예 과일 '배'와 사람의 '배'는 글자는 같지만 뜻이 다른 **동형어**이다. • 낱말(단어)　분리하여 자립적으로 쓸 수 있는 말이나 이에 준하는 말. 예를 들어, '바람이 불다'에서 '바람', '이', '불다' 가 낱말에 해당된다

하찮다	•대수롭지 않다 예 •무심코 내뱉은 말이 상대방의 기분을 상하게 만들 수도 있으니, **하찮은** 말이라도 항상 조심해서 해야 한다. • 대수롭다　중요하게 여길 만하다 • 무심코　아무런 생각이나 뜻이 없이

명단 한자 이름 명 名 홑 단 單	어떤 일에 관계된 사람들의 / 이름을 적은 / 표 예 우유 급식을 신청했다고 생각했는데, •확정된 **명단**에 내 이름이 없었다. • 확정되다　확실하게 정해지다

원대하다 한자 멀 원 遠 클 대 大	계획 · 꿈 · •희망 따위의 / 규모와 •뜻이 / 크다 예 아이에겐 세계 최고의 과학자가 되어 노벨상을 받겠다는 **원대한** 꿈이 있다. • 희망　어떤 일을 이루거나 얻고자 기대하고 바람 • 뜻　무엇을 바라거나 이루겠다고 속으로 품고 있는 마음

1 문장을 읽고, 알맞은 낱말을 써 넣어 봅시다.

1) 예전에, 나라에서 큰일을 치를 때 그 일의 처음부터 끝까지의 경과를 상세히 기록한 책

2) 근로자가 일을 한 대가로 받는 돈이나 물품

3) 글자는 같지만 뜻이 다른 낱말

4) 대수롭지 않다

5) 어떤 일에 관계된 사람들의 이름을 적은 표

6) 계획·꿈·희망 따위의 규모와 뜻이 크다

2 밑줄 친 곳에 알맞은 낱말을 써 넣어 문장을 완성해 봅시다.

1) 수원 화성을 쌓는 과정을 상세히 기록한 _____ 가 남아 있어 건축 당시의 상황을 세세히 알 수 있다.

2) 「화성성역의궤」는 내용이 아주 세세하고 치밀해서 공사에 참여한 기술자 1800여 명의 이름과 주소, 일한 날수와 받은 _____ 까지 적혀 있다.

3) 과일 '배'와 사람의 '배'는 글자는 같지만 뜻이 다른 _____ 이다.

4) 무심코 내뱉은 말이 상대방의 기분을 상하게 만들 수도 있으니, _____ 말이라도 항상 조심해서 해야 한다.

5) 우유 급식을 신청했다고 생각했는데, 확정된 _____ 에 내 이름이 없었다.

6) 아이에겐 세계 최고의 과학자가 되어 노벨상을 받겠다는 _____ 꿈이 있다.

엄격하다

한자 엄할 엄 嚴
격식 격 格

말 · 태도 · 규칙 따위가 / 매우 •엄하고 · •철저하다

예) 국제 수학 올림피아드 대회에 참가할 한국 •대표 학생들은 약 6개월 동안 총 다섯 번의 시험을 치르는 **엄격한** 과정을 거쳐서 •선발된다.

• **엄하다**　　(어떤 일이나 행동이 잘못되지 아니하도록) 주의가 철저하다

• **철저하다**　　깊은 구석구석까지 빈틈이나 부족함이 없다

• **대표**　　　　조직이나 집단을 대신하여 일을 하거나 생각을 드러냄. 또는 그 사람

• **선발되다**　　많은 가운데서 골라져 뽑히다

마련하다

필요한 것을 / 미리 골고루 •준비하다

예) 친구의 생일을 축하하기 위해 작은 선물을 **마련했다.**

• **준비하다**　　(어떤 일에 물건을 필요로 하여) 미리 마련하여 갖추다

비 준비하다, 갖추다, 장만하다, 만들다

추천하다

한자 밀 추 推
천거할 천 薦

좋거나 알맞다고 생각되는 것을 / 남에게 •권하다

예) 지난 주말에 극장에 가서 재미있게 본 영화를 친구에게 **추천했다.**

• **권하다**　　(어떤 사람이 다른 사람에게 어찌하라고) 행동을 부추기다

명복

한자 어두울 명 冥
복 복 福

죽은 뒤에 / 저승에서 받는 복

예) •조문객들은 고개를 숙여 할아버지의 **명복**을 빌었다.

• **조문객**　　남의 죽음에 대하여 슬퍼하는 뜻을 드러내어 위문하러 온 사람

특정하다

한자 특별할 특 特
정할 정 定

특별히 가리켜 / 확실히 정하다

예) 담임은 반 학생들에게 "교실 창문을 열라"고 말했지만, 아무도 창문을 열지 않자, 한 학생을 **특정하여** 창문을 열게 했다.

바탕

사물 · 현상의 / 뼈대, 틀, •근본을 이루는 / 기초가 되는 부분

예) 전기는 특정 인물의 남다른 경험이나 •업적에 대하여 그 인물이 실제로 겪은 일을 **바탕**으로 쓴 글이다.

• **근본**　　　사물이나 생각 등이 생기는 본바탕

• **업적**　　　(노력과 수고를 들여) 이루어 낸 일의 결과

비 밑바탕, 본바탕, 근본, 기본, 기초, 기반

1 **문장을 읽고, 알맞은 낱말을 써 넣어 봅시다.**

1) 말 · 태도 · 규칙 따위가 매우 엄하고 · 철저하다 ⬜⬜⬜⬜

2) 필요한 것을 미리 골고루 준비하다 ⬜⬜⬜⬜

3) 좋거나 알맞다고 생각되는 것을 남에게 권하다 ⬜⬜⬜⬜

4) 죽은 뒤에 저승에서 받는 복 ⬜⬜

5) 특별히 가리켜 확실히 정하다 ⬜⬜⬜

6) 사물 · 현상의 뼈대, 틀, 근본을 이루는 기초가 되는 부분 ⬜⬜

2 **밑줄 친 곳에 알맞은 낱말을 써 넣어 문장을 완성해 봅시다.**

1) 국제 수학 올림피아드 대회에 참가할 한국 대표 학생들은 약 6개월 동안 총 다섯 번의 시험을 치르는 _____ 과정을 거쳐서 선발된다.

2) 친구의 생일을 축하하기 위해 작은 선물을 _____ .

3) 지난 주말에 극장에 가서 재미있게 본 영화를 친구에게 _____ .

4) 조문객들은 고개를 숙여 할아버지의 _____ 을 빌었다.

5) 담임은 반 학생들에게 "교실 창문을 열라"고 말했지만, 아무도 창문을 열지 않자, 한 학생을 _____ 창문을 열게 했다.

6) 전기는 특정 인물의 남다른 경험이나 업적에 대하여 그 인물이 실제로 겪은 일을 _____ 으로 쓴 글이다.

6. 내용을 추론해요

완공하다
한자 완전할 완 完
장인 공 工

건축물을 완전하게 / 다 짓다
예 성당을 짓고 있는 •와중에 전쟁이 터져서 **완공하지** 못한 채 건축이 중단되었다.
• **와중**   복잡하고 시끄러운 일이나 사건이 벌어지는 가운데
비 준공하다

신분
한자 몸 신 身
나눌 분 分

혈통이나 가문 등 여러 요인에 따라 / 몇 개의 •등급으로 •구분한 / 사람의 •지위
예 궁궐에는 왕과 왕비뿐만 아니라 왕실의 가족과 관리, 군인, 내시, 나인 등 많은 사람이 살았는데, 이들은 각각 자신의 **신분**에 알맞은 건물에서 생활했다.
• **등급(등, 등위)**   높고 낮음이나 좋고 나쁨 따위의 차이를 여러 층으로 구분한 단계
• **구분하다**   일정한 기준에 따라 전체를 몇 개로 갈라 나누다
• **지위**   신분에 따르는 어떠한 자리나 계급

명칭
한자 이름 명 名
일컬을 칭 稱

사람이나 사물 따위를 / 부르는 이름
예 조선 시대에 궁궐 건물의 **명칭**은 주인의 신분에 따라 달랐는데, 왕과 왕비가 사는 건물에만 강녕전이나 교태전과 같이 '전' 자가 붙었다.
비 이름, 칭호, 호칭

격
한자 격식 격 格

주위 환경·사정에 자연스럽게 어울리는 / •분수나 •품위
예 왕실 가족이나 후궁들은 주로 '전'보다 한 단계 **격**이 낮은 '당' 자가 붙는 건물을 사용했다.
• **분수**   자기 신분에 맞는 한도(그 이상 넘을 수 없는 범위)
• **품위**   벼슬의 등급인 '품계'와 맡은 일에 따라 정해지는 '사회적 위치'

번성하다
한자 우거질 번 蕃
성할 성 盛

사업·가문·기운·세력 따위가 / •한창 세차고·크게 일어나 퍼지다
예 지구가 처음 만들어진 때부터 지금까지를 선캄브리아대, 고생대, 중생대, 신생대로 구분하는데, 이중 공룡이 **번성했던** 시대는 중생대이다.
• **한창**   어떤 일이 가장 활기 있고 왕성하게 일어나는 때

어마어마하다

매우 놀랍고·엄청나고·•대단하다
예 경복궁의 건물은 7600여 칸으로 그 규모가 참으로 **어마어마하다**.
• **대단하다**   (수준이나 정도가) 매우 특별하고 뛰어나다

1 문장을 읽고, 알맞은 낱말을 써 넣어 봅시다.

1) 건축물을 완전하게 다 짓다

2) 혈통이나 가문 등 여러 요인에 따라 몇 개의 등급으로 구분한 사람의 지위

3) 사람이나 사물 따위를 부르는 이름

4) 주위 환경 · 사정에 자연스럽게 어울리는 분수나 품위

5) 사업 · 가문 · 기운 · 세력 따위가 한창 세차고 · 크게 일어나 퍼지다

6) 매우 놀랍고 · 엄청나고 · 대단하다

2 밑줄 친 곳에 알맞은 낱말을 써 넣어 문장을 완성해 봅시다.

1) 성당을 짓고 있는 와중에 전쟁이 터져서 _____ 못한 채 건축이 중단되었다.

2) 궁궐에는 왕과 왕비뿐만 아니라 왕실의 가족과 관리, 군인, 내시, 나인 등 많은 사람이 살았는데, 이들은 각각 자신의 _____ 에 알맞은 건물에서 생활했다.

3) 조선 시대에 궁궐 건물의 _____ 은 주인의 신분에 따라 달랐는데, 왕과 왕비가 사는 건물에만 강녕전이나 교태전과 같이 '전' 자가 붙었다.

4) 왕실 가족이나 후궁들은 주로 '전'보다 한 단계 _____ 이 낮은 '당' 자가 붙는 건물을 사용했다.

5) 지구가 처음 만들어진 때부터 지금까지를 선캄브리아대, 고생대, 중생대, 신생대로 구분하는데, 이중 공룡이 _____ 시대는 중생대이다.

6) 경복궁의 건물은 7600여 칸으로 그 규모가 참으로 _____ .

6. 내용을 추론해요

4일

즉위식

한자 곧 즉 卽
자리 위 位
법 식 式

임금의 자리에 오르는 것을 / 백성과 조상에게 알리기 위하여 / 치르는 •의식

예 새 왕은 자신의 즉위식에 맞추어 어마어마한 규모의 궁궐을 완공했다.

• 의식　　정해진 방식(일정한 방법이나 형식)에 따라 치르는 행사

사신

한자 하여금 사 使
신하 신 臣

예전에, 왕의 명령을 받아 / 다른 나라에 •사절로 가는 / 신하

예 왕의 즉위식에는 나라의 •백관과 여러 나라에서 온 **사신**들이 참석하였다.

• 사절　　어떤 임무(맡은 일)를 받고 나라를 대표하여 다른 나라에 가는 사람

• 백관　　모든 벼슬아치

후원

한자 임금 후 後
나라 동산 원 苑

궁궐 안에 있는 / 작은 산 또는 언덕

예 창덕궁은 건물과 **후원**이 잘 어우러져 아름다우며
유네스코 세계 문화유산으로 기록되었다.

경사

한자 경사 경 慶
일 사 事

축하할 만한 / 기쁜 일

예 그 집은 아버지가 승진하고 아들이 대학에 합격하는 **경사**가 •연달아 났다.

• 연달다　　어떤 사건이나 행동 따위가 이어 발생하다

연회

한자 잔치 연 宴
모일 회 會

축하 · 위로 · 환영 · •석별 따위를 위하여 / 음식을 차리고 · 손님을 초대하여 / •베
푸는 잔치

예 •겹경사를 맞은 아버지는 동네 사람들을 초대하여 **연회**를 베풀었다.

• 석별　　서로 섭섭하고 안타깝게 이별함. 또는 그런 이별

• 베풀다　　잔치를 차려 벌이다(일을 시작하거나 펼치다)

• 겹경사　　둘 이상 겹친 기쁜 일

비 잔치, 파티(party), 연찬

누각

한자 다락 누 樓
집 각 閣

휴식을 취하거나 · 놀이를 하기 위해 / 산, 언덕, 물가 등에 / 높이 지은 •다락집

예 주변의 •경치를 즐기기 위해 만든 **누각**은 대체로 문과 벽이 없이 사방으로 트
여 있다.

• 다락집　　높은 기둥 위에 벽이 없는 마루를 놓아 지은 집

• 경치(풍광, 풍경)　(산, 들, 강, 바다 따위의) 자연이나 지역의 모습

국어교과 | 교과서 222~229쪽 | 서술어 그림으로

1　문장을 읽고, 알맞은 낱말을 써 넣어 봅시다.

1) 임금의 자리에 오르는 것을 백성과 조상에게
　 알리기 위하여 치르는 의식　□□□

2) 예전에, 왕의 명령을 받아 다른 나라에 사절로 가는 신하　□□

3) 궁궐 안에 있는 작은 산 또는 언덕　□□

4) 축하할 만한 기쁜 일　□□

5) 축하 · 위로 · 환영 · 석별 따위를 위하여 음식을 차리고 ·
　 손님을 초대하여 베푸는 잔치　□□

6) 휴식을 취하거나 · 놀이를 하기 위해 산, 언덕, 물가 등에 높이 지은 다락집　□□

2　밑줄 친 곳에 알맞은 낱말을 써 넣어 문장을 완성해 봅시다.

1) 새 왕은 자신의 _____ 에 맞추어 어마어마한 규모의 궁궐을 완공했다.

2) 왕의 즉위식에는 나라의 백관과 여러 나라에서 온 _____ 들이 참석하였다.

3) 창덕궁은 건물과 _____ 이 잘 어우러져 아름다우며 유네스코 세계 문화유산으
　 로 기록되었다.

4) 그 집은 아버지가 승진하고 아들이 대학에 합격하는 _____ 가 연달아 났다.

5) 겹경사를 맞은 아버지는 동네 사람들을 초대하여 _____ 를 베풀었다.

6) 주변의 경치를 즐기기 위해 만든 _____ 은 대체로 문과 벽이 없이 사방으로 트
　 여 있다.

6. 내용을 추론해요

5일

접대하다

한자 이을 접 接
기다릴 대 待

•손님을 맞아서 / •시중을 들다

예 집들이에 온 손님들을 일일이 **접대하다** 보니 •일손이 모자란다.
- •손님　　'손(다른 곳에서 찾아온 사람)'의 높임말
- •시중　　옆에 있으면서 여러 가지 심부름을 하는 일
- •일손(손)　　일을 하는 사람

산자락

한자 메 산 山

•밋밋하게 경사진 / 산의 아랫부분

예 밋밋하게 이어져 온 **산자락**을 등지고 작은 초가집 몇 채가 정겹게 앉아 있다.
- •밋밋하다　　평평하고 비스듬하다(한쪽으로 조금 기운 듯하다)

배치하다

한자 나눌 배 配
둘 치 置

일정한 자리에 / 알맞게 나누어 두다

예 부모님은 거실에 텔레비전을 없애고 그 자리에
책장을 **배치했다.**

정자

한자 정자 정 亭
아들 자 子

경치가 좋은 곳에 / 놀거나 쉬기 위하여 지은 / 집

예 골짜기에 있는 **정자**에 올라 주변 경치를 감상하였다.

사상

한자 생각 사 思
생각 상 想

사회 · 정치 · 인생 · 사물 따위에 대하여 / 갖고 있는 / 생각

예 '사람을 성별, 나이, 직위에 따라 차별해서는 안 된다'는 **사상**이 최근 몇 년 사
이에 사람들 사이에 널리 퍼져서 당연한 것으로 여겨지고 있다.

반영하다

한자 돌이킬 반 反
비칠 영 映

다른 것에 •영향을 받아 / 어떤 •현상을 / 겉으로 드러나게 하다

예 부용지는 '하늘은 둥글고 땅은 네모나다'는 전통적 사상을 **반영하여**, 땅을 나
타내는 네모난 연못 가운데 하늘을 뜻하는 둥근 섬을 띄워 놓은 형태이다.
- •영향　　어떤 사물의 효과나 작용이 다른 것에 미치는 일
- •현상　　관찰(사물을 주의 깊게 살펴봄)할 수 있는 사물의 모양과 상태
- 비 나타내다, 드러내다

1 **문장을 읽고, 알맞은 낱말을 써 넣어 봅시다.**

1) 손님을 맞아서 시중을 들다 ▢▢▢▢

2) 밋밋하게 경사진 산의 아랫부분 ▢▢▢

3) 일정한 자리에 알맞게 나누어 두다 ▢▢▢

4) 경치가 좋은 곳에 놀거나 쉬기 위하여 지은 집 ▢▢

5) 사회·정치·인생·사물 따위에 대하여 갖고 있는 생각 ▢▢

6) 다른 것에 영향을 받아 어떤 현상을 겉으로 드러나게 하다 ▢▢▢▢

2 **밑줄 친 곳에 알맞은 낱말을 써 넣어 문장을 완성해 봅시다.**

1) 집들이에 온 손님들을 일일이 _____ 보니 일손이 모자란다.

2) 밋밋하게 이어져 온 _____ 을 등지고 작은 초가집 몇 채가 정겹게 앉아 있다.

3) 부모님은 거실에 텔레비전을 없애고 그 자리에 책장을 _____ .

4) 골짜기에 있는 _____ 에 올라 주변 경치를 감상하였다.

5) '사람을 성별, 나이, 직위에 따라 차별해서는 안 된다'는 _____ 이 최근 몇 년 사이에 사람들 사이에 널리 퍼져서 당연한 것으로 여겨지고 있다.

6) 부용지는 '하늘은 둥글고 땅은 네모나다'는 전통적 사상을 _____ , 땅을 나타내는 네모난 연못 가운데 하늘을 뜻하는 둥근 섬을 띄워 놓은 형태이다.

1 문장을 읽고, 알맞은 낱말을 써 넣어 봅시다.

1) 글자는 같지만 뜻이 다른 낱말 　　　　　　　　　　＿＿＿＿＿＿＿

2) 손님을 맞아서 시중을 들다 　　　　　　　　　　＿＿＿＿＿＿＿

3) 다른 것에 영향을 받아 어떤 현상을 겉으로 드러나게 하다 　＿＿＿＿＿＿＿

4) 밋밋하게 경사진 산의 아랫부분 　　　　　　　　　＿＿＿＿＿＿＿

5) 대수롭지 않다 　　　　　　　　　　　　　　　　＿＿＿＿＿＿＿

6) 일정한 자리에 알맞게 나누어 두다 　　　　　　　＿＿＿＿＿＿＿

7) 임금의 자리에 오르는 것을 백성과 조상에게
    알리기 위하여 치르는 의식 　　　　　　　　　　＿＿＿＿＿＿＿

8) 말·태도·규칙 따위가 매우 엄하고·철저하다 　　＿＿＿＿＿＿＿

9) 어떤 일에 관계된 사람들의 이름을 적은 표 　　　＿＿＿＿＿＿＿

10) 필요한 것을 미리 골고루 준비하다 　　　　　　　＿＿＿＿＿＿＿

11) 경치가 좋은 곳에 놀거나 쉬기 위하여 지은 집 　　＿＿＿＿＿＿＿

12) 좋거나 알맞다고 생각되는 것을 남에게 권하다 　　＿＿＿＿＿＿＿

13) 매우 놀랍고·엄청나고·대단하다 　　　　　　　　＿＿＿＿＿＿＿

14) 축하·위로·환영·석별 따위를 위하여 음식을 차리고·
    손님을 초대하여 베푸는 잔치 　　　　　　　　　＿＿＿＿＿＿＿

15) 죽은 뒤에 저승에서 받는 복 　　　　　　　　　　＿＿＿＿＿＿＿

16) 근로자가 일을 한 대가로 받는 돈이나 물품 　　　＿＿＿＿＿＿＿

17) 특별히 가리켜 확실히 정하다　　　　　　　　　　_____

18) 예전에, 나라에서 큰일을 치를 때 그 일의 처음부터 끝까지의
　　경과를 상세히 기록한 책　　　　　　　　　　　　_____

19) 주위 환경·사정에 자연스럽게 어울리는 분수나 품위　_____

20) 사물·현상의 뼈대, 틀, 근본을 이루는 기초가 되는 부분　_____

21) 예전에, 왕의 명령을 받아 다른 나라에 사절로 가는 신하　_____

22) 건축물을 완전하게 다 짓다　　　　　　　　　　_____

23) 궁궐 안에 있는 작은 산 또는 언덕　　　　　　　_____

24) 혈통이나 가문 등 여러 요인에 따라 몇 개의 등급으로
　　구분한 사람의 지위　　　　　　　　　　　　　_____

25) 계획·꿈·희망 따위의 규모와 뜻이 크다　　　　　_____

26) 사업·가문·기운·세력 따위가 한창 세차고·
　　크게 일어나 퍼지다　　　　　　　　　　　　　_____

27) 축하할 만한 기쁜 일　　　　　　　　　　　　_____

28) 휴식을 취하거나·놀이를 하기 위해 산, 언덕, 물가 등에 높이
　　지은 다락집　　　　　　　　　　　　　　　　_____

29) 사람이나 사물 따위를 부르는 이름　　　　　　　_____

30) 사회·정치·인생·사물 따위에 대하여 갖고 있는 생각　_____

2 밑줄 친 곳에 알맞은 낱말을 써 넣어 문장을 완성해 봅시다.

1) 친구의 생일을 축하하기 위해 작은 선물을 _____ .

2) 골짜기에 있는 _____ 에 올라 주변 경치를 감상하였다.

3) 창덕궁은 건물과 _____ 이 잘 어우러져 아름다우며 유네스코 세계 문화유산으로
   기록되었다.

4) 「화성성역의궤」는 내용이 아주 세세하고 치밀해서 공사에 참여한 기술자 1800여 명의
   이름과 주소, 일한 날수와 받은 _____ 까지 적혀 있다.

5) 왕의 즉위식에는 나라의 백관과 여러 나라에서 온 _____ 들이 참석하였다.

6) 과일 '배'와 사람의 '배'는 글자는 같지만 뜻이 다른 _____ 이다.

7) 집들이에 온 손님들을 일일이 _____ 보니 일손이 모자란다.

8) 무심코 내뱉은 말이 상대방의 기분을 상하게 만들 수도 있으니, _____ 말이라도
   항상 조심해서 해야 한다.

9) 국제 수학 올림피아드 대회에 참가할 한국 대표 학생들은 약 6개월 동안 총 다섯 번의
   시험을 치르는 _____ 과정을 거쳐서 선발된다.

10) '사람을 성별, 나이, 직위에 따라 차별해서는 안 된다'는 _____ 이 최근 몇 년
    사이에 사람들 사이에 널리 퍼져서 당연한 것으로 여겨지고 있다.

11) 새 왕은 자신의 _____ 에 맞추어 어마어마한 규모의 궁궐을 완공했다.

12) 지구가 처음 만들어진 때부터 지금까지를 선캄브리아대, 고생대, 중생대, 신생대로
    구분하는데, 이중 공룡이 _____ 시대는 중생대이다.

13) 지난 주말에 극장에 가서 재미있게 본 영화를 친구에게 _____ .

14) 수원 화성을 쌓는 과정을 상세히 기록한 _____ 가 남아 있어 건축 당시의 상황을
    세세히 알 수 있다.

15) 조문객들은 고개를 숙여 할아버지의 _____ 을 빌었다.

16) 성당을 짓고 있는 와중에 전쟁이 터져서 _____ 못한 채 건축이 중단되었다.

17) 부모님은 거실에 텔레비전을 없애고 그 자리에 책장을 _____ .

18) 궁궐에는 왕과 왕비뿐만 아니라 왕실의 가족과 관리, 군인, 내시, 나인 등 많은 사람이 살았는데, 이들은 각각 자신의 _____ 에 알맞은 건물에서 생활했다.

19) 밋밋하게 이어져 온 _____ 을 등지고 작은 초가집 몇 채가 정겹게 앉아 있다.

20) 조선 시대에 궁궐 건물의 _____ 은 주인의 신분에 따라 달랐는데, 왕과 왕비가 사는 건물에만 강녕전이나 교태전과 같이 '전' 자가 붙었다.

21) 주변의 경치를 즐기기 위해 만든 _____ 은 대체로 문과 벽이 없이 사방으로 트여 있다.

22) 왕실 가족이나 후궁들은 주로 '전'보다 한 단계 _____ 이 낮은 '당' 자가 붙는 건물을 사용했다.

23) 경복궁의 건물은 7600여 칸으로 그 규모가 참으로 _____ .

24) 우유 급식을 신청했다고 생각했는데, 확정된 _____ 에 내 이름이 없었다.

25) 부용지는 '하늘은 둥글고 땅은 네모나다'는 전통적 사상을 _____ , 땅을 나타내는 네모난 연못 가운데 하늘을 뜻하는 둥근 섬을 띄워 놓은 형태이다.

26) 그 집은 아버지가 승진하고 아들이 대학에 합격하는 _____ 가 연달아 났다.

27) 겹경사를 맞은 아버지는 동네 사람들을 초대하여 _____ 를 베풀었다.

28) 담임은 반 학생들에게 "교실 창문을 열라"고 말했지만, 아무도 창문을 열지 않자, 한 학생을 _____ 창문을 열게 했다.

29) 전기는 특정 인물의 남다른 경험이나 업적에 대하여 그 인물이 실제로 겪은 일을 _____ 으로 쓴 글이다.

30) 아이에겐 세계 최고의 과학자가 되어 노벨상을 받겠다는 _____ 꿈이 있다.

가장자리

사물의 바깥쪽 경계(둘레나 끝)에 / 가까운 부분
예 미술 시간에 책상 **가장자리**에 놓여 있던 물통을
떨어뜨리는 바람에 교실 바닥이 물바다가 되었다.

단청

한자 붉을 단 丹
푸를 청 靑

대궐 · 절 · 한옥 같은 옛날식 건물의 / 벽, 기둥, 천장 따위에 / 여러 가지 빛깔로 그
린 / 그림 또는 •무늬
예 여러 가지 빛깔의 **단청**을 입힌 대궐의 벽과 기둥이
무척 아름다웠다.
• 무늬(문양) 옷감이나 조각품 따위를 장식하기 위한 여러 가지 모양

화려하다

한자 빛 날 화 華
고울 려 麗

물건 · 장식 따위가 / 환하게 빛나며 · •곱고 아름답다
예 그 집은 겉모습은 허름하게 보였지만, 실내는 •호화로운 •장식과 눈부신 조명,
다채로운 •소품들로 꾸며져 있어 무척 **화려했다**.
• 곱다 색깔이 밝고 산뜻하여 보기 좋은 상태에 있다
• 호화롭다 사치스럽고 화려한 느낌이 있다
• 장식 겉모양을 아름답게 꾸밈. 또는 그 꾸민 모양새나 장식물
• 소품 주로 장식용으로 쓰이는 작은 물품(쓸 만한 값어치가 있는 물건)

처마

집의 바깥쪽 벽 밖으로 •돌출된 / 지붕의 한 부분
예 연못 가장자리에 있는 부용정은 십자 모양의 정자로, 단청이 화려하고 **처마**
끝 곡선이 무척 아름답다.
• 돌출되다 (사물이) 일정한 공간에서 쑥 내밀어지거나 불거져 나오게 되다

화재

한자 불 화 火
재앙 재 災

불이 나는 •재앙 또는 불로 인한 •재난
예 큰 **화재**로 건물이 모두 불타고 뼈대만 •앙상하게 남았다.
• 재앙 뜻하지 않게 갑작스럽게 생긴 불행한 사고. 또는 지진이나 홍수 따위의 자연현
상으로 인한 불행한 사고
• 재난 뜻하지 않게 생긴 불행한 일
• 앙상하다 (사물이) 꽉 짜이지 못하여 어설프고 허전하다

수난

한자 받을 수 受
어려울 난 難

견디기 힘든 / 어려운 일을 당함
예 창경궁은 임진왜란 때 불탔다가 광해군 때 제 모습을 찾았으나, 그 뒤로도 큰
화재를 겪는 **수난**을 당했다.

1 문장을 읽고, 알맞은 낱말을 써 넣어 봅시다.

1) 사물의 바깥쪽 경계(둘레나 끝)에 가까운 부분

2) 대궐 · 절 · 한옥 같은 옛날식 건물의 벽, 기둥, 천장 따위에
여러 가지 빛깔로 그린 그림 또는 무늬

3) 물건 · 장식 따위가 환하게 빛나며 · 곱고 아름답다

4) 집의 바깥쪽 벽 밖으로 돌출된 지붕의 한 부분

5) 불이 나는 재앙 또는 불로 인한 재난

6) 견디기 힘든 어려운 일을 당함

2 밑줄 친 곳에 알맞은 낱말을 써 넣어 문장을 완성해 봅시다.

1) 미술 시간에 책상 _____ 에 놓여 있던 물통을 떨어뜨리는 바람에 교실 바닥이
물바다가 되었다.

2) 여러 가지 빛깔의 _____ 을 입힌 대궐의 벽과 기둥이 무척 아름다웠다.

3) 그 집은 겉모습은 허름하게 보였지만, 실내는 호화로운 장식과 눈부신 조명, 다채로운
소품들로 꾸며져 있어 무척 _____ .

4) 연못 가장자리에 있는 부용정은 십자 모양의 정자로, 단청이 화려하고 _____
끝 곡선이 무척 아름답다.

5) 큰 _____ 로 건물이 모두 불타고 뼈대만 앙상하게 남았다.

6) 창경궁은 임진왜란 때 불탔다가 광해군 때 제 모습을 찾았으나, 그 뒤로도 큰 화재를 겪
는 _____ 을 당했다.

비극

한자 슬플 비 悲
심할 극 劇

매우 슬프고 •끔찍한 사건

예 육이오 전쟁은 아직도 아물지 않은 •동족상잔의 **비극**이다.

•**끔찍하다** 진저리가 날 정도로 잔인하다(몹시 매섭고 독하다)

•**동족상잔** 같은 겨레끼리 서로 싸우고 죽임

터

집 · 건물을 / 지었거나 · 지을 / 자리

예 이곳은 옛날에 궁궐이었는데, 지금은 건물이 모두 사라지고 **터**만 남았다.

헐다

집 따위의 •축조물이나 · 쌓아 놓은 물건을 / 무너뜨리다

예 지진으로 인해 벽에 금이 간 건물을 **헐고** 그 터에 다시 건물을 지었다.

•**축조물** 쌓아서 만든 구조물

강제

한자 강할 강 強
절제할 제 制

남에게 / 어떤 일이나 행동 따위를 / 억지로 시킴

예 엄마는 공부하기 싫어하는 아이를 **강제**로 의자에 앉혀서 공부를 시켰다.

논의하다

한자 논할 논 論
의논할 의 議

둘 이상의 사람이 / 어떤 문제에 대하여 / •분석하여 따지고 · 서로 의견을 주고받다

예 부모님은 나를 어느 중학교에 보내면 좋을지 오랜 시간 동안 **논의하셨다**.

•**분석하다** 얽혀 있거나 복잡한 대상을 풀어서 그 성분이나 성질 따위를 확실히 밝히다

행궁

한자 다닐 행 行
집 궁 宮

임금이 궁 밖으로 •행차할 때 / 머무르던 •별궁

예 임진왜란이 끝난 뒤에 서울에 있는 모든 궁궐이 불타 버리자, 선조는 월산 대군의 집을 넓혀 **행궁**으로 만들었는데, 이곳은 훗날 경운궁으로 불리게 되었다.

•**행차하다** (나이, 지위, 신분 따위가 높은 사람이) 한 곳에서 다른 곳으로 장소를 이동하다

•**별궁** 특별히 따로 지은 궁궐

1 문장을 읽고, 알맞은 낱말을 써 넣어 봅시다.

1) 매우 슬프고 끔찍한 사건

2) 집·건물을 지었거나·지을 자리

3) 집 따위의 축조물이나·쌓아 놓은 물건을 무너뜨리다

4) 남에게 어떤 일이나 행동 따위를 억지로 시킴

5) 둘 이상의 사람이 어떤 문제에 대하여 분석하여
　따지고·서로 의견을 주고받다

6) 임금이 궁 밖으로 행차할 때 머무르던 별궁

2 밑줄 친 곳에 알맞은 낱말을 써 넣어 문장을 완성해 봅시다.

1) 육이오 전쟁은 아직도 아물지 않은 동족상잔의 ＿＿＿＿＿ 이다.

2) 이곳은 옛날에 궁궐이었는데, 지금은 건물이 모두 사라지고 ＿＿＿＿＿ 만 남았다.

3) 지진으로 인해 벽에 금이 간 건물을 ＿＿＿＿＿ 그 터에 다시 건물을 지었다.

4) 엄마는 공부하기 싫어하는 아이를 ＿＿＿＿＿ 로 의자에 앉혀서 공부를 시켰다.

5) 부모님은 나를 어느 중학교에 보내면 좋을지 오랜 시간 동안 ＿＿＿＿＿ .

6) 임진왜란이 끝난 뒤에 서울에 있는 모든 궁궐이 불타 버리자, 선조는 월산 대군의 집을
　넓혀 ＿＿＿＿＿ 으로 만들었는데, 이곳은 훗날 경운궁으로 불리게 되었다.

왕조

한자 임금 왕 王
아침 조 朝

임금의 가족 또는 임금과 같은 집안에 속하는 •혈통이 •지배하는 / 시대

예 1392년부터 1910년에 한반도를 지배했던 조선 **왕조**는 태조 이성계부터 순종에 이르기까지 스물일곱 명의 임금이 •계승하였다.

• **혈통**   같은 조상에서 갈려 나온 같은 핏줄로 이루어진 집단

• **지배하다**   자기의 뜻이나 규칙대로 복종시켜 다스리다

• **계승하다**   왕이나 권력자의 자리를 물려받다

어진

한자 거느릴 어 御
참 진 眞

임금의 얼굴을 / 그린 그림 또는 찍은 사진

예 조선 왕조의 제1대 왕인 태조의 **어진** 속 모습을 보면 몸체가 상당히 크고 눈에 정기가 가득 차 있어 •위풍당당한 •위엄이 가득하다.

• **위풍당당하다**   모습이나 크기가 남을 압도할 만큼 위엄이 있다

• **위엄**   점잖고 엄숙함. 또는 그런 태도나 기세

소용돌이

힘 · 사상 · 감정 따위가 서로 뒤엉켜 / •혼란스러운 상태를 / 비유적으로 이르는 말

예 광해군은 전쟁의 **소용돌이**에 휘말리지 않기 위해 명과 후금 사이에서 •중립 외교를 선택했다.

• **혼란스럽다**   보기에 뒤죽박죽이 되어 어지럽고 질서가 없는 데가 있다

• **중립 외교**   한 나라에 치우치지 않고 각 나라에 같은 비중을 두는 외교(다른 나라와 정치적 · 경제적 · 문화적 관계를 맺는 일)

거처

한자 살 거 居
곳 처 處

일정하게 자리를 잡고 / 사는 일 또는 그 장소

예 조선 왕조 말기에 고종은 강한 나라들의 정치적 소용돌이에 휘말리면서 **거처**를 경운궁으로 옮겼다.

비 거주지, 거소

의식

한자 거동 의 儀
법 식 式

정해진 •방식에 따라 치르는 / 행사

예 현충일을 기념하는 **의식**이 •엄숙하게 치러졌다.

• **방식(법식)**   일정한 방법이나 형식(일을 할 때의 일정한 절차나 양식)

• **엄숙하다**   분위기나 의식 따위가 웅장하며 위엄 있고 차분하다

여가

한자 남을 여 餘
겨를 가 暇

일을 하다가 / 잠시 쉬거나 · 취미 활동을 할 수 있는 / 자유로운 시간

예 우리 가족은 주말에 영화를 보거나 나들이를 하며 **여가**를 보낸다.

비 겨를, 틈

서술형·논술형 | 교과서 222~229쪽 |

1　문장을 읽고, 알맞은 낱말을 써 넣어 봅시다.

1)　임금의 가족 또는 임금과 같은 집안에 속하는 혈통이 지배하는 시대

2)　임금의 얼굴을 그린 그림 또는 찍은 사진

3)　힘 · 사상 · 감정 따위가 서로 뒤엉켜 혼란스러운
　　상태를 비유적으로 이르는 말

4)　일정하게 자리를 잡고 사는 일 또는 그 장소

5)　정해진 방식에 따라 치르는 행사

6)　일을 하다가 잠시 쉬거나 · 취미 활동을 할 수 있는 자유로운 시간

2　밑줄 친 곳에 알맞은 낱말을 써 넣어 문장을 완성해 봅시다.

1)　1392년부터 1910년에 한반도를 지배했던 조선 　_____　는 태조 이성계부터 순종
　　에 이르기까지 스물일곱 명의 임금이 계승하였다.

2)　조선 왕조의 제1대 왕인 태조의 　_____　속 모습을 보면 몸체가 상당히 크고 눈
　　에 정기가 가득 차 있어 위풍당당한 위엄이 가득하다.

3)　광해군은 전쟁의 　_____　에 휘말리지 않기 위해 명과 후금 사이에서 중립 외교
　　를 선택했다.

4)　조선 왕조 말기에 고종은 강한 나라들의 정치적 소용돌이에 휘말리면서 　_____
　　를 경운궁으로 옮겼다.

5)　현충일을 기념하는 　_____　이 엄숙하게 치러졌다.

6)　우리 가족은 주말에 영화를 보거나 나들이를 하며 　_____　를 보낸다.

발굴되다

한자 필 발 發
팔 굴 掘

세상에 알려지지 않았던 것이 / 찾아져 알려지다

예 이번 •경연 대회를 통해서 숨은 •인재들이 많이 **발굴되었다**.

• **경연**   연기나 기능 따위의 실력을 겨룸

• **인재**   재주가 뛰어난 사람

개방하다

한자 열 개 開
놓을 방 放

어떤 •공간 · 장소 따위를 열어 / 자유롭게 / 드나들게 **하다** 또는 이용하게 **하다**

예 우리 학교는 토요일에 운동장과 도서관을 주민들에게 **개방한다**.

• **공간**   물질 · 물체가 존재할 수 있거나 어떤 일이 일어날 수 있는 자리

담장(담)

한자 담 장 牆

집이나 공간의 둘레를 •둘러막기 위해 / 흙, 돌, 벽돌 따위로 / 쌓아 올린 것

예 학교 **담장**을 넘다가 선생님한테 걸려서 꾸지람을 들었다.

• **둘러막다**   가장자리로 돌아가며 가려 막다

취병

한자 푸를 취 翠
병풍 병 屛

나무 또는 •넝쿨 식물의 가지를 휘어서 만든 / •울타리

예 옛날에는 나무나 넝쿨 식물로 **취병**을 만들어 집의 가장자리를 둘러막았다.

• **넝쿨 식물(덩굴 식물)**   줄기가 길쭉하여 곧게 서지 않고 다른 물건을 감거나 거기에 붙어서 자라는 식물. 고구마, 나팔꽃, 담쟁이덩굴 따위가 있다

• **울타리**   (담 대신에) 풀이나 나무, 철사 따위를 얽어서 집 따위를 둘러막거나 경계를 가르는 물건

광고

한자 넓을 광 廣
고할 고 告

어떤 정보를 / 사람들에게 널리 알림

예 미세 먼지에 대하여 알리고 싶은 내용을 •영상 **광고**로 만들었다.

• **영상**   영사막, 브라운관, 모니터 등의 화면에 나타나는 모습

소비

한자 사라질 소 消
쓸 비 費

돈 · 물건 · 시간 · 노력 등을 / 써서 없앰

예 •합리적 **소비**를 하려면 가장 큰 만족을 얻을 수 있는 상품들 중에서 가장 가격이 낮은 것을 •선택해야 한다.

• **합리적**   이치에 맞는 (것)

• **선택하다**   여럿 가운데서 필요한 것을 골라 뽑다

1 문장을 읽고, 알맞은 낱말을 써 넣어 봅시다.

1) 세상에 알려지지 않았던 것이 찾아져 알려지다

2) 어떤 공간·장소 따위를 열어 자유롭게 드나들게 하다 또는 이용하게 하다

3) 집이나 공간의 둘레를 둘러막기 위해 흙, 돌, 벽돌 따위로 쌓아 올린 것

4) 나무 또는 넝쿨 식물의 가지를 휘어서 만든 울타리

5) 어떤 정보를 사람들에게 널리 알림

6) 돈·물건·시간·노력 등을 써서 없앰

2 밑줄 친 곳에 알맞은 낱말을 써 넣어 문장을 완성해 봅시다.

1) 이번 경연 대회를 통해서 숨은 인재들이 많이 _____ .

2) 우리 학교는 토요일에 운동장과 도서관을 주민들에게 _____ .

3) 학교 _____ 을 넘다가 선생님한테 걸려서 꾸지람을 들었다.

4) 옛날에는 나무나 넝쿨 식물로 _____ 을 만들어 집의 가장자리를 둘러막았다.

5) 미세 먼지에 대하여 알리고 싶은 내용을 영상 _____ 로 만들었다.

6) 합리적 _____ 를 하려면 가장 큰 만족을 얻을 수 있는 상품들 중에서 가장 가격이 낮은 것을 선택해야 한다.

5일

분량(양)	
한자 나눌 분 分 헤아릴 량 量	

•수효, 무게 따위가 많고 적은 정도 또는 •부피가 크고 작은 정도

(예) 그 영어 학원은 매일매일 많은 **분량**의 숙제를 내준다.

•수효 　　사물의 낱낱(여럿 가운데의 하나하나)의 수

•부피 　　물건이 차지하고 있는 공간의 크기

편집

한자 엮을 편 編
모을 집 輯

일정한 계획 아래 / 여러 가지 재료를 모아 엮어서 / 책 · 신문 · 영화 따위를 / 만드는 일

(예) 우리 반을 소개하는 광고 동영상을 휴대폰으로 찍은 후에 주제에 알맞은 내용만 모아서 **편집**을 했다.

자막

한자 글자 자 字
장막 막 幕

영화나 텔레비전 따위에서 인물들의 대화나 설명 등을 / 관객 · 시청자가 읽을 수 있도록 / 화면에 비추는 글자

(예) 외국 영화는 영상과 **자막**을 동시에 봐야 하기 때문에 보기가 불편하다.

효과

한자 본받을 효 效
실과 과 果

연극 · 영화 · 방송 따위에서 / 소리나 영상 따위로 / 그 장면에 알맞은 분위기를 •인위적으로 만들어 / •실감을 •자아내는 일

(예) 연극을 하면서 •화사한 봄 분위기를 표현하기 위해 조명과 음향으로 **효과**를 만들어 냈다.

•인위적 　　사람의 힘으로 이루어지는 (것)

•실감 　　실제로 체험하는 듯한 느낌

•자아내다 　　(어떤 감정, 생각 따위가) 저절로 생기거나 나오도록 일으켜 내다

•화사하다 　　(모습이나 그 빛이) 환하게 빛나며 밝고 아름답다

극본

한자 심할 극 劇
근본 본 本

연극 · 영화 · 드라마 따위를 만들기 위해 / 배우의 대사, 동작, 장면 순서, 무대 장치 등을 자세하게 적어 놓은 / 글

(예) 학교 폭력 •예방에 관한 영상 광고를 만들기 위해 **극본**을 썼는데, 무대 조명과 배경, 배우의 동작과 표정, 화면의 효과까지 자세히 적었다.

•예방 　　무슨 일이나 탈이 일어나기 전에 미리 막음

소품

한자 작을 소 小
물건 품 品

연극을 공연하거나 · 영화나 드라마를 찍을 때 쓰이는 / 작은 물품

(예) 학교 폭력 예방에 관한 영상 광고를 찍기 위해 지갑, 돈, 필통, 책, 공책, 책가방 따위의 **소품**을 준비했다.

1 문장을 읽고, 알맞은 낱말을 써 넣어 봅시다.

1) 수효, 무게 따위가 많고 적은 정도 또는 부피가 크고 작은 정도 ☐☐

2) 일정한 계획 아래 여러 가지 재료를 모아 엮어서
   책ㆍ신문ㆍ영화 따위를 만드는 일 ☐☐

3) 영화나 텔레비전 따위에서 인물들의 대화나 설명 등을
   관객ㆍ시청자가 읽을 수 있도록 화면에 비추는 글자 ☐☐

4) 연극ㆍ영화ㆍ방송 따위에서 소리나 영상 따위로 그 장면에
   알맞은 분위기를 인위적으로 만들어 실감을 자아내는 일 ☐☐

5) 연극ㆍ영화ㆍ드라마 따위를 만들기 위해 배우의 대사ㆍ
   동작, 장면 순서, 무대 장치 등을 자세하게 적어 놓은 글 ☐☐

6) 연극을 공연하거나ㆍ영화나 드라마를 찍을 때 쓰이는 작은 물품 ☐☐

2 밑줄 친 곳에 알맞은 낱말을 써 넣어 문장을 완성해 봅시다.

1) 그 영어 학원은 매일매일 많은 _____ 의 숙제를 내준다.

2) 우리 반을 소개하는 광고 동영상을 휴대폰으로 찍은 후에 주제에 알맞은 내용만 모아
   서 _____ 을 했다.

3) 외국 영화는 영상과 _____ 을 동시에 봐야 하기 때문에 보기가 불편하다.

4) 연극을 하면서 화사한 봄 분위기를 표현하기 위해 조명과 음향으로 _____ 를
   만들어 냈다.

5) 학교 폭력 예방에 관한 영상 광고를 만들기 위해 _____ 을 썼는데, 무대 조명과
   배경, 배우의 동작과 표정, 화면의 효과까지 자세히 적었다.

6) 학교 폭력 예방에 관한 영상 광고를 찍기 위해 지갑, 돈, 필통, 책, 공책, 책가방 따위의
   _____ 을 준비했다.

1 **문장을 읽고, 알맞은 낱말을 써 넣어 봅시다.**

1) 사물의 바깥쪽 경계(둘레나 끝)에 가까운 부분 _____

2) 힘·사상·감정 따위가 서로 뒤엉켜 혼란스러운
   상태를 비유적으로 이르는 말 _____

3) 어떤 정보를 사람들에게 널리 알림 _____

4) 대궐·절·한옥 같은 옛날식 건물의 벽, 기둥, 천장 따위에
   여러 가지 빛깔로 그린 그림 또는 무늬 _____

5) 매우 슬프고 끔찍한 사건 _____

6) 수효, 무게 따위가 많고 적은 정도 또는 부피가 크고
   작은 정도 _____

7) 임금이 궁 밖으로 행차할 때 머무르던 별궁 _____

8) 물건·장식 따위가 환하게 빛나며·곱고 아름답다 _____

9) 임금의 가족 또는 임금과 같은 집안에 속하는 혈통이
   지배하는 시대 _____

10) 불이 나는 재앙 또는 불로 인한 재난 _____

11) 어떤 공간·장소 따위를 열어 자유롭게 드나들게 하다
    또는 이용하게 하다 _____

12) 돈·물건·시간·노력 등을 써서 없앰 _____

13) 연극·영화·방송 따위에서 소리나 영상 따위로 그 장면에
    알맞은 분위기를 인위적으로 만들어 실감을 자아내는 일 _____

14) 견디기 힘든 어려운 일을 당함 _____

15) 연극·영화·드라마 따위를 만들기 위해 배우의 대사·
    동작, 장면 순서, 무대 장치 등을 자세하게 적어 놓은 글 _____

16) 나무 또는 넝쿨 식물의 가지를 휘어서 만든 울타리　＿＿＿＿＿＿

17) 집 따위의 축조물이나 · 쌓아 놓은 물건을 무너뜨리다　＿＿＿＿＿＿

18) 연극을 공연하거나 · 영화나 드라마를 찍을 때 쓰이는
     작은 물품　＿＿＿＿＿＿

19) 남에게 어떤 일이나 행동 따위를 억지로 시킴　＿＿＿＿＿＿

20) 일정한 계획 아래 여러 가지 재료를 모아 엮어서
     책 · 신문 · 영화 따위를 만드는 일　＿＿＿＿＿＿

21) 정해진 방식에 따라 치르는 행사　＿＿＿＿＿＿

22) 임금의 얼굴을 그린 그림 또는 찍은 사진　＿＿＿＿＿＿

23) 일을 하다가 잠시 쉬거나 · 취미 활동을 할 수 있는
     자유로운 시간　＿＿＿＿＿＿

24) 둘 이상의 사람이 어떤 문제에 대하여 분석하여
     따지고 · 서로 의견을 주고받다　＿＿＿＿＿＿

25) 일정하게 자리를 잡고 사는 일 또는 그 장소　＿＿＿＿＿＿

26) 집이나 공간의 둘레를 둘러막기 위해 흙, 돌, 벽돌 따위로
     쌓아 올린 것　＿＿＿＿＿＿

27) 집 · 건물을 지었거나 · 지을 자리　＿＿＿＿＿＿

28) 집의 바깥쪽 벽 밖으로 돌출된 지붕의 한 부분　＿＿＿＿＿＿

29) 영화나 텔레비전 따위에서 인물들의 대화나 설명 등을
     관객 · 시청자가 읽을 수 있도록 화면에 비추는 글자　＿＿＿＿＿＿

30) 세상에 알려지지 않았던 것이 찾아져 알려지다　＿＿＿＿＿＿

2 밑줄 친 곳에 알맞은 낱말을 써 넣어 문장을 완성해 봅시다.

1) 그 영어 학원은 매일매일 많은 _____ 의 숙제를 내준다.

2) 우리 가족은 주말에 영화를 보거나 나들이를 하며 _____ 를 보낸다.

3) 우리 반을 소개하는 광고 동영상을 휴대폰으로 찍은 후에 주제에 알맞은 내용만 모아서 _____ 을 했다.

4) 큰 _____ 로 건물이 모두 불타고 뼈대만 앙상하게 남았다.

5) 외국 영화는 영상과 _____ 을 동시에 봐야 하기 때문에 보기가 불편하다.

6) 미세 먼지에 대하여 알리고 싶은 내용을 영상 _____ 로 만들었다.

7) 연극을 하면서 화사한 봄 분위기를 표현하기 위해 조명과 음향으로 _____ 를 만들어 냈다.

8) 이번 경연 대회를 통해서 숨은 인재들이 많이 _____ .

9) 육이오 전쟁은 아직도 아물지 않은 동족상잔의 _____ 이다.

10) 조선 왕조 말기에 고종은 강한 나라들의 정치적 소용돌이에 휘말리면서 _____ 를 경운궁으로 옮겼다.

11) 이곳은 옛날에 궁궐이었는데, 지금은 건물이 모두 사라지고 _____ 만 남았다.

12) 여러 가지 빛깔의 _____ 을 입힌 대궐의 벽과 기둥이 무척 아름다웠다.

13) 지진으로 인해 벽에 금이 간 건물을 _____ 그 터에 다시 건물을 지었다.

14) 합리적 _____ 를 하려면 가장 큰 만족을 얻을 수 있는 상품들 중에서 가장 가격이 낮은 것을 선택해야 한다.

15) 엄마는 공부하기 싫어하는 아이를 _____ 로 의자에 앉혀서 공부를 시켰다.

16) 연못 가장자리에 있는 부용정은 십자 모양의 정자로, 단청이 화려하고 _____ 끝 곡선이 무척 아름답다.

17) 부모님은 나를 어느 중학교에 보내면 좋을지 오랜 시간 동안 _____ .

18) 임진왜란이 끝난 뒤에 서울에 있는 모든 궁궐이 불타 버리자, 선조는 월산 대군의 집을 넓혀 _____ 으로 만들었는데, 이곳은 훗날 경운궁으로 불리게 되었다.

19) 우리 학교는 토요일에 운동장과 도서관을 주민들에게 _____ .

20) 학교 _____ 을 넘다가 선생님한테 걸려서 꾸지람을 들었다.

21) 1392년부터 1910년에 한반도를 지배했던 조선 _____ 는 태조 이성계부터 순종에 이르기까지 스물일곱 명의 임금이 계승하였다.

22) 조선 왕조의 제1대 왕인 태조의 _____ 속 모습을 보면 몸체가 상당히 크고 눈에 정기가 가득 차 있어 위풍당당한 위엄이 가득하다.

23) 미술 시간에 책상 _____ 에 놓여 있던 물통을 떨어뜨리는 바람에 교실 바닥이 물바다가 되었다.

24) 광해군은 전쟁의 _____ 에 휘말리지 않기 위해 명과 후금 사이에서 중립 외교를 선택했다.

25) 그 집은 겉모습은 허름하게 보였지만, 실내는 호화로운 장식과 눈부신 조명, 다채로운 소품들로 꾸며져 있어 무척 _____ .

26) 창경궁은 임진왜란 때 불탔다가 광해군 때 제 모습을 찾았으나, 그 뒤로도 큰 화재를 겪는 _____ 을 당했다.

27) 학교 폭력 예방에 관한 영상 광고를 만들기 위해 _____ 을 썼는데, 무대 조명과 배경, 배우의 동작과 표정, 화면의 효과까지 자세히 적었다.

28) 현충일을 기념하는 _____ 이 엄숙하게 치러졌다.

29) 옛날에는 나무나 넝쿨 식물로 _____ 을 만들어 집의 가장자리를 둘러막았다.

30) 학교 폭력 예방에 관한 영상 광고를 찍기 위해 지갑, 돈, 필통, 책, 공책, 책가방 따위의 _____ 을 준비했다.

7. 우리말을 가꾸어요

| | 자신의 언어생활 점검하기 | 교과서 236~241쪽 |

비속어
한자 낮을 비 卑
풍속 속 俗
말씀 어 語

상스럽고 거친 말
예 **비속어**를 쓰면 그 말을 듣는 사람들에게 불쾌감을 주고 나쁜 °인상을 심어주게 된다.
°인상　어떤 대상에 대해서 마음에 새겨지는 느낌
비 속어, 상말, 상소리

줄임 말

뜻을 쉽게 이해할 수 없게 / 낱말의 일부를 / 줄여 쓴 말
예 초등학생이 가장 많이 사용하는 **줄임 말**에는 '생선'과 'ㅇㅇ'이 있다.

긍정하다
한자 즐길 긍 肯
정할 정 定

이롭거나 · 좋다고 / 여길 만하다
예 "힘내자" "할 수 있어" "재밌어" "최고야" "고마워"와 같은 **긍정하는** 말을 쓰면 자신뿐만 아니라 다른 사람의 기분도 좋게 만든다.

기권하다
한자 버릴 기 棄
권세 권 權

자신의 권리를 / 스스로 °포기하다
예 학교 대표로 °육상 대회에 나갔는데, 시합 도중에 다리를 다쳐서 **기권했다**.
°포기하다　(사람이 자기의 권리나 자격, 물건 따위를) 쓰지 않거나 버리다
°육상　달리기, 뛰기, 던지기를 기본 동작으로 하여 육상(육지의 위)에서 행하여지는 각종 경기

배려하다
한자 나눌 배 配
생각할 려 慮

관심을 가지고 도와주다 또는 마음을 써서 °보살펴 주다
예 다리를 다친 친구를 **배려하는** 마음으로 가방을 대신 들어주고 부축도 해 주었다.
°보살피다　(사람이 다른 사람을) 마음을 기울여 여러모로 돌보아 주다

품격
한자 물건 품 品
격식 격 格

사람이 지닌 / 마음의 본바탕과 · 타고난 °품성
예 비속어와 욕설은 자신의 **품격**을 낮추는 말이므로 쓰지 말아야 한다.
°품성　선천적으로 타고난 성품(사람의 성질과 됨됨이)
비 품, 품성, 성품, 인격, 성질, 됨됨이

1 문장을 읽고, 알맞은 낱말을 써 넣어 봅시다.

1) 상스럽고 거친 말

2) 뜻을 쉽게 이해할 수 없게 낱말의 일부를 줄여 쓴 말

3) 이롭거나 · 좋다고 여길 만하다

4) 자신의 권리를 스스로 포기하다

5) 관심을 가지고 도와주다 또는 마음을 써서 보살펴 주다

6) 사람이 지닌 마음의 본바탕과 · 타고난 품성

15주
1일

2 밑줄 친 곳에 알맞은 낱말을 써 넣어 문장을 완성해 봅시다.

1) _____ 를 쓰면 그 말을 듣는 사람들에게 불쾌감을 주고 나쁜 인상을 심어주게 된다.

2) 초등학생이 가장 많이 사용하는 _____ 에는 '생선'과 'ㅇㅇ'이 있다.

3) "힘내자" "할 수 있어" "재밌어" "최고야" "고마워"와 같은 _____ 말을 쓰면 자신 뿐만 아니라 다른 사람의 기분도 좋게 만든다.

4) 학교 대표로 육상 대회에 나갔는데, 시합 도중에 다리를 다쳐서 _____ .

5) 다리를 다친 친구를 _____ 마음으로 가방을 대신 들어주고 부축도 해 주었다.

6) 비속어와 욕설은 자신의 _____ 을 낮추는 말이므로 쓰지 말아야 한다.

| 자신의 언어생활 점검하기 | 교과서 236~241쪽 |

선언문

한자 베풀 선 宣
말씀 언 言
글월 문 文

어떤 일을 / 널리 알리는 내용을 / 적은 글

예 국어 시간에 모둠 친구들과 '다른 사람을 배려하는 말을 하자!'는 내용이 담긴 **선언문**을 만들고, 반 친구들 앞에서 *낭독했다.

* 낭독하다   (글이나 발표문 따위를) 소리 내어 읽다

다짐하다

어떤 일을 반드시 행하겠다는 / 마음을 굳게 *가다듬고 정하다

예 내일부터 수학 공부를 매일 한 시간씩 하겠다고 **다짐했다.**

* 가다듬다   정신, 생각, 마음 따위를 바로 차리거나 다잡다

무시하다

한자 없을 무 無
볼 시 視

낮추어 보다 또는 하찮게 대하다

예 평소에 친구에게 "네가 뭘 알아" "넌 몰라도 돼"라고 **무시하는** 말을 자주 했는데, 앞으로는 상대를 배려하는 말을 해야겠다고 다짐했다.

| 우리말 사용 실태 알아보기 | 교과서 242~245쪽 |

사례

한자 일 사 事
법식 례 例

어떤 일이 / 이전에 실제로 일어난 / *예

예 학교생활을 하다 보면 줄임 말, 욕설, 비속어를 사용하는 **사례**를 흔히 접할 수 있다.

* 예(보기)   어떤 사실이나 현상을 설명해 주거나 증명해 주는 대표적인 것

비 보기, 본보기, 예

평범하다

한자 평평할 평 平
무릇 범 凡

특별하거나 색다른 점이 없이 / *흔히 볼 수 있다

예 문제아나 *불량 청소년이 아닌 **평범한** 중고등학생 네 명을 대상으로 욕 사용 실태를 관찰했더니 네 시 간 동안 평균 500여 번의 욕설이 쏟아졌다.

* 흔히   (보통보다 더 자주 있거나 일어나서) 일상적으로 쉽게 접할 수 있게
* 불량   일상생활에서 드러나는 행동이나 성품이 나쁨

대중 매체
(대중 전달 매체)

한자 클 대 大
무리 중 衆
중매 매 媒
몸 체 體

신문, 라디오, 텔레비전과 같이 / *불특정의 많은 사람에게 / 정보와 사상을 전달하는 / *매체

예 많은 사람이 텔레비전이나 유튜브 따위의 **대중 매체**에서 줄임 말과 비속어를 많이 접하기 때문에 우리말 오염이 점점 더 심해지고 있다.

* 불특정   (대상이나 장소 따위를) 일정하게 정하지 않음
* 매체   어떤 작용을 한쪽에서 다른 쪽으로 전달하는 물체. 또는 그런 수단

1 문장을 읽고, 알맞은 낱말을 써 넣어 봅시다.

1) 어떤 일을 널리 알리는 내용을 적은 글

2) 어떤 일을 반드시 행하겠다는 마음을 굳게 가다듬고 정하다

3) 낮추어 보다 또는 하찮게 대하다

4) 어떤 일이 이전에 실제로 일어난 예

5) 특별하거나 색다른 점이 없이 흔히 볼 수 있다

6) 신문, 라디오, 텔레비전과 같이 불특정의 많은 사람에게 정보와 사상을 전달하는 매체

15주
2일

2 밑줄 친 곳에 알맞은 낱말을 써 넣어 문장을 완성해 봅시다.

1) 국어 시간에 모둠 친구들과 '다른 사람을 배려하는 말을 하자!'는 내용이 담긴 _____ 을 만들고, 반 친구들 앞에서 낭독했다.

2) 내일부터 수학 공부를 매일 한 시간씩 하겠다고 _____ .

3) 평소에 친구에게 "네가 뭘 알아" "넌 몰라도 돼"라고 _____ 말을 자주 했는데, 앞으로는 상대를 배려하는 말을 해야겠다고 다짐했다.

4) 학교생활을 하다 보면 줄임 말, 욕설, 비속어를 사용하는 _____ 를 흔히 접할 수 있다.

5) 문제아나 불량 청소년이 아닌 _____ 중고등학생 네 명을 대상으로 욕 사용 실태를 관찰했더니 네 시 간 동안 평균 500여 번의 욕설이 쏟아졌다.

6) 많은 사람이 텔레비전이나 유튜브 따위의 _____ 에서 줄임 말과 비속어를 많이 접하기 때문에 우리말 오염이 점점 더 심해지고 있다.

지속하다
한자 가질 지 持
이을 속 續

어떤 일·상태를 / 시간상으로 길게 계속하다

예 배려하는 말을 사용하면 사람들과 좋은 관계를 오랫동안 **지속할** 수 있다.

비 유지하다, 계속하다

신조어
한자 새 신 新
지을 조 造
말씀 어 語

새로 생긴 말

예 온라인 대화가 ●활성화되면서 이전에 없었던 **신조어**가 많이 생겨나고 있다.

●**활성화되다**   (어떤 일이나 기능 따위가) 활발하게 이루어지게 되다

존칭
한자 높을 존 尊
일컬을 칭 稱

남을 ●공경하는 뜻으로 / 높여 부르는 말

예 우리 반에는 친구끼리 이야기할 때 "진수 님, 창문 좀 닫아 줄 수 있을까요?" 처럼 **존칭**과 높임말을 써야 하는 규칙이 있다.

●**공경하다**   겸손하고 예의 바른 말과 행동으로 받들어 모시다

문화
한자 글월 문 文
될 화 化

어떤 집단에 속한 구성원(사람들)이 가지는 / 특유한 ●행동 양식과 ●사고방식

예 우리 반에는 친구끼리 존칭과 높임말을 사용하는 **문화**가 자리잡았다.

●**행동 양식**   인간 생활에 규칙으로 정해져 있는 일정한 방법이나 형식

●**사고방식**   어떤 문제를 생각하고 판단하는 방식이나 태도

일정하다
한자 한 일 一
정할 정 定

양·성질·상태·계획 따위가 / 처음부터 끝까지 / 변함없이 같다

예 발표를 할 때 **일정한** 목소리로 말을 하면 ●지루한 느낌을 주고 내용도 ●귀에 들어오지 않는다.

●**지루하다**   (시간이 오래 걸리거나 같은 상태가 오래 계속되어) 따분하고 싫증이 나다

●**귀에 들어오다**   (말이나 이야기가) 그럴 듯하게 여겨지다

안쓰럽다

딱한 형편이 / ●언짢고 가엾다

예 동생이 감기에 걸려 며칠째 침대에 ●드러누워 있어서 무척 **안쓰럽다**.

●**언짢다**   무엇이 마음에 들지 않거나 좋지 않다

●**드러눕다**   병을 앓아서 자리에 눕다

1 문장을 읽고, 알맞은 낱말을 써 넣어 봅시다.

1) 어떤 일·상태를 시간상으로 길게 계속하다

2) 새로 생긴 말

3) 남을 공경하는 뜻으로 높여 부르는 말

4) 어떤 집단에 속한 구성원(사람들)이 가지는 특유한 행동 양식과 사고방식

5) 양·성질·상태·계획 따위가 처음부터 끝까지 변함없이 같다

6) 딱한 형편이 언짢고 가엾다

2 밑줄 친 곳에 알맞은 낱말을 써 넣어 문장을 완성해 봅시다.

1) 배려하는 말을 사용하면 사람들과 좋은 관계를 오랫동안 _____ 수 있다.

2) 온라인 대화가 활성화되면서 이전에 없었던 _____ 가 많이 생겨나고 있다.

3) 우리 반에는 친구끼리 이야기할 때 "진수 님, 창문 좀 닫아 줄 수 있을까요?"처럼 _____ 과 높임말을 써야 하는 규칙이 있다.

4) 우리 반에는 친구끼리 존칭과 높임말을 사용하는 _____ 가 자리잡았다.

5) 발표를 할 때 _____ 목소리로 말을 하면 지루한 느낌을 주고 내용도 귀에 들어오지 않는다.

6) 동생이 감기에 걸려 며칠째 침대에 드러누워 있어서 무척 _____.

4일

실태 조사를 바탕으로 이어 올바른 우리말 사용을 주제로 글 쓰기 | 교과서 250~253쪽 |

부정하다

한자 아닐 부 否
정할 정 定

사람이 어떤 사실이나 현상을 / 그렇지 않다고 •단정하다 또는 옳지 않다고 •반대하다

예 "안 돼"보다는 "할 수 있어", "짜증 나"보다는 "괜찮아", "힘들어"보다는 "힘내자"
와 같이 **부정하는** 말을 긍정하는 말로 고쳐 사용하면, 말하는 사람과 듣는 사
람 모두 기분이 좋아진다.

•단정하다　딱 잘라서 판단하거나 결정하다
•반대하다　남의 의견, 제안 따위에 따르지 않고 맞서서 어긋나는
　　　　　　태도를 취하다

너그럽다

마음이 넓고 / 이해심이 많다

예 친구의 그림에 •실수로 물을 엎질러서 어쩔 줄 모르고 있었는데, 친구가 **너
그럽게** •용서해 주었다.

•실수　　　부주의로 잘못을 저지름. 또는 그 잘못(잘하지 못하여 그릇되게 한 일. 또는 옳
　　　　　지 못하게 한 일)
•용서하다　지은 죄나 잘못한 일에 대하여 꾸짖거나 벌하지 않고 덮어 주다

소통

한자 소통할 소 疏
통할 통 通

생각이 / 서로 잘 통함

예 친구와 나는 •눈빛만으로 서로의 마음을 알 수 있을 만큼 **소통**이 잘 된다.

•눈빛　　　눈에 나타나는 기색(마음의 작용으로 얼굴에 드러나는 빛)

말맛

말소리나 말투가 주는 / 느낌

예 고운 우리말 사용이 아름다운 소통을 이루고, •진정한 **말맛**을 느끼게 한다.

•진정하다　(주로 '진정한'의 꼴로 쓰여) 참되고 올바르다

올바른 우리말 사전집 만들기 | 교과서 254~257쪽 |

수집하다

한자 모을 수 蒐
모을 집 輯

취미나 연구를 위하여 / 여러 가지 물건이나 재료를 찾아
/ 모으다

예 미술 시간에 쓸 사진 자료들을 인터넷에서 **수집했다.**

엮다

자료를 모아 / 책 · 신문 · 잡지 따위를 / 만들다

예 친구들이 쓴 글들을 모아서 학급 •문집으로 **엮었다.**

•문집　　　시나 문장을 모아 엮은 책

1　문장을 읽고, 알맞은 낱말을 써 넣어 봅시다.

1)　사람이 어떤 사실이나 현상을 그렇지 않다고 단정하다
　　또는 옳지 않다고 반대하다
　　□□□□

2)　마음이 넓고 이해심이 많다
　　□□□□

3)　생각이 서로 잘 통함
　　□□

4)　말소리나 말투가 주는 느낌
　　□□

5)　취미나 연구를 위하여 여러 가지 물건이나 재료를
　　찾아 모으다
　　□□□□

6)　자료를 모아 책·신문·잡지 따위를 만들다
　　□□

15주
4일

2　밑줄 친 곳에 알맞은 낱말을 써 넣어 문장을 완성해 봅시다.

1)　"안 돼"보다는 "할 수 있어", "짜증 나"보다는 "괜찮아", "힘들어"보다는 "힘내자"와 같이
　　_____ 말을 긍정하는 말로 고쳐 사용하면, 말하는 사람과 듣는 사람 모두 기분이
　　좋아진다.

2)　친구의 그림에 실수로 물을 엎질러서 어쩔 줄 모르고 있었는데, 친구가 _____
　　용서해 주었다.

3)　친구와 나는 눈빛만으로 서로의 마음을 알 수 있을 만큼 _____ 이 잘 된다.

4)　고운 우리말 사용이 아름다운 소통을 이루고, 진정한 _____ 을 느끼게 한다.

5)　미술 시간에 쓸 사진 자료들을 인터넷에서 _____ .

6)　친구들이 쓴 글들을 모아서 학급 문집으로 _____ .

8. 인물의 삶을 찾아서

참고하다
한자 참여할 참 參
살필 고 考

말, 글, 그림 따위를 살펴서 / 도움이 될 만한 / 재료로 삼다
예 수학 문제가 너무 어려워서 해답지를 **참고하여** 다시 풀어 보았다.

분담
한자 나눌 분 分
멜 담 擔

일 · •역할 · •비용 따위를 / 나눠서 맡음
예 학급 친구들과 역할 **분담**을 해서 교실 곳곳을 청소했다.
• **역할**　　(마땅히 해야 하는) 자기가 맡은 일
• **비용**　　물건을 사거나 어떤 일을 하는 데 드는 돈

추구하다
한자 쫓을 추 推
구할 구 求

어떤 가치나 목적을 이룰 때까지 / 그것을 •쫓아 구하다
예 모든 인간은 자신의 행복을 **추구할** 권리가 있다.
• **쫓다**　　(어떤 대상을 잡거나 만나기 위하여) 빠른 속도로 뒤를 따르다

텃밭

집의 울타리 안에 있거나 · 집 가까이 있는 / 밭
예 그는 앞마당에 있는 **텃밭**에 상추, 파, 고추, 깻잎을 •가꾸었다.
• **가꾸다**　　식물을 어떤 장소에 심어 키우다

만년
한자 일 만 만 萬
해 년 年

처음부터 끝까지 **변함없이** / 같은 상태
예 공부에 •소질이 없던 그는 학창시절 동안 •줄곧 **만년** 꼴찌를 벗어나지 못했다.
• **소질**　　본디부터 가지고 있는 성질. 또는 타고난 능력이나 기질
• **줄곧**　　끊임없이 죽 잇달아

소외되다
한자 소통할 소 疏
바깥 외 外

어떤 무리에서 / 꺼려져 피하거나 멀리하여 / •따돌림을 당하다
예 모둠원이 나를 제외하고 모두 남자여서 •왠지 **소외되는** 기분이 든다.
• **따돌림**　　구성원들이 누구를 미워하거나 싫어하여 같은 무리에 들지 못하게 함
• **왠지**　　왜 그런지 모르게. 또는 뚜렷한 이유도 없이

1　문장을 읽고, 알맞은 낱말을 써 넣어 봅시다.

1)　말, 글, 그림 따위를 살펴서 도움이 될 만한 재료로 삼다 ☐☐☐☐

2)　일·역할·비용 따위를 나눠서 맡음 ☐☐

3)　어떤 가치나 목적을 이룰 때까지 그것을 쫓아 구하다 ☐☐☐☐

4)　집의 울타리 안에 있거나·집 가까이 있는 밭 ☐☐

5)　처음부터 끝까지 변함없이 같은 상태 ☐☐

6)　어떤 무리에서 꺼려져 피하거나 멀리하여 따돌림을 당하다 ☐☐☐☐

15주 5일

2　밑줄 친 곳에 알맞은 낱말을 써 넣어 문장을 완성해 봅시다.

1)　수학 문제가 너무 어려워서 해답지를 ＿＿＿＿＿ 다시 풀어 보았다.

2)　학급 친구들과 역할 ＿＿＿＿＿ 을 해서 교실 곳곳을 청소했다.

3)　모든 인간은 자신의 행복을 ＿＿＿＿＿ 권리가 있다.

4)　그는 앞마당에 있는 ＿＿＿＿＿ 에 상추, 파, 고추, 깻잎을 가꾸었다.

5)　공부에 소질이 없던 그는 학창시절 동안 줄곧 ＿＿＿＿＿ 꼴찌를 벗어나지 못했다.

6)　모둠원이 나를 제외하고 모두 남자여서 왠지 ＿＿＿＿＿ 기분이 든다.

1 문장을 읽고, 알맞은 낱말을 써 넣어 봅시다.

1) 뜻을 쉽게 이해할 수 없게 낱말의 일부를 줄여 쓴 말 _____

2) 상스럽고 거친 말 _____

3) 말, 글, 그림 따위를 살펴서 도움이 될 만한 재료로 삼다 _____

4) 사람이 어떤 사실이나 현상을 그렇지 않다고 단정하다
    또는 옳지 않다고 반대하다 _____

5) 집의 울타리 안에 있거나·집 가까이 있는 밭 _____

6) 마음이 넓고 이해심이 많다 _____

7) 자신의 권리를 스스로 포기하다 _____

8) 생각이 서로 잘 통함 _____

9) 어떤 무리에서 꺼려져 피하거나 멀리하여 따돌림을 당하다 _____

10) 말소리나 말투가 주는 느낌 _____

11) 취미나 연구를 위하여 여러 가지 물건이나 재료를
     찾아 모으다 _____

12) 자료를 모아 책·신문·잡지 따위를 만들다 _____

13) 처음부터 끝까지 변함없이 같은 상태 _____

14) 일·역할·비용 따위를 나눠서 맡음 _____

15) 어떤 일·상태를 시간상으로 길게 계속하다 _____

16) 이롭거나 · 좋다고 여길 만하다 _____

17) 새로 생긴 말 _____

18) 어떤 집단에 속한 구성원(사람들)이 가지는 특유한
행동 양식과 사고방식 _____

19) 어떤 일을 반드시 행하겠다는 마음을 굳게 가다듬고 정하다 _____

20) 특별하거나 색다른 점이 없이 흔히 볼 수 있다 _____

21) 남을 공경하는 뜻으로 높여 부르는 말 _____

22) 어떤 일을 널리 알리는 내용을 적은 글 _____

23) 신문, 라디오, 텔레비전과 같이 불특정의 많은 사람에게
정보와 사상을 전달하는 매체 _____

24) 양 · 성질 · 상태 · 계획 따위가 처음부터 끝까지
변함없이 같다 _____

25) 낮추어 보다 또는 하찮게 대하다 _____

26) 관심을 가지고 도와주다 또는 마음을 써서 보살펴 주다 _____

27) 어떤 일이 이전에 실제로 일어난 예 _____

28) 사람이 지닌 마음의 본바탕과 · 타고난 품성 _____

29) 딱한 형편이 언짢고 가엾다 _____

30) 어떤 가치나 목적을 이룰 때까지 그것을 쫓아 구하다 _____

2 밑줄 친 곳에 알맞은 낱말을 써 넣어 문장을 완성해 봅시다.

1) 비속어와 욕설은 자신의 _____ 을 낮추는 말이므로 쓰지 말아야 한다.

2) 우리 반에는 친구끼리 존칭과 높임말을 사용하는 _____ 가 자리잡았다.

3) 수학 문제가 너무 어려워서 해답지를 _____ 다시 풀어 보았다.

4) "안 돼"보다는 "할 수 있어", "짜증 나"보다는 "괜찮아", "힘들어"보다는 "힘내자"와 같이 _____ 말을 긍정하는 말로 고쳐 사용하면, 말하는 사람과 듣는 사람 모두 기분이 좋아진다.

5) 학교 대표로 육상 대회에 나갔는데, 시합 도중에 다리를 다쳐서 _____ .

6) 친구의 그림에 실수로 물을 엎질러서 어쩔 줄 모르고 있었는데, 친구가 _____ 용서해 주었다.

7) 동생이 감기에 걸려 며칠째 침대에 드러누워 있어서 무척 _____ .

8) 친구와 나는 눈빛만으로 서로의 마음을 알 수 있을 만큼 _____ 이 잘 된다.

9) 미술 시간에 쓸 사진 자료들을 인터넷에서 _____ .

10) 학급 친구들과 역할 _____ 을 해서 교실 곳곳을 청소했다.

11) 배려하는 말을 사용하면 사람들과 좋은 관계를 오랫동안 _____ 수 있다.

12) 모든 인간은 자신의 행복을 _____ 권리가 있다.

13) 공부에 소질이 없던 그는 학창시절 동안 줄곧 _____ 꼴찌를 벗어나지 못했다.

14) 우리 반에는 친구끼리 이야기할 때 "진수 님, 창문 좀 닫아 줄 수 있을까요?"처럼 _____ 과 높임말을 써야 하는 규칙이 있다.

15) 국어 시간에 모둠 친구들과 '다른 사람을 배려하는 말을 하자!'는 내용이 담긴 _____ 을 만들고, 반 친구들 앞에서 낭독했다.

16) 고운 우리말 사용이 아름다운 소통을 이루고, 진정한 _____ 을 느끼게 한다.

15주
평가

17) 평소에 친구에게 "네가 뭘 알아" "넌 몰라도 돼"라고 _____ 말을 자주 했는데, 앞으로는 상대를 배려하는 말을 해야겠다고 다짐했다.

18) 초등학생이 가장 많이 사용하는 _____ 에는 '생선'과 'ㅇㅇ'이 있다.

19) 문제아나 불량 청소년이 아닌 _____ 중고등학생 네 명을 대상으로 욕 사용 실태를 관찰했더니 네 시 간 동안 평균 500여 번의 욕설이 쏟아졌다.

20) 모둠원이 나를 제외하고 모두 남자여서 왠지 _____ 기분이 든다.

21) 많은 사람이 텔레비전이나 유튜브 따위의 _____ 에서 줄임 말과 비속어를 많이 접하기 때문에 우리말 오염이 점점 더 심해지고 있다.

22) 친구들이 쓴 글들을 모아서 학급 문집으로 _____ .

23) 발표를 할 때 _____ 목소리로 말을 하면 지루한 느낌을 주고 내용도 귀에 들어오지 않는다.

24) _____ 를 쓰면 그 말을 듣는 사람들에게 불쾌감을 주고 나쁜 인상을 심어주게 된다.

25) 학교생활을 하다 보면 줄임 말, 욕설, 비속어를 사용하는 _____ 를 흔히 접할 수 있다.

26) "힘내자" "할 수 있어" "재밌어" "최고야" "고마워"와 같은 _____ 말을 쓰면 자신뿐만 아니라 다른 사람의 기분도 좋게 만든다.

27) 내일부터 수학 공부를 매일 한 시간씩 하겠다고 _____ .

28) 온라인 대화가 활성화되면서 이전에 없었던 _____ 가 많이 생겨나고 있다.

29) 다리를 다친 친구를 _____ 마음으로 가방을 대신 들어주고 부축도 해 주었다.

30) 그는 앞마당에 있는 _____ 에 상추, 파, 고추, 깻잎을 가꾸었다.

빈민
한자 가난할 빈 貧
백성 민 民

가난한 사람

[예] 그는 언젠가 길을 걷다가 폐지를 줍는 할머니의 검게 그을린 얼굴을 보았는데, 그때부터 도시 **빈민** 문제에 관심을 갖기 시작했다고 한다.

[비] 세민, 영세민

구제
한자 구원할 구 救
건널 제 濟

•피해를 입거나 · 어려운 처지에 놓인 사람을 / 도와줌

[예] 빅토르 위고는 현실에서 소외된 사람들의 이야기에도 관심이 있었는데 빈민 **구제**를 주장하며 정치가로도 활동했다.

•피해   (생명 · 재산 · 명예 · 신체 따위에) 손해를 입음

단지(다만)
한자 다만 단 但
다만 지 只

다른 것이 아니라 / 오직

[예] 두 아이는 **단지** 새 학년 첫날 옆 자리에 앉았다는 이유만으로 단짝이 되었다.

[비] 다만, 오로지, 오직

공감하다
한자 한가지 공 共
느낄 감 感

다른 사람의 의견 · 주장 · 감정 따위에 대하여 / 자기도 그렇다고 느끼다

[예] 전에 따돌림을 당한 적이 있었던 아이는 친구들에게 소외를 당하고 있는 단짝 친구의 아픔을 누구보다도 깊이 **공감했다**.

처하다

어떤 처지에 / 놓이다 또는 맞닥뜨리다

[예] 친구들에게 •우스갯소리로 이번 시험에서 빵점을 맞으면 빵을 사겠다고 말했는데 실제로 빵점을 맞는 •난처한 상황에 **처했다**.

•우스갯소리(우스갯말)   남을 웃기려고 하는 말

•난처하다   이럴 수도 없고 저럴 수도 없어 처지가 곤란하다

무인
한자 호반 무 武
사람 인 人

•무관의 •관직에 있는 / 사람

[예] 이순신은 30세가 넘어서야 •무과 시험에 합격해 **무인**이 되었다.

•무관   군에 적을 두고 군사 일을 맡아보는 관리

•관직   공무원 또는 관리가 국가로부터 받은 일정한 일이나 직책

•무과   고려 · 조선 시대에, 무관을 뽑던 과거 시험

1 문장을 읽고, 알맞은 낱말을 써 넣어 봅시다.

1) 가난한 사람

2) 피해를 입거나 · 어려운 처지에 놓인 사람을 도와줌

3) 다른 것이 아니라 오직

4) 다른 사람의 의견 · 주장 · 감정 따위에 대하여
자기도 그렇다고 느끼다

5) 어떤 처지에 놓이다 또는 맞닥뜨리다

6) 무관의 관직에 있는 사람

16주
1일

2 밑줄 친 곳에 알맞은 낱말을 써 넣어 문장을 완성해 봅시다.

1) 그는 언젠가 길을 걷다가 폐지를 줍는 할머니의 검게 그을린 얼굴을 보았는데, 그때부
터 도시 ＿＿＿＿＿ 문제에 관심을 갖기 시작했다고 한다.

2) 빅토르 위고는 현실에서 소외된 사람들의 이야기에도 관심이 있었는데 빈민
＿＿＿＿＿ 를 주장하며 정치가로도 활동했다.

3) 두 아이는 ＿＿＿＿＿ 새 학년 첫날 옆 자리에 앉았다는 이유만으로 단짝이 되었다.

4) 전에 따돌림을 당한 적이 있었던 아이는 친구들에게 소외를 당하고 있는 단짝 친구의
아픔을 누구보다도 깊이 ＿＿＿＿＿.

5) 친구들에게 우스갯소리로 이번 시험에서 빵점을 맞으면 빵을 사겠다고 말했는데 실제
로 빵점을 맞는 난처한 상황에 ＿＿＿＿＿.

6) 이순신은 30세가 넘어서야 무과 시험에 합격해 ＿＿＿＿＿ 이 되었다.

개혁하다

한자 고칠 개 改
가죽 혁 革

무엇을 / 새롭게 뜯어고치다

예 우리나라는 1994년에 대학 입시 제도를 **개혁하여** 학력고사를 *폐지하고 대학수학능력시험을 *실시하였다.

*폐지하다 (실시하여 오던 제도나 법규, 일 따위를) 그만두거나 없애다

*실시하다 (어떤 일이나 제도 따위를) 실제로 행하다

유지하다

한자 벼리 유 維
가질 지 持

상태를 변함없이 / 계속 이어 가다

예 시험 기간뿐만 아니라 평소에도 열심히 공부를 해야 우수한 성적을 **유지할** 수 있다.

비 지속하다

진토

한자 티끌 진 塵
흙 토 土

*티끌과 흙

예 그는 몸이 부서지고 *백골이 **진토가** 되어도 그 은혜를 잊지 않겠다고 다짐했다.

*티끌 (티와 먼지 따위의) 공기 속에 섞여 날리거나 물체 위에 쌓이는 매우 잘고 가벼운 물질

*백골 송장(죽은 사람의 몸)의 살이 썩고 남은 뼈

넋

사람의 몸에 있어 / 정신을 다스린다고 생각되는 / *비물질적인 것

예 엄마는 아들의 사고 소식에 **넋을** 잃고 쓰러졌다.

*비물질적 물질(물체를 이루는 본바탕)이 아닌 (것)

일편단심

한자 한 일 一
조각 편
붉을 단 丹
마음 심 心

한 조각 붉은 마음이라는 뜻으로 / 오직 한 가지에 변함없는 마음을 이르는 말

예 그는 죽는 날까지 그녀만을 **일편단심**으로 사랑했다.

시조

한자 때 시 時
고를 조 調

고려 말부터 발달해 온 / 초장, 중장, 종장의 형태를 가진 / 우리 *고유의 *정형시

예 고려 말부터 발달한 **시조는** 당시에 *유행하던 노래의 가사로서, 문학인 동시에 음악이다.

*고유 본디(처음)부터 지니고 있는 특유한 것

*정형시 일정한 형식과 규칙에 맞추어 지은 시

*유행하다 (언어, 복장, 취미 따위의 양식이나 현상이) 사회 구성원들에게 널리 퍼지다

1 문장을 읽고, 알맞은 낱말을 써 넣어 봅시다.

1) 무엇을 새롭게 뜯어고치다

2) 상태를 변함없이 계속 이어 가다

3) 티끌과 흙

4) 사람의 몸에 있어 정신을 다스린다고 생각되는 비물질적인 것

5) 한 조각 붉은 마음이라는 뜻으로 오직 한 가지에 변함없는 마음을 이르는 말

6) 고려 말부터 발달해 온 초장, 중장, 종장의 형태를 가진 우리 고유의 정형시

16주
2일

2 밑줄 친 곳에 알맞은 낱말을 써 넣어 문장을 완성해 봅시다.

1) 우리나라는 1994년에 대학 입시 제도를 _____ 학력고사를 폐지하고 대학수학 능력시험을 실시하였다.

2) 시험 기간뿐만 아니라 평소에도 열심히 공부를 해야 우수한 성적을 _____ 수 있다.

3) 그는 몸이 부서지고 백골이 _____가 되어도 그 은혜를 잊지 않겠다고 다짐했다.

4) 엄마는 아들의 사고 소식에 _____ 을 잃고 쓰러졌다.

5) 그는 죽는 날까지 그녀만을 _____ 으로 사랑했다.

6) 고려 말부터 발달한 _____ 는 당시에 유행하던 노래의 가사로서, 문학인 동시에 음악이다.

8. 인물의 삶을 찾아서

이야기 | 교과서 264쪽 |

제재가 12차의 배가 있으니 | 교과서 267~273쪽 |

매기다

일정한 기준에 따라 / 차례·값·등수 따위를 정하다
예 달리기 순위는 결승선에 먼저 도착한 순서로 **매긴다.**

수군통제사

한자 물 수 水
　　군사 군 軍
　　거느릴 통 統
　　절제할 제 制
　　하여금 사 使

조선 시대에, *수군을 *통솔하던 / *정이품 무관의 벼슬
예 *삼도 **수군통제사**가 된 이순신은 전라도로 내려가면서 남은 배와 군사를
　　모았다.
* **수군**　　　조선 시대, 배를 타고 해안을 지키던 군대
* **통솔하다**　무리를 거느려 다스리다
* **정이품**　　고려와 조선 시대, 18품계 가운데 셋째 등급
* **삼도**　　　충청도, 전라도, 경상도

무참하다

한자 없을 무 無
　　참혹할 참 慘

*진저리가 날 정도로 몹시 / *참혹하다
예 조선 수군은 **무참하게** 져서 원균은 죽고, 배는 부서졌으며, 싸움에 나갔던 병
　　사들도 대부분 죽거나 포로가 되었다.
* **진저리**　　무서움을 느낄 때 몸이 부르르 떨리는 것
* **참혹하다**　잔인하고(몹시 모질다) 무자비하다(매섭고 독하다)
비 잔인하다, 잔혹하다, 잔악하다, 가혹하다

길목

길의 중요한 *통로가 되는 / *어귀
예 경찰이 차가 반드시 지나가야 하는 **길목**을 막고
　　음주 단속을 하고 있다.
* **통로(통행로)**　　통하여 다니는 길
* **어귀**　　　들어가고 나가는 곳이 시작되는 지점

물살

물이 흐르는 / 힘
예 그 강은 장마철에 **물살**이 매우 거세지기 때문에 수영을 하면 안 된다.

흐느끼다

흑흑 소리를 내며 / 울다
예 *울돌목은 바닷물이 거세게 흘러가면서 나는 소리가 꼭 **흐느껴** 우는 소리 같
　　다고 해서 붙여진 이름이다.
* **울돌목(명량 해협)** 전라남도 해남군 화원 반도와 진도 사이에 있는 해협(육지 사이에 끼
　　　　　　　　　　어 있는 좁고 긴 바다)

1 문장을 읽고, 알맞은 낱말을 써 넣어 봅시다.

1) 일정한 기준에 따라 차례 · 값 · 등수 따위를 정하다 ☐☐☐

2) 조선 시대에, 수군을 통솔하던 정이품 무관의 벼슬 ☐☐☐☐

3) 진저리가 날 정도로 몹시 참혹하다 ☐☐☐

4) 길의 중요한 통로가 되는 어귀 ☐☐

5) 물이 흐르는 힘 ☐☐

6) 흑흑 소리를 내며 울다 ☐☐☐☐

2 밑줄 친 곳에 알맞은 낱말을 써 넣어 문장을 완성해 봅시다.

1) 달리기 순위는 결승선에 먼저 도착한 순서로 _____ .

2) 삼도 _____ 가 된 이순신은 전라도로 내려가면서 남은 배와 군사를 모았다.

3) 조선 수군은 _____ 져서 원균은 죽고, 배는 부서졌으며, 싸움에 나갔던 병사들도 대부분 죽거나 포로가 되었다.

4) 경찰이 차가 반드시 지나가야 하는 _____ 을 막고 음주 단속을 하고 있다.

5) 그 강은 장마철에 _____ 이 매우 거세지기 때문에 수영을 하면 안 된다.

6) 울돌목은 바닷물이 거세게 흘러가면서 나는 소리가 꼭 _____ 우는 소리 같다고 해서 붙여진 이름이다.

8. 인물의 삶을 찾아서

제재 12쪽이 배가 있으니 | 교과서 267~273쪽 |

특이하다

한자 특별할 특 特
다를 이 異

* 보통의 것과 비교할 때 / 두드러지게 다르다

예 핼러윈 축제에 참가한 아이들은 유령처럼 보이는 **특이한** *분장을 했다.

* **보통**   특별하지 아니하고 흔히 볼 수 있음. 또는 뛰어나지도 열등하지도 아니한 중간 정도
* **분장**   얼굴과 옷차림을 꾸밈
* 비 특수하다

작전

한자 지을 작 作
싸움 전 戰

일을 이루기 위해 / 필요한 조치나 방법을 / *궁리하여 찾아냄

예 감독과 선수들은 머리를 맞대고 승리를 하기 위한 **작전**을 세웠다.

* **궁리하다**   마음속으로 이리저리 따져 깊이 생각하다

각오하다

한자 깨달을 각 覺
깨달을 오 悟

앞으로 닥쳐올 일에 대한 / 마음의 준비를 하다

예 우리는 불호령을 **각오하고** 선생님께 잘못을 사실대로 말씀드렸다.

적선

한자 대적할 적 敵
배 선 船

* 적이나 · *적국의 / 배

예 이순신 장군은 '명량 대첩'에서 단 13척의 배로 133척의 **적선**을 물리쳤다.

* **적**   서로 싸우거나 해치고자 하는 상대
* **적국**   적으로 맞서는 관계에 있는 나라

유리하다
(이롭다)

한자 있을 유 有
이로울 리 利

* 이익이 / 있다

예 수많은 적선이 우리 수군 쪽으로 빠르게 쳐들어왔지만, 이순신은 물살 방향이 조선 수군에게 **유리해질** 때까지 공격하지 못하게 했다.

* **이익**   물질적 · 정신적으로 보탬(모자라는 것을 더하여 채우거나 돕는 일)이 되는 것
* 비 유익하다

일제히

여럿이 한꺼번에

예 쉬는 시간을 알리는 종이 울리자 학생들이 **일제히** 의자에서 일어났다.

1 문장을 읽고, 알맞은 낱말을 써 넣어 봅시다.

1) 보통의 것과 비교할 때 두드러지게 다르다

2) 일을 이루기 위해 필요한 조치나 방법을 궁리하여 찾아냄

3) 앞으로 닥쳐올 일에 대한 마음의 준비를 하다

4) 적이나 · 적국의 배

5) 이익이 있다

6) 여럿이 한꺼번에

16주
4일

2 밑줄 친 곳에 알맞은 낱말을 써 넣어 문장을 완성해 봅시다.

1) 핼러윈 축제에 참가한 아이들은 유령처럼 보이는 _____ 분장을 했다.

2) 감독과 선수들은 머리를 맞대고 승리를 하기 위한 _____ 을 세웠다.

3) 우리는 불호령을 _____ 선생님께 잘못을 사실대로 말씀드렸다.

4) 이순신 장군은 '명량 대첩'에서 단 13척의 배로 133척의 _____ 을 물리쳤다.

5) 수많은 적선이 우리 수군 쪽으로 빠르게 쳐들어왔지만, 이순신은 물살 방향이 조선 수군에게 _____ 때까지 공격하지 못하게 했다.

6) 쉬는 시간을 알리는 종이 울리자 학생들이 _____ 의자에서 일어났다.

8. 인물의 삶을 찾아서

당황하다

한자 당나라 당 唐
어리둥절할 황 慌

뜻밖의 일을 당하여 / 놀라거나 · *다급하여 / 어찌할 바를 모르다

예 수업 시간에 몰래 만화책을 보고 있었는데, 선생님이
내 이름을 불러서 무척 **당황했다**.

* **다급하다** 일이 바싹 닥쳐서 매우 급하다

총통

한자 총 총 銃
대통 통 筒

화약의 힘으로 탄알을 쏘는 / 전쟁에 쓰이는 기구를 / 통틀어 이르던 말

예 조선 수군은 적선을 향해 **총통**을 쏘고 불화살을 날리며 총공격을 했다.

뒤숭숭하다

마음이 안정되지 못하고 / *어수선하고 · 불안하다

예 이사 가기 전날 밤, 그는 마음이 **뒤숭숭해서** 잠을 쉽게 이루지 못했다.

* **어수선하다** 마음이나 분위기가 안정되지 못하여 불안하고 산란하다

기습하다

한자 기특할 기 奇
엄습할 습 襲

군대를 몰래 움직여 / 적이 생각지 않았던 때에 / 갑자기 공격하다

예 장수들은 한밤중에 적이 *방심하는 틈을 타서 **기습하기로** 작전을 짰다.

* **방심하다** 긴장이 풀려 마음을 놓아 버리다

분풀이

한자 분할 분 憤

다른 대상에게 / 화를 내거나 · *앙갚음을 하여 / 분하고 억울한 마음을 / 풀어 버리는 일

예 엄마한테 야단을 맞고 *애먼 동생에게 **분풀이**를 했다.

* **앙갚음** 남이 저에게 해를 준 대로 저도 그에게 해를 줌
* **애먼** 일의 결과가 다른 데로 돌아가 억울하게 느껴지는

이를 악물다

힘겨운 일이나 · 어려운 *고비를 / 뚫고 나가려고 / *비상한 결심을 하다 또는 꾹 참다

예 빵점을 맞은 아이는 다음번 시험은 반드시 백점을 맞겠다고
이를 악물었다.

* **고비** 일이 되어 가는 과정에서 가장 중요한 단계나 대목.
또는 막다른 때의 상황
* **비상하다** 평상시와 다르거나 일상적이지 않아 특별하다

1　문장을 읽고, 알맞은 낱말을 써 넣어 봅시다.

1)　뜻밖의 일을 당하여 놀라거나 · 다급하여
　　어찌할 바를 모르다

2)　화약의 힘으로 탄알을 쏘는 전쟁에 쓰이는 기구를 통틀어 이르던 말

3)　마음이 안정되지 못하고 어수선하고 · 불안하다

4)　군대를 몰래 움직여 적이 생각지 않았던 때에
　　갑자기 공격하다

5)　다른 대상에게 화를 내거나 · 앙갚음을 하여 분하고
　　억울한 마음을 풀어 버리는 일

6)　힘겨운 일이나 · 어려운 고비를 뚫고 나가려고
　　비상한 결심을 하다 또는 꾹 참다

16주
5일

2　밑줄 친 곳에 알맞은 낱말을 써 넣어 문장을 완성해 봅시다.

1)　수업 시간에 몰래 만화책을 보고 있었는데, 선생님이 내 이름을 불러서 무척
　　_____ .

2)　조선 수군은 적선을 향해 _____ 을 쏘고 불화살을 날리며 총공격을 했다.

3)　이사 가기 전날 밤, 그는 마음이 _____ 잠을 쉽게 이루지 못했다.

4)　장수들은 한밤중에 적이 방심하는 틈을 타서 _____ 작전을 짰다.

5)　엄마한테 야단을 맞고 애먼 동생에게 _____ 를 했다.

6)　빵점을 맞은 아이는 다음번 시험은 반드시 백점을 맞겠다고 _____ .

1 문장을 읽고, 알맞은 낱말을 써 넣어 봅시다.

1) 어떤 처지에 놓이다 또는 맞닥뜨리다

    _____

2) 뜻밖의 일을 당하여 놀라거나 · 다급하여
어찌할 바를 모르다

    _____

3) 티끌과 흙

    _____

4) 고려 말부터 발달해 온 초장, 중장, 종장의 형태를 가진
우리 고유의 정형시

    _____

5) 마음이 안정되지 못하고 어수선하고 · 불안하다

    _____

6) 보통의 것과 비교할 때 두드러지게 다르다

    _____

7) 한 조각 붉은 마음이라는 뜻으로 오직 한 가지에
변함없는 마음을 이르는 말

    _____

8) 일을 이루기 위해 필요한 조치나 방법을 궁리하여 찾아냄

    _____

9) 다른 대상에게 화를 내거나 · 앙갚음을 하여 분하고
억울한 마음을 풀어 버리는 일

    _____

10) 앞으로 닥쳐올 일에 대한 마음의 준비를 하다

    _____

11) 상태를 변함없이 계속 이어 가다

    _____

12) 다른 사람의 의견 · 주장 · 감정 따위에 대하여 자기도
그렇다고 느끼다

    _____

13) 일정한 기준에 따라 차례 · 값 · 등수 따위를 정하다

    _____

14) 힘겨운 일이나 · 어려운 고비를 뚫고 나가려고
비상한 결심을 하다 또는 꾹 참다

    _____

15) 가난한 사람　　　　　　　　　　　　　　　　　　＿＿＿＿＿＿

16) 사람의 몸에 있어 정신을 다스린다고 생각되는
　　비물질적인 것　　　　　　　　　　　　　　　　　＿＿＿＿＿＿

17) 피해를 입거나·어려운 처지에 놓인 사람을 도와줌　＿＿＿＿＿＿

18) 무엇을 새롭게 뜯어고치다　　　　　　　　　　　　＿＿＿＿＿＿

19) 무관의 관직에 있는 사람　　　　　　　　　　　　　＿＿＿＿＿＿

20) 길의 중요한 통로가 되는 어귀　　　　　　　　　　＿＿＿＿＿＿

21) 조선 시대에, 수군을 통솔하던 정이품 무관의 벼슬　＿＿＿＿＿＿

22) 물이 흐르는 힘　　　　　　　　　　　　　　　　　＿＿＿＿＿＿

23) 진저리가 날 정도로 몹시 참혹하다　　　　　　　　＿＿＿＿＿＿

24) 흑흑 소리를 내며 울다　　　　　　　　　　　　　　＿＿＿＿＿＿

25) 이익이 있다　　　　　　　　　　　　　　　　　　＿＿＿＿＿＿

26) 화약의 힘으로 탄알을 쏘는 전쟁에 쓰이는 기구를 통틀어
　　이르던 말　　　　　　　　　　　　　　　　　　＿＿＿＿＿＿

27) 여럿이 한꺼번에　　　　　　　　　　　　　　　　＿＿＿＿＿＿

28) 군대를 몰래 움직여 적이 생각지 않았던 때에 갑자기 공격하다　＿＿＿＿＿＿

29) 적이나·적국의 배　　　　　　　　　　　　　　　　＿＿＿＿＿＿

30) 다른 것이 아니라 오직　　　　　　　　　　　　　＿＿＿＿＿＿

16주
평가

2 밑줄 친 곳에 알맞은 낱말을 써 넣어 문장을 완성해 봅시다.

1) 감독과 선수들은 머리를 맞대고 승리를 하기 위한 _____ 을 세웠다.

2) 그는 언젠가 길을 걷다가 폐지를 줍는 할머니의 검게 그을린 얼굴을 보았는데,
   그때부터 도시 _____ 문제에 관심을 갖기 시작했다고 한다.

3) 장수들은 한밤중에 적이 방심하는 틈을 타서 _____ 작전을 짰다.

4) 전에 따돌림을 당한 적이 있었던 아이는 친구들에게 소외를 당하고 있는 단짝 친구의
   아픔을 누구보다도 깊이 _____ .

5) 우리는 불호령을 _____ 선생님께 잘못을 사실대로 말씀드렸다.

6) 빅토르 위고는 현실에서 소외된 사람들의 이야기에도 관심이 있었는데 빈민
   _____ 를 주장하며 정치가로도 활동했다.

7) 달리기 순위는 결승선에 먼저 도착한 순서로 _____ .

8) 친구들에게 우스갯소리로 이번 시험에서 빵점을 맞으면 빵을 사겠다고 말했는데
   실제로 빵점을 맞는 난처한 상황에 _____ .

9) 삼도 _____ 가 된 이순신은 전라도로 내려가면서 남은 배와 군사를 모았다.

10) 그는 죽는 날까지 그녀만을 _____ 으로 사랑했다.

11) 조선 수군은 _____ 져서 원균은 죽고, 배는 부서졌으며, 싸움에 나갔던
    병사들도 대부분 죽거나 포로가 되었다.

12) 수많은 적선이 우리 수군 쪽으로 빠르게 쳐들어왔지만, 이순신은 물살 방향이
    조선 수군에게 _____ 때까지 공격하지 못하게 했다.

13) 경찰이 차가 반드시 지나가야 하는 _____ 을 막고 음주 단속을 하고 있다.

14) 핼러윈 축제에 참가한 아이들은 유령처럼 보이는 _____ 분장을 했다.

15) 조선 수군은 적선을 향해 _____ 을 쏘고 불화살을 날리며 총공격을 했다.

16) 그 강은 장마철에 _____ 이 매우 거세지기 때문에 수영을 하면 안 된다.

17) 울돌목은 바닷물이 거세게 흘러가면서 나는 소리가 꼭 _____ 우는 소리 같다고
해서 붙여진 이름이다.

18) 이순신 장군은 '명량 대첩'에서 단 13척의 배로 133척의 _____ 을 물리쳤다.

19) 두 아이는 _____ 새 학년 첫날 옆 자리에 앉았다는 이유만으로 단짝이 되었다.

20) 수업 시간에 몰래 만화책을 보고 있었는데, 선생님이 내 이름을 불러서 무척
_____ .

21) 고려 말부터 발달한 _____ 는 당시에 유행하던 노래의 가사로서,
문학인 동시에 음악이다.

22) 이순신은 30세가 넘어서야 무과 시험에 합격해 _____ 이 되었다.

23) 이사 가기 전날 밤, 그는 마음이 _____ 잠을 쉽게 이루지 못했다.

24) 빵점을 맞은 아이는 다음번 시험은 반드시 백점을 맞겠다고 _____ .

25) 우리나라는 1994년에 대학 입시 제도를 _____ 학력고사를 폐지하고
대학수학능력시험을 실시하였다.

26) 쉬는 시간을 알리는 종이 울리자 학생들이 _____ 의자에서 일어났다.

27) 시험 기간뿐만 아니라 평소에도 열심히 공부를 해야 우수한 성적을 _____ 수
있다.

28) 엄마한테 야단을 맞고 애먼 동생에게 _____ 를 했다.

29) 그는 몸이 부서지고 백골이 _____ 가 되어도 그 은혜를 잊지 않겠다고 다짐했다.

30) 엄마는 아들의 사고 소식에 _____ 을 잃고 쓰러졌다.

16주
평가

1 문장을 읽고, 알맞은 낱말을 써 넣어 봅시다.

1)   글자는 같지만 뜻이 다른 낱말 ( )

2)   어떤 가치나 목적을 이룰 때까지 그것을 쫓아 구하다 ( )

3)   뜻밖의 일을 당하여 놀라거나 · 다급하여 어찌할 바를 모르다 ( )

4)   일정하게 자리를 잡고 사는 일 또는 그 장소 ( )

5)   임금이 궁 밖으로 행차할 때 머무르던 별궁 ( )

6)   남을 공경하는 뜻으로 높여 부르는 말 ( )

7)   상스럽고 거친 말 ( )

8)   밋밋하게 경사진 산의 아랫부분 ( )

9)   티끌과 흙 ( )

10)   뜻을 쉽게 이해할 수 없게 낱말의 일부를 줄여 쓴 말 ( )

11)   계획 · 꿈 · 희망 따위의 규모와 뜻이 크다 ( )

12)   나무 또는 넝쿨 식물의 가지를 휘어서 만든 울타리 ( )

13)   마음이 안정되지 못하고 어수선하고 · 불안하다 ( )

14)   대수롭지 않다 ( )

15)   자료를 모아 책 · 신문 · 잡지 따위를 만들다 ( )

16)   집의 바깥쪽 벽 밖으로 돌출된 지붕의 한 부분 ( )

17) 근로자가 일을 한 대가로 받는 돈이나 물품   (   )

18) 사람이 어떤 사실이나 현상을 그렇지 않다고 단정하다 또는
     옳지 않다고 반대하다   (   )

19) 힘겨운 일이나 · 어려운 고비를 뚫고 나가려고 비상한 결심을
     하다 또는 꾹 참다   (   )

20) 예전에, 나라에서 큰일을 치를 때 그 일의 처음부터 끝까지의
     경과를 상세히 기록한 책   (   )

21) 피해를 입거나 · 어려운 처지에 놓인 사람을 도와줌   (   )

22) 대궐 · 절 · 한옥 같은 옛날식 건물의 벽, 기둥, 천장 따위에
     여러 가지 빛깔로 그린 그림 또는 무늬   (   )

23) 사람의 몸에 있어 정신을 다스린다고 생각되는 비물질적인 것   (   )

24) 주위 환경 · 사정에 자연스럽게 어울리는 분수나 품위   (   )

25) 힘 · 사상 · 감정 따위가 서로 뒤엉켜 혼란스러운 상태를
     비유적으로 이르는 말   (   )

26) 어떤 무리에서 꺼려져 피하거나 멀리하여 따돌림을 당하다   (   )

27) 임금의 가족 또는 임금과 같은 집안에 속하는 혈통이
     지배하는 시대   (   )

28) 사회 · 정치 · 인생 · 사물 따위에 대하여 갖고 있는 생각   (   )

29) 조선 시대에, 수군을 통솔하던 정이품 무관의 벼슬   (   )

30) 사물의 바깥쪽 경계(둘레나 끝)에 가까운 부분   (   )

2 **밑줄 친 곳에 알맞은 낱말을 써 넣어 문장을 완성해 봅시다.**

1)   온라인 대화가 활성화되면서 이전에 없었던 _____ 가 많이 생겨나고 있다.

2)   골짜기에 있는 _____ 에 올라 주변 경치를 감상하였다.

3)   수학 문제가 너무 어려워서 해답지를 _____ 다시 풀어 보았다.

4)   그 집은 겉모습은 허름하게 보였지만, 실내는 호화로운 장식과 눈부신 조명, 다채로운 소품들로 꾸며져 있어 무척 _____ .

5)   지구가 처음 만들어진 때부터 지금까지를 선캄브리아대, 고생대, 중생대, 신생대로 구분하는데, 이중 공룡이 _____ 시대는 중생대이다.

6)   "힘내자" "할 수 있어" "재밌어" "최고야" "고마워"와 같은 _____ 말을 쓰면 자신뿐만 아니라 다른 사람의 기분도 좋게 만든다.

7)   우리 학교는 토요일에 운동장과 도서관을 주민들에게 _____ .

8)   그는 앞마당에 있는 _____ 에 상추, 파, 고추, 깻잎을 가꾸었다.

9)   모든 인간은 자신의 행복을 _____ 권리가 있다.

10) 부모님은 거실에 텔레비전을 없애고 그 자리에 책장을 _____ .

11) 그는 언젠가 길을 걷다가 폐지를 줍는 할머니의 검게 그을린 얼굴을 보았는데, 그때부터 도시 _____ 문제에 관심을 갖기 시작했다고 한다.

12) 이번 경연 대회를 통해서 숨은 인재들이 많이 _____ .

13) 우리 반을 소개하는 광고 동영상을 휴대폰으로 찍은 후에 주제에 알맞은 내용만 모아서 _____ 을 했다.

14) 많은 사람이 텔레비전이나 유튜브 따위의 _____ 에서 줄임 말과 비속어를 많이 접하기 때문에 우리말 오염이 점점 더 심해지고 있다.

15) 담임은 반 학생들에게 "교실 창문을 열라"고 말했지만, 아무도 창문을 열지 않자, 한 학생을 _____ 창문을 열게 했다.

16) 엄마한테 야단을 맞고 애먼 동생에게 _____ 를 했다.

17) 조선 왕조의 제1대 왕인 태조의 _____ 속 모습을 보면 몸체가 상당히 크고 눈에 정기가 가득 차 있어 위풍당당한 위엄이 가득하다.

18) 이사 가기 전날 밤, 그는 마음이 _____ 잠을 쉽게 이루지 못했다.

19) 우유 급식을 신청했다고 생각했는데, 확정된 _____ 에 내 이름이 없었다.

20) 우리나라는 1994년에 대학 입시 제도를 _____ 학력고사를 폐지하고 대학수학능력시험을 실시하였다.

21) 주변의 경치를 즐기기 위해 만든 _____ 은 대체로 문과 벽이 없이 사방으로 트여 있다.

22) 두 아이는 _____ 새 학년 첫날 옆 자리에 앉았다는 이유만으로 단짝이 되었다.

23) 겹경사를 맞은 아버지는 동네 사람들을 초대하여 _____ 를 베풀었다.

24) 국어 시간에 모둠 친구들과 '다른 사람을 배려하는 말을 하자!'는 내용이 담긴 _____ 을 만들고, 반 친구들 앞에서 낭독했다.

25) 현충일을 기념하는 _____ 이 엄숙하게 치러졌다.

26) 무심코 내뱉은 말이 상대방의 기분을 상하게 만들 수도 있으니, _____ 말이라도 항상 조심해서 해야 한다.

27) 고려 말부터 발달한 _____ 는 당시에 유행하던 노래의 가사로서, 문학인 동시에 음악이다.

28) 합리적 _____ 를 하려면 가장 큰 만족을 얻을 수 있는 상품들 중에서 가장 가격이 낮은 것을 선택해야 한다.

29) 그는 죽는 날까지 그녀만을 _____ 으로 사랑했다.

30) 지진으로 인해 벽에 금이 간 건물을 _____ 그 터에 다시 건물을 지었다.

17~20주

칭찬 사과 스티커

하루 공부를 잘 마쳤다면 나에게 칭찬 사과를 선물하세요.
사과 나무에 사과가 주렁주렁 열릴 때까지 열심히 공부합시다!

■ 스티커는 색인(찾아보기) 마지막 페이지 이후에 있습니다.

8. 인물의 삶을 찾아서

감히

한자 감히 감 敢

함부로 또는 •만만하게

예 신하들은 임금 앞에 넙죽 엎드린 채 **감히** 얼굴을 들지 못했다.

•**만만하다**   마음대로 대할 만하다

가치

한자 값 가 價
값 치 値

대상이 / 인간과의 관계에 의하여 갖게 되는 / 중요성

예 그는 •불우한 이웃을 도우며 봉사의 **가치**를 •몸소 실천했다.

•**불우하다**   (사람이나 그 처지, 살아가는 형편 따위가) 딱하고 어렵다

•**몸소**   자기 몸으로 직접

가치관

한자 값 가 價
값 치 値
볼 관 觀

인간이 / 자신이 속한 세계나 · 어떤 대상에 대하여 / 옳고 그름, 좋고 나쁨 따위의
가치를 매기는 / •관점

예 그는 '남다른 노력이 •탁월한 •성취를 만든다'는 삶의 **가치관**을 갖고 있었기
에 그 누구보다 열심히 노력했다.

•**관점**   (사람이 사물이나 현상을 관찰할 때) 그것을 바라보는 방향이나 생각하는 입장

•**탁월하다**   남보다 두드러지게 뛰어나다

•**성취**   목적한 바를 이루어 냄

극복하다

한자 이길 극 克
옷 복 服

어렵고 힘들거나 바람직하지 않은 상황 따위를 / 이겨 내다
또는 노력하여 없애다

예 아이는 게임의 •유혹을 **극복하고** 두 시간 동안 책상에
앉아 공부를 했다.

•**유혹**   꾀어서 마음을 현혹하거나 좋지 아니한 길로 이끎

교훈

한자 가르칠 교 教
가르칠 훈 訓

앞으로의 행동이나 생활에 / 도움이 되거나 · 참고할 만한 / 경험적 사실

예 시험에서 빵점을 맞고 '•말이 씨가 된다'는 **교훈**을 •피부로 느꼈다.

•**말이 씨가 된다**   늘 말하던 것이 마침내 사실대로 되었을 때를 이르는 말

•**피부로 느끼다**   몸소 경험하다

불만(불만족)

한자 아닐 불 不
찰 만 滿

마음에 들지 않아 / 기분이 좋지 않음 또는 그러한 마음

예 매번 언니의 옷과 신발을 물려받는 동생은
늘 **불만**이 가득했다.

260 / 국단어 완전 정복

1 문장을 읽고, 알맞은 낱말을 써 넣어 봅시다.

1) 함부로 또는 만만하게 ☐☐

2) 대상이 인간과의 관계에 의하여 갖게 되는 중요성 ☐☐

3) 인간이 자신이 속한 세계나·어떤 대상에 대하여 옳고 그름, 좋고 나쁨 따위의 가치를 매기는 관점 ☐☐☐

4) 어렵고 힘들거나 바람직하지 않은 상황 따위를 이겨 내다 또는 노력하여 없애다 ☐☐☐☐

5) 앞으로의 행동이나 생활에 도움이 되거나·참고할 만한 경험적 사실 ☐☐

6) 마음에 들지 않아 기분이 좋지 않음 또는 그러한 마음 ☐☐

2 밑줄 친 곳에 알맞은 낱말을 써 넣어 문장을 완성해 봅시다.

1) 신하들은 임금 앞에 넙죽 엎드린 채 _____ 얼굴을 들지 못했다.

2) 그는 불우한 이웃을 도우며 봉사의 _____ 를 몸소 실천했다.

3) 그는 '남다른 노력이 탁월한 성취를 만든다'는 삶의 _____ 을 갖고 있었기에 그 누구보다 열심히 노력했다.

4) 아이는 게임의 유혹을 _____ 두 시간 동안 책상에 앉아 공부를 했다.

5) 시험에서 빵점을 맞고 '말이 씨가 된다'는 _____ 을 피부로 느꼈다.

6) 매번 언니의 옷과 신발을 물려받는 동생은 늘 _____ 이 가득했다.

갇히다

어디에 넣어져 / 마음대로 밖으로 나오지 못하게 되다

예 엘리베이터가 갑자기 멈추는 바람에 십 분 동안 그 안에 **갇혀** 있었다.

덥수룩하다

수염이나 머리털이 / °수북하게 뒤덮여 있다

예 그는 하루만 면도를 안 해도 수염이 **덥수룩하게** 자란다.

° **수북하다**　식물이나 털 따위가 촘촘하고 길게 나 있다

괴상하다

한자 괴이할 괴 怪
떳떳할 상 常

보통과 달리 / °별나고 °묘하다

예 그는 동물의 가죽을 온 몸에 걸친 **괴상한** °차림새로 사냥을 떠났다.

° **별나다**　(사람이나 사물이) 보통 것과는 다르게 이상하다

° **묘하다**　(보통의 것과 다른 특색을 지녀) 매우 이상하고 신기하며 낯설다

° **차림새**　옷 따위를 입거나 꾸민 모양

비 이상야릇하다, 괴이하다, 괴괴하다, 괴기하다, 기괴하다

촬영하다

한자 사진 찍을 촬 撮
그림자 영 影

사람, 사물, 풍경 따위를 / 사진이나 영화로 / 찍다

예 키는 열세 살쯤 된 사내아이만 한데, 손등이며 얼굴에 털이 덥수룩하게 나 있고, 옛날 영화를 **촬영하다가** 온 사람처럼 차림새도 괴상했다.

소각장

한자 불사를 소 燒
물리칠 각 却
마당 장 場

쓰레기 · °폐기물 따위를 / 불에 태우는 곳

예 무엇을 태우는지, 쓰레기 **소각장**에서 검은 연기가 며칠 째 °피어올랐다.

° **폐기물**　못 쓰게 되어 버리는 물건

° **피어오르다**　연기, 구름 따위가 계속 위로 올라가다

사연

한자 일 사 事
인연 연 緣

복잡하게 얽힌 / 일의 앞뒤 °사정 또는 그 내용

예 친구가 왜 화가 났는지 처음에는 이해가 안 되었는데, 그 **사연**을 듣고 화가 날 만하다고 생각했다.

° **사정**　일의 형편이나 그렇게 된 까닭

비 전후사연, 사정, 곡절, 전후곡절

1 문장을 읽고, 알맞은 낱말을 써 넣어 봅시다.

1) 어디에 넣어져 마음대로 밖으로 나오지 못하게 되다 ☐☐☐

2) 수염이나 머리털이 수북하게 뒤덮여 있다 ☐☐☐☐☐

3) 보통과 달리 별나고 묘하다 ☐☐☐

4) 사람, 사물, 풍경 따위를 사진이나 영화로 찍다 ☐☐☐

5) 쓰레기·폐기물 따위를 불에 태우는 곳 ☐☐☐

6) 복잡하게 얽힌 일의 앞뒤 사정 또는 그 내용 ☐☐

2 밑줄 친 곳에 알맞은 낱말을 써 넣어 문장을 완성해 봅시다.

1) 엘리베이터가 갑자기 멈추는 바람에 십 분 동안 그 안에 _____ 있었다.

2) 그는 하루만 면도를 안 해도 수염이 _____ 자란다.

3) 그는 동물의 가죽을 온 몸에 걸친 _____ 차림새로 사냥을 떠났다.

4) 키는 열세 살쯤 된 사내아이만 한데, 손등이며 얼굴에 털이 덥수룩하게 나 있고, 옛날 영화를 _____ 온 사람처럼 차림새도 괴상했다.

5) 무엇을 태우는지, 쓰레기 _____ 에서 검은 연기가 며칠 째 피어올랐다.

6) 친구가 왜 화가 났는지 처음에는 이해가 안 되었는데, 그 _____ 을 듣고 화가 날 만하다고 생각했다.

벗어나는 사람의 조 | 교과서 274~283쪽 |

긷다

우물이나 •샘에 / 고여 있는 물을 퍼서 / 그릇에 담다

예 할아버지께서는 매일 새벽에 약수터에서 물을 **길어** 오신다.

• **샘**   물이 땅에서 솟아 나오는 곳. 또는 그 물

효험

한자 본받을 효 效
시험 험 驗

어떤 일이나 약 따위의 작용으로 나타나는 / 좋은 •결과

예 이 비염약은 **효험**이 좋아서 •복용하는 즉시 줄줄 흐르던 콧물이 멈춘다.

• **결과**   어떤 원인으로 결말(일을 맺는 끝)이 생김.
              또는 그런 결말의 상태

• **복용하다**   약을 먹다

풋내기

경험이 없거나 나이가 어려서 / 일에 서투르거나 · 세상 •물정을 모르는 / 사람을 얕
잡아 이르는 말

예 그는 사회에 •첫발을 내딛었을 때 아무 것도 모르는 **풋내기**였지만, 지금은
    •어엿한 사장이 되었다.

• **물정**   세상의 이러저러한 실정이나 형편

• **첫발(첫발자국)**   어떤 것을 시작하는 맨 처음

• **어엿하다**   (모습이나 행동 따위가) 아무 손색이 없이 당당하고 떳떳하다

유난히

말, 행동, 상태 따위가 / 보통과 아주 다르게

예 평소에 상냥했던 친구가 오늘따라 **유난히** 내 말에
    까칠하게 •반응했다.

• **반응하다**   작용이나 자극에 의하여 어떤 현상이 일어나다

위독하다

한자 위태할 위 危
도타울 독 篤

생명이 / •위태롭다

예 그는 교통사고를 당해 지금 생명이 **위독한** 상태이다.

• **위태롭다**   어떤 형세가 마음을 놓을 수가 없을 정도로 위험하다(해로움이나 손실이 생길
              우려가 있다)

얼씬거리다

조금 큰 것이 / 눈앞이나 · 어디에 / •잇따라 잠깐씩 나타났다가 사라지다

예 동생이 자꾸 내 방에 **얼씬거려서** 동생이 들어오지 못하게 방문을 잠갔다.

• **잇따르다**   (어떤 사건이나 행동 따위가) 이어 발생하다

비 얼씬대다, 얼씬얼씬하다

1 문장을 읽고, 알맞은 낱말을 써 넣어 봅시다.

1) 우물이나 샘에 고여 있는 물을 퍼서 그릇에 담다 ☐☐

2) 어떤 일이나 약 따위의 작용으로 나타나는 좋은 결과 ☐☐

3) 경험이 없거나 나이가 어려서 일에 서투르거나 · 세상 물정을 모르는 사람을 얕잡아 이르는 말 ☐☐☐

4) 말, 행동, 상태 따위가 보통과 아주 다르게 ☐☐☐

5) 생명이 위태롭다 ☐☐☐☐

6) 조금 큰 것이 눈앞이나 · 어디에 잇따라 잠깐씩 나타났다가 사라지다 ☐☐☐☐☐

2 밑줄 친 곳에 알맞은 낱말을 써 넣어 문장을 완성해 봅시다.

1) 할아버지께서는 매일 새벽에 약수터에서 물을 _____ 오신다.

2) 이 비염약은 _____ 이 좋아서 복용하는 즉시 줄줄 흐르던 콧물이 멈춘다.

3) 그는 사회에 첫발을 내딛었을 때 아무 것도 모르는 _____ 였지만, 지금은 어엿한 사장이 되었다.

4) 평소에 상냥했던 친구가 오늘따라 _____ 내 말에 까칠하게 반응했다.

5) 그는 교통사고를 당해 지금 생명이 _____ 상태이다.

6) 동생이 자꾸 내 방에 _____ 동생이 들어오지 못하게 방문을 잠갔다.

꾐(꼬임)

어떤 일을 할 마음이 생기도록 / 남을 속이거나 •부추기는 일

(예) 친구의 **꾐**에 넘어가서 학원을 •빼먹고 PC방에 갔다.

• **부추기다**   남을 이리저리 들쑤셔서 어떤 일을 하게 만들다

• **빼먹다**   (사람이 해야 할 일을) 하지 않고 건너뛰다

부스스

몸의 털 따위가 / 몹시 어지럽게 / 일어나거나 · •흐트러진 모양

(예) 고양이의 등을 쓰다듬자 등에 있던 털들이 **부스스** 일어섰다.

• **흐트러지다**   여러 가닥으로 흩어져 얽히다

한껏

한자 한할 한 限

할 수 있는 데까지 또는 •한계에 이르는 데까지

(예) •오색찬란한 불꽃놀이가 축제의 분위기를 **한껏** 높였다.

• **한계**   사물의 정하여 놓은 범위나 경계

• **오색찬란**   여러 가지 빛깔이 한데 어울려 황홀하고 아름답다

발휘하다

한자 필 발 發
휘두를 휘 揮

재주 · 능력 따위를 / •떨치어 드러내다

(예) 체육 시간에 달리기 실력을 한껏 **발휘하여** 경주에서
일등으로 •골인했다.

• **떨치다**   널리 또는 높이 알리다

• **골인하다**   (경주 선수가 결승점에) 이르러 닿다

호통치다

몹시 화가 나서 / 큰소리로 꾸짖다

(예) 엄마는 빵점을 맞은 아이에게 "점수가 왜 그 모양이냐"며 **호통쳤다.**

뒤란(뒤울안)

집 뒤의 / 울타리를 둘러친 / 안

(예) 지난 설날에 동생이 돌멩이를 던져 할머니 댁의 **뒤란**에 있는 •장독을 깼다.

• **장독(장옹)**   간장, 된장, 고추장 따위를 담아 두거나 담그는 데에 쓰는 큰 오지그릇이나 질
그릇

1 문장을 읽고, 알맞은 낱말을 써 넣어 봅시다.

1) 어떤 일을 할 마음이 생기도록 남을 속이거나 부추기는 일 ☐

2) 몸의 털 따위가 몹시 어지럽게 일어나거나·흐트러진 모양 ☐☐☐

3) 할 수 있는 데까지 또는 한계에 이르는 데까지 ☐☐

4) 재주·능력 따위를 떨치어 드러내다 ☐☐☐☐

5) 몹시 화가 나서 큰소리로 꾸짖다 ☐☐☐

6) 집 뒤의 울타리를 둘러친 안 ☐☐

2 밑줄 친 곳에 알맞은 낱말을 써 넣어 문장을 완성해 봅시다.

1) 친구의 _____ 에 넘어가서 학원을 빼먹고 PC방에 갔다.

2) 고양이의 등을 쓰다듬자 등에 있던 털들이 _____ 일어섰다.

3) 오색찬란한 불꽃놀이가 축제의 분위기를 _____ 높였다.

4) 체육 시간에 달리기 실력을 한껏 _____ 경주에서 일등으로 골인했다.

5) 엄마는 빵점을 맞은 아이에게 "점수가 왜 그 모양이냐"며 _____ .

6) 지난 설날에 동생이 돌멩이를 던져 할머니 댁의 _____ 에 있는 장독을 깼다.

허공

한자 빌 허 虛
빌 공 空

하늘과 땅 사이의 / 텅 빈 곳

예 아이는 **허공**에 비눗방울을 불어 날리며 즐거워했다.

이내

그때에 곧 또는 **때를 늦추거나 질질 끌지 않고** / 바로

예 비를 흠뻑 맞아 물에 빠진 생쥐 꼴로 집에 들어서자 **이내** 소나기가 멈췄다.

고개(를) 젓다

부정이나 *거절의 뜻을 / 나타내다

예 미미는 허공을 향해 빙그레 웃는 몽당깨비가 *못마땅해서 **고개를 저었다.**

* **거절**　　상대편의 요구, 제안, 선물, 부탁 따위를 받아들이지 않고 물리침

* **못마땅하다**　마음에 들지 않아 좋지 않다

비 고개(를) 흔들다

수

어떤 일을 *해결하는 / 방법이나 솜씨

예 친구가 "오늘 학원에 빠지고 싶은데 무슨 **수**가 없겠냐?"고 묻기에 *꾀병을 부리라고 *조언했다.

* **해결하다**　얽힌 일을 풀어서 잘 처리하다. 문제를 풀어서 결말을 짓다

* **꾀병**　　거짓으로 병을 앓는 체하는 짓

* **조언하다**　남에게 도움이 되도록 말로 거들거나 깨우쳐 주다

노여워하다

억울한 일을 당하여 / 화나고 *불쾌하게 여기다

예 엄마는 내가 꾀병으로 학원에 빠졌다는 사실을 아시고 크게 **노여워하셨다.**

* **불쾌하다**　못마땅하여 기분이 좋지 아니하다

아수라장
(수라장)

한자 언덕 아 阿
닦을 수 修
벌일 라 羅
마당 장 場

아주 시끄럽고 혼란한 장소나 상태를 / 비유적으로 이르는 말

예 *해수욕장은 *피서객들로 *인산인해를 이루어 **아수라장**이 되었다.

* **해수욕장**　해수욕(바닷물에서 헤엄을 치거나 노는 일)하기에 알맞은 환경과 설비가 되어 있는 바닷가

* **피서객**　피서(시원한 곳으로 옮겨 더위를 피함)를 즐기는 사람

* **인산인해**　(사람이 산을 이루고 바다를 이루었다는 뜻으로) 사람이 수없이 많이 모인 상태를 이르는 말

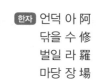

1 **문장을 읽고, 알맞은 낱말을 써 넣어 봅시다.**

1) 하늘과 땅 사이의 텅 빈 곳

2) 그때에 곧 또는 때를 늦추거나 질질 끌지 않고 바로

3) 부정이나 거절의 뜻을 나타내다

4) 어떤 일을 해결하는 방법이나 솜씨

5) 억울한 일을 당하여 화나고 불쾌하게 여기다

6) 아주 시끄럽고 혼란한 장소나 상태를 비유적으로 이르는 말

2 **밑줄 친 곳에 알맞은 낱말을 써 넣어 문장을 완성해 봅시다.**

1) 아이는 _____ 에 비눗방울을 불어 날리며 즐거워했다.

2) 비를 흠뻑 맞아 물에 빠진 생쥐 꼴로 집에 들어서자 _____ 소나기가 멈췄다.

3) 미미는 허공을 향해 빙그레 웃는 몽당깨비가 못마땅해서 _____ .

4) 친구가 "오늘 학원에 빠지고 싶은데 무슨 _____ 가 없겠냐?"고 묻기에 꾀병을 부리라고 조언했다.

5) 엄마는 내가 꾀병으로 학원에 빠졌다는 사실을 아시고 크게 _____ .

6) 해수욕장은 피서객들로 인산인해를 이루어 _____ 이 되었다.

1 문장을 읽고, 알맞은 낱말을 써 넣어 봅시다.

1) 몸의 털 따위가 몹시 어지럽게 일어나거나 · 흐트러진 모양　_____

2) 어떤 일이나 약 따위의 작용으로 나타나는 좋은 결과　_____

3) 함부로 또는 만만하게　_____

4) 생명이 위태롭다　_____

5) 쓰레기 · 폐기물 따위를 불에 태우는 곳　_____

6) 대상이 인간과의 관계에 의하여 갖게 되는 중요성　_____

7) 억울한 일을 당하여 화나고 불쾌하게 여기다　_____

8) 우물이나 샘에 고여 있는 물을 퍼서 그릇에 담다　_____

9) 인간이 자신이 속한 세계나 · 어떤 대상에 대하여 옳고 그름,
　좋고 나쁨 따위의 가치를 매기는 관점　_____

10) 어디에 넣어져 마음대로 밖으로 나오지 못하게 되다　_____

11) 어떤 일을 할 마음이 생기도록 남을 속이거나 부추기는 일　_____

12) 아주 시끄럽고 혼란한 장소나 상태를 비유적으로 이르는 말　_____

13) 할 수 있는 데까지 또는 한계에 이르는 데까지　_____

14) 부정이나 거절의 뜻을 나타내다　_____

15) 그때에 곧 또는 때를 늦추거나 질질 끌지 않고 바로　_____

16) 마음에 들지 않아 기분이 좋지 않음 또는 그러한 마음　_____

17) 몹시 화가 나서 큰소리로 꾸짖다 _____

18) 수염이나 머리털이 수북하게 뒤덮여 있다 _____

19) 복잡하게 얽힌 일의 앞뒤 사정 또는 그 내용 _____

20) 어렵고 힘들거나 바람직하지 않은 상황 따위를 이겨 내다 또는 노력하여 없애다 _____

21) 집 뒤의 울타리를 둘러친 안 _____

22) 앞으로의 행동이나 생활에 도움이 되거나ㆍ참고할 만한 경험적 사실 _____

23) 하늘과 땅 사이의 텅 빈 곳 _____

24) 재주ㆍ능력 따위를 떨치어 드러내다 _____

25) 보통과 달리 별나고 묘하다 _____

26) 경험이 없거나 나이가 어려서 일에 서투르거나ㆍ세상 물정을 모르는 사람을 얕잡아 이르는 말 _____

27) 말, 행동, 상태 따위가 보통과 아주 다르게 _____

28) 사람, 사물, 풍경 따위를 사진이나 영화로 찍다 _____

29) 조금 큰 것이 눈앞이나ㆍ어디에 잇따라 잠깐씩 나타났다가 사라지다 _____

30) 어떤 일을 해결하는 방법이나 솜씨 _____

2 밑줄 친 곳에 알맞은 낱말을 써 넣어 문장을 완성해 봅시다.

1) 아이는 게임의 유혹을 _____ 두 시간 동안 책상에 앉아 공부를 했다.

2) 평소에 상냥했던 친구가 오늘따라 _____ 내 말에 까칠하게 반응했다.

3) 오색찬란한 불꽃놀이가 축제의 분위기를 _____ 높였다.

4) 아이는 _____ 에 비눗방울을 불어 날리며 즐거워했다.

5) 미미는 허공을 향해 빙그레 웃는 몽당깨비가 못마땅해서 _____ .

6) 비를 흠뻑 맞아 물에 빠진 생쥐 꼴로 집에 들어서자 _____ 소나기가 멈췄다.

7) 친구의 _____ 에 넘어가서 학원을 빼먹고 PC방에 갔다.

8) 지난 설날에 동생이 돌멩이를 던져 할머니 댁의 _____ 에 있는 장독을 깼다.

9) 고양이의 등을 쓰다듬자 등에 있던 털들이 _____ 일어섰다.

10) 할아버지께서는 매일 새벽에 약수터에서 물을 _____ 오신다.

11) 체육 시간에 달리기 실력을 한껏 _____ 경주에서 일등으로 골인했다.

12) 이 비염약은 _____ 이 좋아서 복용하는 즉시 줄줄 흐르던 콧물이 멈춘다.

13) 엄마는 빵점을 맞은 아이에게 "점수가 왜 그 모양이냐"며 _____ .

14) 그는 사회에 첫발을 내딛었을 때 아무 것도 모르는 _____ 였지만, 지금은 어엿한 사장이 되었다.

15) 엘리베이터가 갑자기 멈추는 바람에 십 분 동안 그 안에 _____ 있었다.

16) 엄마는 내가 꾀병으로 학원에 빠졌다는 사실을 아시고 크게 _____ .

17) 친구가 "오늘 학원에 빠지고 싶은데 무슨 _____ 가 없겠냐?"고 묻기에 꾀병을 부리라고 조언했다.

18) 매번 언니의 옷과 신발을 물려받는 동생은 늘 _____ 이 가득했다.

19) 무엇을 태우는지, 쓰레기 _____ 에서 검은 연기가 며칠 째 피어올랐다.

20) 키는 열세 살쯤 된 사내아이만 한데, 손등이며 얼굴에 털이 덥수룩하게 나 있고, 옛날 영화를 _____ 온 사람처럼 차림새도 괴상했다.

21) 그는 불우한 이웃을 도우며 봉사의 _____ 를 몸소 실천했다.

22) 친구가 왜 화가 났는지 처음에는 이해가 안 되었는데, 그 _____ 을 듣고 화가 날만하다고 생각했다.

23) 동생이 자꾸 내 방에 _____ 동생이 들어오지 못하게 방문을 잠갔다.

24) 그는 하루만 면도를 안 해도 수염이 _____ 자란다.

25) 그는 교통사고를 당해 지금 생명이 _____ 상태이다.

26) 그는 동물의 가죽을 온 몸에 걸친 _____ 차림새로 사냥을 떠났다.

27) 신하들은 임금 앞에 넙죽 엎드린 채 _____ 얼굴을 들지 못했다.

28) 해수욕장은 피서객들로 인산인해를 이루어 _____ 이 되었다.

29) 그는 '남다른 노력이 탁월한 성취를 만든다'는 삶의 _____ 을 갖고 있었기에 그 누구보다 열심히 노력했다.

30) 시험에서 빵점을 맞고 '말이 씨가 된다'는 _____ 을 피부로 느꼈다.

불호령(불호령)

한자 이름 호 號
하여금 령 令

무척 화가 난 상태에서 내리는 / 매우 심하게 •다그치는 / 명령이나 •꾸지람

예 아이가 자꾸 친구를 괴롭히고 약 올리는 •비행을 저지르자 담임 선생님은 결국 **불호령**을 내리셨다.

•**다그치다**　일이나 행동 따위를 요구하며 몰아붙이다

•**꾸지람(꾸중)**　아랫사람의 잘못을 꾸짖는 말

•**비행**　잘못되거나 그릇된 행위. 나쁜 짓

비 불벼락

지독하다

한자 이를 지 至
독 독 毒

정도가 / 아주 심하다

예 **지독한** 독감에 걸려서 일주일 동안 꼼짝도 못하고 앓아누웠다.

강변(강가)

한자 강 강 江
가 변 邊

강의 가장자리에 / •잇닿아 있는 / 땅 또는 그 •부근

예 그 음식점은 **강변**에 있어서 자리에 앉아서 강의 •풍경을 감상할 수 있다.

•**잇닿아**　서로 이어져 맞닿다(마주 닿다)

•**부근**　어떤 대상에서 가까운 곳

•**풍경(경치)** (산이나 들, 강, 바다 따위의) 자연이나 지역의 모습

어림없다

도저히 / •가능하지 않다

예 공부를 전혀 안 하고 수학 시험을 백점 맞는 건 **어림없는** 일이다.

•**가능하다**　할 수 있거나 될 수 있다. 또는 일어나거나 이루어질 수 있다

은근히

한자 괴로워할 은 慇
은근할 근 懃

약하게 느낄 수 있을 만큼

예 친구가 백점을 맞았다고 자랑을 계속 •늘어놓자 **은근히** 짜증이 밀려왔다.

•**늘어놓다**　수다스럽게 말을 많이 하다

고원

한자 높을 고 高
언덕 원 原

높은 지역에 •위치한 / 넓고 평평한 땅

예 산 정상의 서쪽 방향으로는 넓은 평지가 **고원**을 이루고 있다.

•**위치하다** (사물이 어디에) 자리를 차지하다

1 **문장을 읽고, 알맞은 낱말을 써 넣어 봅시다.**

1) 무척 화가 난 상태에서 내리는 매우 심하게 다그치는
    명령이나 꾸지람

2) 정도가 아주 심하다

3) 강의 가장자리에 잇닿아 있는 땅 또는 그 부근

4) 도저히 가능하지 않다

5) 약하게 느낄 수 있을 만큼

6) 높은 지역에 위치한 넓고 평평한 땅

2 **밑줄 친 곳에 알맞은 낱말을 써 넣어 문장을 완성해 봅시다.**

1) 아이가 자꾸 친구를 괴롭히고 약 올리는 비행을 저지르자 담임 선생님은 결국
    _____ 을 내리셨다.

2) _____ 독감에 걸려서 일주일 동안 꼼짝도 못하고 앓아누웠다.

3) 그 음식점은 _____ 에 있어서 자리에 앉아서 강의 풍경을 감상할 수 있다.

4) 공부를 전혀 안 하고 수학 시험을 백점 맞는 건 _____ 일이다.

5) 친구가 백점을 맞았다고 자랑을 계속 늘어놓자 _____ 짜증이 밀려왔다.

6) 산 정상의 서쪽 방향으로는 넓은 평지가 _____ 을 이루고 있다.

| 나무를 심는 사람 | 교과서 284~293쪽 |

총명하다
한자 귀 밝을 총 聰
밝을 명 明

•영리하고 · •기억력이 좋으며 · •재주가 있다

예 그 아이는 한번 들은 얘기는 잊지 않으며 하나를 가르쳐 주면 열을 알 만큼 **총명했다**.

• **영리하다** 똑똑하고 눈치가 빠르다
• **재주** 무엇을 잘할 수 있는 타고난 능력

눈여겨보다

주의 깊게 하나하나 •자세히 / 보다

예 선생님은 학생들이 모둠 활동을 열심히 하는지 **눈여겨보았다**.

• **자세히** 아주 작고 하찮은 부분까지 꼼꼼하고 차분하게
비 주목하다, 훑어보다, 주시하다

황폐하다
한자 거칠 황 荒
폐할 폐 廢

가꾸지 않고 버려 두어 / •거칠고 · 못 쓰게 되다

예 농촌 인구가 꾸준히 •감소하여 **황폐한** 땅과 빈집이 계속 늘어나고 있다.

• **거칠다** 땅이 손질이 제대로 되지 않아 농사짓기에 부적당하고 지저분하다
• **감소하다** (사물이나 그 수량이) 이전보다 줄어서 적어지다

울창하다
(울울창창하다)
한자 울창할 울 鬱
푸를 창 蒼

큰 나무들이 / 빽빽하게 •우거지고 · 푸르다

예 그 •숲은 숲 안에서 하늘을 올려봤을 때 나무들만 보일 만큼 **울창했다**.

• **우거지다** 풀 · 나무 따위가 많이 자라서 무성해지다
• **숲(수풀)** 나무들이 우거지게 꽉 들어찬 곳
비 무성하다, 우거지다, 창울하다

벌목
한자 칠 벌 伐
나무 목 木

나무를 자름

예 울창했던 숲이 무분별한 **벌목**으로 벌거벗은 모습이 되었다.

비옥하다
한자 살찔 비 肥
기름질 옥 沃

땅이 / 식물이 자라는 데 필요한 / •양분이 많다

예 농사가 발달하면서 인류는, 강 상류로부터 흘러내려 온 고운 흙이 쌓여 **비옥한** 땅을 이루게 된, 강 하류 부근의 강가에 모여 살기 시작했다.

• **양분(영양분)** 생물의 생명 유지와 성장에 필요한 성분
비 걸다, 기름지다, 비요하다, 비유하다

1 문장을 읽고, 알맞은 낱말을 써 넣어 봅시다.

1) 영리하고 · 기억력이 좋으며 · 재주가 있다

2) 주의 깊게 하나하나 자세히 보다

3) 가꾸지 않고 버려 두어 거칠고 · 못 쓰게 되다

4) 큰 나무들이 빽빽하게 우거지고 · 푸르다

5) 나무를 자름

6) 땅이 식물이 자라는 데 필요한 양분이 많다

2 밑줄 친 곳에 알맞은 낱말을 써 넣어 문장을 완성해 봅시다.

1) 그 아이는 한번 들은 얘기는 잊지 않으며 하나를 가르쳐 주면 열을 알 만큼
　_____ .

2) 선생님은 학생들이 모둠 활동을 열심히 하는지 　_____ .

3) 농촌 인구가 꾸준히 감소하여 　_____ 땅과 빈집이 계속 늘어나고 있다.

4) 그 숲은 숲 안에서 하늘을 올려봤을 때 나무들만 보일 만큼 　_____ .

5) 울창했던 숲이 무분별한 　_____ 으로 벌거벗은 모습이 되었다.

6) 농사가 발달하면서 인류는, 강 상류로부터 흘러내려 온 고운 흙이 쌓여 　_____
땅을 이루게 된, 강 하류 부근의 강가에 모여 살기 시작했다.

나무를 심는 사람 | 교과서 284~293쪽 |

토양

한자 흙 토 土
흙덩이 양 壤

식물이나 농작물에 •영양을 공급하여 / 자라게 할 수 있는 / 흙

예 이 밭은 **토양**이 매우 비옥해서 아무 씨앗이나 뿌려도 무럭무럭 잘 자란다.

• **영양**　생물이 생명을 유지하고 성장하기 위해 몸 밖에서 필요한 성분을 섭취하는 작용. 또는 그 성분

비 땅, 흙

고갈되다

한자 마를 고 枯
목마를 갈 渴

•다하여 / 없어지다

예 비옥했던 토양은 영양분이 **고갈되어** 동물과 식물을 •제대로 길러 낼 수 없는 황폐한 상태가 되었다.

• **다하다**　어떤 것이 끝나거나 남아 있지 않다

• **제대로**　알맞은 정도로

땔감(땔거리)

나무, 마른잎, 종이, 석탄 따위의 / 불을 •때는 데 쓰는 / 물건

예 울창했던 숲이 벌목으로 황폐화되면서 사람들은 **땔감**을 구하기 어려웠고, 작물이 잘 자라지 않아 가난과 굶주림 속에서 고통받게 되었다.

• **때다**　(아궁이나 화덕 따위에 땔감을 넣어) 불을 붙여 타게 하다

마음먹다

무엇을 하겠다고 / 마음을 굳게 정하다

예 왕가리 마타이는 나무를 심기로 **마음먹고**, 방법을 •고민한 끝에 나무를 심어 주는 회사를 세웠다.

• **고민하다**　(사람이 어떤 문제로) 마음속으로 괴로워하며 속을 태우다

비 결심하다, 작정하다, 정하다, 뜻하다, 결의하다

작물(농작물)

한자 지을 작 作
물건 물 物

논 · 밭에 심어서 가꾸는 / 곡식이나 채소

예 할머니댁 뒤란에 있는 텃밭은 토양이 비옥하여 어떤 **작물**이든 잘 자란다.

헐벗다

산 · 들판이 / 풀이나 나무가 없어서 / 맨바닥이 다 드러나다

예 여름내 푸르렀던 들판은 겨울이 되자 모든 작물의 •자취가 사라지고 **헐벗은** 모습을 드러냈다.

• **자취**　무엇이 시간적 또는 공간적으로 지나가거나 있다가 남기고 간 흔적

1 문장을 읽고, 알맞은 낱말을 써 넣어 봅시다.

1) 식물이나 농작물에 영양을 공급하여 자라게 할 수 있는 흙

2) 다하여 없어지다

3) 나무, 마른잎, 종이, 석탄 따위의 불을 때는 데 쓰는 물건

4) 무엇을 하겠다고 마음을 굳게 정하다

5) 논·밭에 심어서 가꾸는 곡식이나 채소

6) 산·들판이 풀이나 나무가 없어서 맨바닥이 다 드러나다

2 밑줄 친 곳에 알맞은 낱말을 써 넣어 문장을 완성해 봅시다.

1) 이 밭은 _____ 이 매우 비옥해서 아무 씨앗이나 뿌려도 무럭무럭 잘 자란다.

2) 비옥했던 토양은 영양분이 _____ 동물과 식물을 제대로 길러 낼 수 없는 황폐한 상태가 되었다.

3) 울창했던 숲이 벌목으로 황폐화되면서 사람들은 _____ 을 구하기 어려웠고, 작물이 잘 자라지 않아 가난과 굶주림 속에서 고통받게 되었다.

4) 왕가리 마타이는 나무를 심기로 _____, 방법을 고민한 끝에 나무를 심어 주는 회사를 세웠다.

5) 할머니댁 뒤란에 있는 텃밭은 토양이 비옥하여 어떤 _____ 이든 잘 자란다.

6) 여름내 푸르렀던 들판은 겨울이 되자 모든 작물의 자취가 사라지고 _____ 모습을 드러냈다.

8. 인물의 삶을 찾아서

나무를 심는 사람 | 교과서 284~293쪽 |

삭막하다

한자 노 삭 索
없을 막 莫

쓸쓸하고 · •황폐하다

예 사막은 일 년 내내 비가 거의 오지 않아 식물이 자라기 어려운 **삭막한** 곳이다.

•**황폐하다** (가꾸지 않고 버려 두어) 거칠어지고 못 쓰게 되다

비 황량하다, 쓸쓸하다

관리하다

한자 대롱 관 管
다스릴 리 理

사람의 몸, 동물, 식물 따위를 / 정성을 기울여 / •돌보다

예 아이는 건강과 •체력을 **관리하기** 위해서 매일 방과 후에 수영을 한다.

•**돌보다** 관심을 가지고 보살피다(보호하며 돕다)

•**체력** 육체적 활동을 할 수 있는 몸의 힘. 또는 질병이나 추위 따위에 대한 몸의 저항 능력

풍요롭다

한자 풍년 풍 豐
넉넉할 요 饒

매우 많아서 / •넉넉한 느낌이 있다

예 •오곡백과가 무르익는 가을의 산과 들은 언제나 **풍요롭다**.

•**넉넉하다** (크기나 수량 따위가 기준에) 차고도 남음이 있다

•**오곡백과** 온갖 곡식과 여러 가지 과실(과수에 열리는 열매)

적자

한자 붉을 적 赤
글자 자 字

•벌어들이는 돈보다 / 쓰는 돈이 더 많음

예 학교 앞 분식점은 매달 **적자**를 •면하지 못하다가 결국 문을 닫고 말았다.

•**벌어들이다** (돈이나 물건 따위를) 벌어서 가져오다

•**면하다** (어떤 상태 · 처지 · 형편에서) 벗어나다

묘목

한자 모 묘 苗
나무 목 木

옮겨 심기 위해 가꾼 / •어린나무

예 마을 사람들은 식목일을 •맞이하여 마을 뒷산에 **묘목**을 심었다.

•**어린나무(유목)** 나서 한두 해쯤 자란 나무

•**맞이하다** (사람이 오는 때나 시기를) 관심을 갖고 대하다

국제

한자 나라 국 國
즈음 제 際

여러 나라를 / 모으는 것 또는 모아서 하는 것

예 월드컵 축구는 전 세계 사람들에게 가장 •인기 높은 **국제** 대회이다.

•**인기** 어떤 대상에 쏠리는 대중의 높은 관심이나 호감

---

1 문장을 읽고, 알맞은 낱말을 써 넣어 봅시다.

1) 쓸쓸하고·황폐하다 ☐☐☐☐

2) 사람의 몸, 동물, 식물 따위를 정성을 기울여 돌보다 ☐☐☐☐

3) 매우 많아서 넉넉한 느낌이 있다 ☐☐☐☐

4) 벌어들이는 돈보다 쓰는 돈이 더 많음 ☐☐

5) 옮겨 심기 위해 가꾼 어린나무 ☐☐

6) 여러 나라를 모으는 것 또는 모아서 하는 것 ☐☐

2 밑줄 친 곳에 알맞은 낱말을 써 넣어 문장을 완성해 봅시다.

1) 사막은 일 년 내내 비가 거의 오지 않아 식물이 자라기 어려운 _____ 곳이다.

2) 아이는 건강과 체력을 _____ 위해서 매일 방과 후에 수영을 한다.

3) 오곡백과가 무르익는 가을의 산과 들은 언제나 _____ .

4) 학교 앞 분식점은 매달 _____ 를 면하지 못하다가 결국 문을 닫고 말았다.

5) 마을 사람들은 식목일을 맞이하여 마을 뒷산에 _____ 을 심었다.

6) 월드컵 축구는 전 세계 사람들에게 가장 인기 높은 _____ 대회이다.

5일

동아출판 국어교과서 288~293쪽 | 나의 불후는 성호 사람이

전람회

한자 펼 전 展
볼 람 覽
모일 회 會

소개, 교육, •선전 따위를 목적으로 / 물건이나 예술 작품 따위를 •늘어놓고 / 여러 사람에게 보이는 / 모임

예 미술 **전람회**에 많은 관람객이 몰려들어 •대성황을 이루었다.

• **선전** 　주의나 주장, 사물의 존재, 효능 따위를 많은 사람이 알고 이해하도록 잘 설명하여 널리 알리는 일

• **늘어놓다** 　(사람이 사물을 어디에) 줄을 지어 차례로 벌여 놓다

• **대성황** 　공연이나 행사에 사람이 아주 많이 몰려드는 상황

참석하다

한자 참여할 참 參
자리 석 席

모임이나 회의 따위를 하는 / 자리에 끼어들어 / 관련을 •맺다

예 각반의 회장과 부회장은 한 달에 한 번씩 전교 어린이 회의에 **참석한다**.

• **맺다** 　(사람이 다른 사람과 관계나 인연을) 이루거나 만들다

전시하다

한자 펼 전 展
보일 시 示

여러 가지 물품을 / 한곳에 모아 늘어놓고 / 사람들이 보게 하다

예 왕가리 마타이는 나이로비에서 열린 국제 전람회에 참석해 묘목을 **전시했다**.

설득하다

한자 말씀 설 說
얻을 득 得

자신의 뜻에 따르도록 / 듣는 사람에게 / 잘 알아듣게 말하다

예 엄마는 "하루에 두 시간씩 공부를 하면 한 시간씩 게임을 시켜주겠다"고 아들을 **설득했다**.

연설하다

한자 펼 연 演
말씀 설 說

여러 사람 앞에서 / 자기의 의견 · 주장 따위를 / 자세하게 이야기하다

예 대통령은 국민들에게 "용기를 잃지 말고 이 •난국을 슬기롭게 극복하자"고 **연설했다**.

• **난국** 　일을 하기 어려운 상황이나 국면

추진하다

한자 밀 추 推
나아갈 진 進

목적을 향해 어떤 일을 / 계속 해 나가다

예 나와 동생은 일주일 전부터 엄마의 생일 파티를 •은밀하게 **추진했다**.

• **은밀하다** 　숨어 있어서 겉으로 드러나지 않다

1 문장을 읽고, 알맞은 낱말을 써 넣어 봅시다.

1) 소개, 교육, 선전 따위를 목적으로 물건이나 예술 작품 따위를
늘어놓고 여러 사람에게 보이는 모임

2) 모임이나 회의 따위를 하는 자리에 끼어들어
관련을 맺다

3) 여러 가지 물품을 한곳에 모아 늘어놓고 사람들이
보게 하다

4) 자신의 뜻에 따르도록 듣는 사람에게 잘 알아듣게 말하다

5) 여러 사람 앞에서 자기의 의견·주장 따위를 자세하게
이야기하다

6) 목적을 향해 어떤 일을 계속 해 나가다

18주
5일

2 밑줄 친 곳에 알맞은 낱말을 써 넣어 문장을 완성해 봅시다.

1) 미술 _____ 에 많은 관람객이 몰려들어 대성황을 이루었다.

2) 각반의 회장과 부회장은 한 달에 한 번씩 전교 어린이 회의에 _____ .

3) 왕가리 마타이는 나이로비에서 열린 국제 전람회에 참석해 묘목을 _____ .

4) 엄마는 "하루에 두 시간씩 공부를 하면 한 시간씩 게임을 시켜주겠다"고 아들을
_____ .

5) 대통령은 국민들에게 "용기를 잃지 말고 이 난국을 슬기롭게 극복하자"고
_____ .

6) 나와 동생은 일주일 전부터 엄마의 생일 파티를 은밀하게 _____ .

1 문장을 읽고, 알맞은 낱말을 써 넣어 봅시다.

1) 사람의 몸, 동물, 식물 따위를 정성을 기울여 돌보다 _____

2) 무척 화가 난 상태에서 내리는 매우 심하게 다그치는
   명령이나 꾸지람 _____

3) 여러 가지 물품을 한곳에 모아 늘어놓고 사람들이
   보게 하다 _____

4) 영리하고 · 기억력이 좋으며 · 재주가 있다 _____

5) 목적을 향해 어떤 일을 계속 해 나가다 _____

6) 여러 사람 앞에서 자기의 의견 · 주장 따위를 자세하게
   이야기하다 _____

7) 매우 많아서 넉넉한 느낌이 있다 _____

8) 가꾸지 않고 버려 두어 거칠고 · 못 쓰게 되다 _____

9) 쓸쓸하고 · 황폐하다 _____

10) 벌어들이는 돈보다 쓰는 돈이 더 많음 _____

11) 무엇을 하겠다고 마음을 굳게 정하다 _____

12) 자신의 뜻에 따르도록 듣는 사람에게 잘 알아듣게 말하다 _____

13) 여러 나라를 모으는 것 또는 모아서 하는 것 _____

14) 약하게 느낄 수 있을 만큼 _____

15) 나무를 자름 _____

16)　정도가 아주 심하다　_____

17)　땅이 식물이 자라는 데 필요한 양분이 많다　_____

18)　강의 가장자리에 잇닿아 있는 땅 또는 그 부근　_____

19)　식물이나 농작물에 영양을 공급하여 자라게 할 수 있는 흙　_____

20)　높은 지역에 위치한 넓고 평평한 땅　_____

21)　나무, 마른잎, 종이, 석탄 따위의 불을 때는 데 쓰는 물건　_____

22)　다하여 없어지다　_____

23)　주의 깊게 하나하나 자세히 보다　_____

24)　옮겨 심기 위해 가꾼 어린나무　_____

25)　소개, 교육, 선전 따위를 목적으로 물건이나 예술 작품 따위를
　　늘어놓고 여러 사람에게 보이는 모임　_____

26)　큰 나무들이 빽빽하게 우거지고 · 푸르다　_____

27)　모임이나 회의 따위를 하는 자리에 끼어들어 관련을 맺다　_____

28)　논 · 밭에 심어서 가꾸는 곡식이나 채소　_____

29)　도저히 가능하지 않다　_____

30)　산 · 들판이 풀이나 나무가 없어서 맨바닥이 다 드러나다　_____

2 밑줄 친 곳에 알맞은 낱말을 써 넣어 문장을 완성해 봅시다.

1) 월드컵 축구는 전 세계 사람들에게 가장 인기 높은 _____ 대회이다.

2) 나와 동생은 일주일 전부터 엄마의 생일 파티를 은밀하게 _____ .

3) 미술 _____ 에 많은 관람객이 몰려들어 대성황을 이루었다.

4) 공부를 전혀 안 하고 수학 시험을 백점 맞는 건 _____ 일이다.

5) 그 음식점은 _____ 에 있어서 자리에 앉아서 강의 풍경을 감상할 수 있다.

6) 사막은 일 년 내내 비가 거의 오지 않아 식물이 자라기 어려운 _____ 곳이다.

7) 농촌 인구가 꾸준히 감소하여 _____ 땅과 빈집이 계속 늘어나고 있다.

8) 비옥했던 토양은 영양분이 _____ 동물과 식물을 제대로 길러 낼 수 없는 황폐한 상태가 되었다.

9) 울창했던 숲이 무분별한 _____ 으로 벌거벗은 모습이 되었다.

10) 그 숲은 숲 안에서 하늘을 올려봤을 때 나무들만 보일 만큼 _____ .

11) 산 정상의 서쪽 방향으로는 넓은 평지가 _____ 을 이루고 있다.

12) 학교 앞 분식점은 매달 _____ 를 면하지 못하다가 결국 문을 닫고 말았다.

13) 각반의 회장과 부회장은 한 달에 한 번씩 전교 어린이 회의에 _____ .

14) 마을 사람들은 식목일을 맞이하여 마을 뒷산에 _____ 을 심었다.

15) 그 아이는 한번 들은 얘기는 잊지 않으며 하나를 가르쳐 주면 열을 알 만큼 _____ .

16) 울창했던 숲이 벌목으로 황폐화되면서 사람들은 _____ 을 구하기 어려웠고, 작물이 잘 자라지 않아 가난과 굶주림 속에서 고통받게 되었다.

17) 선생님은 학생들이 모둠 활동을 열심히 하는지 _____ .

18) 아이가 자꾸 친구를 괴롭히고 약 올리는 비행을 저지르자 담임 선생님은 결국 _____ 을 내리셨다.

19) 오곡백과가 무르익는 가을의 산과 들은 언제나 _____ .

20) _____ 독감에 걸려서 일주일 동안 꼼짝도 못하고 앓아누웠다.

21) 아이는 건강과 체력을 _____ 위해서 매일 방과 후에 수영을 한다.

22) 왕가리 마타이는 나무를 심기로 _____ , 방법을 고민한 끝에 나무를 심어 주는 회사를 세웠다.

23) 대통령은 국민들에게 "용기를 잃지 말고 이 난국을 슬기롭게 극복하자"고 _____ .

24) 왕가리 마타이는 나이로비에서 열린 국제 전람회에 참석해 묘목을 _____ .

25) 여름내 푸르렀던 들판은 겨울이 되자 모든 작물의 자취가 사라지고 _____ 모습을 드러냈다.

26) 농사가 발달하면서 인류는, 강 상류로부터 흘러내려 온 고운 흙이 쌓여 _____ 땅을 이루게 된, 강 하류 부근의 강가에 모여 살기 시작했다.

27) 엄마는 "하루에 두 시간씩 공부를 하면 한 시간씩 게임을 시켜주겠다"고 아들을 _____ .

28) 이 밭은 _____ 이 매우 비옥해서 아무 씨앗이나 뿌려도 무럭무럭 잘 자란다.

29) 할머니댁 뒤란에 있는 텃밭은 토양이 비옥하여 어떤 _____ 이든 잘 자란다.

30) 친구가 백점을 맞았다고 자랑을 계속 늘어놓자 _____ 짜증이 밀려왔다.

8. 인물의 삶을 찾아서

전파하다

한자 전할 전 傳
뿌릴 파 播

전하여 / 널리 **퍼뜨리다**

예 그는 독도가 우리 땅이라는 사실을 전 세계에 **전파하기** 위해 노력했다.

비 퍼뜨리다

지불하다

한자 지탱할 지 支
떨칠 불 拂

돈을 내어 **주다** 또는 값을 **치르다**

예 케냐여성위원회는 나무 심기 운동을 전파하려고 묘목을 숲이나 •정원에 옮겨 심을 때마다 한 그루에 4센트씩 •대가를 **지불하기로** 했다.

• 정원　　집 안에 있는 뜰이나 꽃밭

• 대가　　일을 하고 그에 대한 값으로 받는 보수

비 치르다, 지급하다, 회계하다

일구다

땅을 **갈아엎어** / **논밭으로** 만들다

예 그는 상추와 방울토마토를 심기 위해 뒤란에 있는 텃밭을 **일구었다.**

권장하다

한자 권할 권 勸
장려할 장 奬

무엇을 •권하여 / 하도록 **하다**

예 정부에서는 미세먼지를 줄이기 위해 대중교통을 이용하도록 **권장했다.**

• 권하다　　어떤 일·행동을 하도록 부추기다

비 장려하다, 권유하다

열성적

한자 더울 열 熱
정성 성 誠
과녁 적 的

•열렬한 •정성을 다하는 (것)

예 수학 시간에 •미온적인 수업 태도를 보였던 학생들은 체육 시간만 되면 **열성적으로** •돌변하였다.

• 열렬하다　어떤 것에 대한 애정이나 태도가 매우 맹렬하다

• 정성　　온갖 힘을 다하려는 참되고 성실한 마음

• 미온적　어떤 일에 대한 대응에 있어 적극성이 없고 미적지근한 (것)

• 돌변하다　(사람이나 일, 상황 따위가) 갑작스럽게 달라지거나 바뀌다

복합

한자 겹칠 복 複
합할 합 合

둘 이상이 / 거듭 **합쳐짐** 또는 둘 이상을 / 합쳐 **하나를 이룸**

예 •가지가지의 **복합** 재료로 만든 비빔밥은 맛있고 건강에도 좋은 음식이다.

• 가지가지　여러 가지. 여러 종류

비 혼합, 합성

1 문장을 읽고, 알맞은 낱말을 써 넣어 봅시다.

1) 전하여 널리 퍼뜨리다

2) 돈을 내어 주다 또는 값을 치르다

3) 땅을 갈아엎어 논밭으로 만들다

4) 무엇을 권하여 하도록 하다

5) 열렬한 정성을 다하는 (것)

6) 둘 이상이 거듭 합쳐짐 또는 둘 이상을 합쳐 하나를 이룸

19주
1일

2 밑줄 친 곳에 알맞은 낱말을 써 넣어 문장을 완성해 봅시다.

1) 그는 독도가 우리 땅이라는 사실을 전 세계에 _____ 위해 노력했다.

2) 케냐여성위원회는 나무 심기 운동을 전파하려고 묘목을 숲이나 정원에 옮겨 심을 때마다 한 그루에 4센트씩 대가를 _____ 했다.

3) 그는 상추와 방울토마토를 심기 위해 뒤란에 있는 텃밭을 _____ .

4) 정부에서는 미세먼지를 줄이기 위해 대중교통을 이용하도록 _____ .

5) 수학 시간에 미온적인 수업 태도를 보였던 학생들은 체육 시간만 되면 _____ 으로 돌변하였다.

6) 가지가지의 _____ 재료로 만든 비빔밥은 맛있고 건강에도 좋은 음식이다.

8. 인물의 삶을 찾아서

나의 삶을 심는 사람 | 교과서 284~293쪽

녹지
한자 푸를 녹 綠
땅 지 地

풀과 나무가 *우거진 / 곳

예 그가 사는 아파트 주변에는 **녹지**가 없어서 가끔 다른 동네에 있는 산이나 공원으로 나들이를 간다.

* **우거지다** 풀이나 나무 따위가 많이 자라서 무성해지다

보전되다
한자 지킬 보 保
온전할 전 全

*온전하게 / 지켜지다 또는 *유지되다

예 시민들의 쉼터인 도심 속 *녹지대는 **보전되어야** 한다.

* **온전하다** (무엇이 축나거나 변화되지 않고) 본바탕 그대로 있다
* **유지되다** 어떤 상태나 상황이 그대로 보존되거나 변함없이 계속되다
* **녹지대** 녹지 지역

간섭하다
한자 방패 간 干
건널 섭 涉

자기와 관계없는 남의 일에 / 쓸데없이 끼어들어 / 아는 체하거나 · *이래라저래라 하다

예 동생이 내 일에 자꾸 끼어들어 이래라저래라 참견해서 "남 일에 **간섭하지** 말라"고 소리 질렀다.

* **이래라저래라** '이리하여라 저리하여라' 가 줄어든 말

절망하다
한자 끊을 절 絕
바랄 망 望

모든 *희망을 끊어 버리고 / *체념하고 · *포기하다

예 시험공부를 열심히 했는데, 성적이 형편없어서 **절망했다.**

* **희망** 앞일에 대하여 좋은 결과를 바라면서 기다림
* **체념하다** (사람이 품었던 생각이나 희망 따위에 대하여) 이루어질 것이라는 생각을 아주 버리고 더 이상 아무 것도 바라지 않다
* **포기하다** (하던 일이 끝나지 않고) 진행되는 중간에 그만두어 버리다

인정받다
한자 알 인 認
정할 정 定

어떤 대상이 / 자격 · 능력 따위를 갖고 있다고 / 받아들여지다

예 왕가리 마타이는 환경 보호에 *앞장섰던 노력을 **인정받아** 아프리카 여성 최초로 노벨 평화상을 받았다.

* **앞장서다** (어떤 일을 하는 때에) 가장 먼저 나서다

우중충하다

날씨 · 분위기 따위가 / 어둡고 *침침하다

예 오늘은 구름이 잔뜩 끼어서 날씨가 **우중충하다.**

* **침침하다** (사물이 보일락 말락 할 정도로) 빛이 매우 약하고 어둡다

1 문장을 읽고, 알맞은 낱말을 써 넣어 봅시다.

1) 풀과 나무가 우거진 곳 ☐☐

2) 온전하게 지켜지다 또는 유지되다 ☐☐☐☐

3) 자기와 관계없는 남의 일에 쓸데없이 끼어들어
아는 체하거나 · 이래라저래라 하다 ☐☐☐

4) 모든 희망을 끊어 버리고 체념하고 · 포기하다 ☐☐☐

5) 어떤 대상이 자격 · 능력 따위를 갖고 있다고 받아들여지다 ☐☐☐

6) 날씨 · 분위기 따위가 어둡고 침침하다 ☐☐☐☐

19주
2일

2 밑줄 친 곳에 알맞은 낱말을 써 넣어 문장을 완성해 봅시다.

1) 그가 사는 아파트 주변에는 ＿＿＿＿＿ 가 없어서 가끔 다른 동네에 있는 산이나 공원
으로 나들이를 간다.

2) 시민들의 쉼터인 도심 속 녹지대는 ＿＿＿＿＿ 한다.

3) 동생이 내 일에 자꾸 끼어들어 이래라저래라 참견해서 "남 일에 ＿＿＿＿＿ 말라"고
소리 질렀다.

4) 시험공부를 열심히 했는데, 성적이 형편없어서 ＿＿＿＿＿ .

5) 왕가리 마타이는 환경 보호에 앞장섰던 노력을 ＿＿＿＿＿ 아프리카 여성 최초로 노
벨 평화상을 받았다.

6) 오늘은 구름이 잔뜩 끼어서 날씨가 ＿＿＿＿＿ .

거듭나다

긍정적이고 새로운 모습으로 / 바뀌어 달라지다

예) 5학년 때까지 하루 종일 놀고 게임만 했던 아이가 6학년이 되면서 열심히 공부하는 모범생으로 **거듭났다.**

대항

한자) 대할 대 對
겨룰 항 抗

서로 굽히지 않고 버티어 / 승부를 •겨루어 / •가림

예) 반 **대항** 축구 대회에서 우리 반이 •우승을 차지했다.

- •겨루다　서로 버티어 힘이나 승부(이김과 짐)를 다투는 일
- •가림　여럿 가운데서 어떤 것을 골라내거나 뽑음
- •우승　경기 · 경주 따위에서 이겨 첫째를 차지함

자원

한자) 재물 자 資
근원 원 源

인간의 생활 및 •생산에 이용되는 / •원료

예) 연필을 만드는 데 필요한 **자원**은 나무와 흑연이고, 지우개를 만드는 데 필요한 **자원**은 고무이다.

- •생산　인간이 생활하는 데 필요한 각종(여러 종류) 물건을 만들어 냄
- •원료　어떤 물건을 만드는 데 쓰이는 것

진지하다

한자) 참 진 眞
잡을 지 摯

태도 · 행동 따위가 / •참되고 •착실하다

예) 학생들은 마치 축구 선수가 된 듯 **진지한** 태도로 반 대항 축구 시합을 했다.

- •참되다　거짓이 없으며 진실하고 올바르다
- •착실하다　(성질이나 솜씨, 행동 따위가) 차분하고 꼼꼼하며 정성을 다하다

친근하다

한자) 친할 친 親
가까울 근 近

서로 친하여 / •사이가 아주 가깝다

예) 개와 고양이는 인간에게 **친근한** 동물이어서 •반려 동물로 인기가 높다.

- •사이　서로 맺은 관계. 또는 사귀어서 정이 든 정도
- •반려　생각이나 행동을 함께 하는 짝이나 동무(친하게 어울리는 사람)

험난하다

한자) 험할 험 險
어려울 난 難

길이나 산 따위가 •험하여 / 다니기에 위험하고 어렵다

예) 에베레스트를 오르는 길은 **험난하여** •등반 도중에 목숨을 잃기도 한다.

- •험하다　땅의 모습이 발을 디디기 어려울 만큼 사납고 몹시 기울어져 있다
- •등반　험한 산이나 높은 곳의 정상(맨 꼭대기) 따위에 기어오름

1 문장을 읽고, 알맞은 낱말을 써 넣어 봅시다.

1)   긍정적이고 새로운 모습으로 바뀌어 달라지다

2)   서로 굽히지 않고 버티어 승부를 겨루어 가림

3)   인간의 생활 및 생산에 이용되는 원료

4)   태도 · 행동 따위가 참되고 착실하다

5)   서로 친하여 사이가 아주 가깝다

6)   길이나 산 따위가 험하여 다니기에 위험하고 어렵다

2 밑줄 친 곳에 알맞은 낱말을 써 넣어 문장을 완성해 봅시다.

1)   5학년 때까지 하루 종일 놀고 게임만 했던 아이가 6학년이 되면서 열심히 공부하는 모범생으로 _____ .

2)   반 _____ 축구 대회에서 우리 반이 우승을 차지했다.

3)   연필을 만드는 데 필요한 _____ 은 나무와 흑연이고, 지우개를 만드는 데 필요한 _____ 은 고무이다.

4)   학생들은 마치 축구 선수가 된 듯 _____ 태도로 반 대항 축구 시합을 했다.

5)   개와 고양이는 인간에게 _____ 동물이어서 반려 동물로 인기가 높다.

6)   에베레스트를 오르는 길은 _____ 등반 도중에 목숨을 잃기도 한다.

9. 마음을 나누는 글을 써요

주어라, 또 주어라 | 교과서 314~321쪽 |

한탄하다

한자 한 한 恨
탄식할 탄 歎

•한숨을 쉬며 / •하소연하다

예 친구는 "정말 열심히 공부했는데, 시험을 못 봐서 우울하다"고 자신의 •신세를
한탄했다.

• **한숨** (걱정이나 서러움이 있을 때, 마음이 놓일 때) 길게 몰아서 쉬는 숨

• **하소연하다** 억울한 일, 잘못된 일, 딱한 사정 따위를 말하다

• **신세** 어떤 사람의 (주로 불행한 일과 관련된) 처지와 형편

비 탄식하다, 개탄하다

험악하다

한자 험할 험 險
악할 악 惡

길·•지세·기후 따위가 / 발붙이기 어려울 만큼 / •사납고 •가파르다

예 할머니 댁에 가려면 가파르고 꼬불꼬불한 **험악한** 산길을 지나야 한다.

• **지세** (깊고 얕고, 넓고 좁고, 울퉁불퉁한 것과 같은) 땅의 생긴 모양

• **사납다** (성질, 행동, 생김새 따위가) 거칠고 억세다

• **가파르다** (산이나 길이) 몹시 기울어져 있다

원망하다

한자 원망할 원 怨
바랄 망 望

어떤 대상을 / 못마땅히 여겨 탓하다 또는 분하게 여겨 미워하다

예 동생은 자신의 잘못을 엄마한테 •고자질했다고 나를
원망했다.

• **고자질하다** 아랫사람이 윗사람에게 다른 사람의 잘못이나 비밀을 일러바치다

부축하다
(곁부축하다)

겨드랑이를 붙잡아 / 걷는 것을 돕다

예 피구를 하다가 다리를 다친 친구를 **부축해서** 보건실로 데리고 갔다.

본분

한자 근본 본 本
나눌 분 分

자신의 신분에서 / 마땅히 해야 할 / 일

예 학창 시절에는 학생의 **본분**에 맞게 공부에 •매진해야 한다.

• **매진하다** 어떤 일을 전심전력(온 마음과 온 힘을 한곳에 모아 씀)을 다하여 해 나가다

비 의무, 직분, 책임

애초

한자 처음 초 初

맨 처음

예 선생님은 **애초**에 친구를 약 올리지 않았다면 이번 사건이 벌어지지 않았을 것
이라며 나의 잘못을 •질책하셨다.

• **질책하다** (사람이 다른 사람이나 잘못을) 큰소리로 꾸짖어 나무라다

1 문장을 읽고, 알맞은 낱말을 써 넣어 봅시다.

1) 한숨을 쉬며 하소연하다 ☐☐☐☐

2) 길·지세·기후 따위가 발붙이기 어려울 만큼
   사납고 가파르다 ☐☐☐

3) 어떤 대상을 못마땅히 여겨 탓하다 또는 분하게 여겨
   미워하다 ☐☐☐☐

4) 겨드랑이를 붙잡아 걷는 것을 돕다 ☐☐☐☐

5) 자신의 신분에서 마땅히 해야 할 일 ☐☐

6) 맨 처음 ☐☐

2 밑줄 친 곳에 알맞은 낱말을 써 넣어 문장을 완성해 봅시다.

1) 친구는 "정말 열심히 공부했는데, 시험을 못 봐서 우울하다"고 자신의 신세를
   _____ .

2) 할머니 댁에 가려면 가파르고 꼬불꼬불한 _____ 산길을 지나야 한다.

3) 동생은 자신의 잘못을 엄마한테 고자질했다고 나를 _____ .

4) 피구를 하다가 다리를 다친 친구를 _____ 보건실로 데리고 갔다.

5) 학창 시절에는 학생의 _____ 에 맞게 공부에 매진해야 한다.

6) 선생님은 _____ 에 친구를 약 올리지 않았다면 이번 사건이 벌어지지 않았을
   것이라며 나의 잘못을 질책하셨다.

9. 마음을 나누는 글을 써요

화평하다

한자 화할 화 和
평평할 평 平

화목하고 · •평온하다

예 선생님께서는 "친구끼리 서로 배려하고 존중해야 **화평한** 학급을 만들 수 있다"고 •훈화하셨다.

• **평온하다**　조용하고 평안하다

• **훈화하다**　(교훈이 되는 말 따위를) 가르쳐 타이르다

망각하다

한자 잊을 망 忘
물리칠 각 却

어떤 일 · 사실을 / 잊어버리다

예 개구쟁이는 집에 돌아오면 학생의 본분을 **망각하고** •마냥 놀고 장난만 쳤다.

• **마냥**　　언제까지나 줄곧

비 까먹다, 잊어버리다, 잊다

평안하다

한자 평평할 평 平
편안 안 安

아무 일 없이 잘 있다 또는 •걱정이나 •탈이 없다

예 할머니께 그간 **평안하게** 지내셨는지 •문안 전화를 드렸다.

• **걱정**　　어떤 일이 잘못될까 불안해하며 속을 태움

• **탈**　　　뜻밖에 일어난 좋지 않은 일이나 걱정할 만한 사고

• **문안**　　웃어른에게 안부를 여쭘. 또는 그런 인사

병폐

한자 병 병 病
폐단 폐 弊

오랜 시간이 지나는 동안 / 개인 · 조직 · 사물의 내부에 생긴 / 부정적인 현상 또는 해로운 요소

예 자본주의 발전과 함께 나타난 **병폐** 가운데 하나가 •양극화 현상이다.

• **양극화 현상**　　소득 수준 따위에서 중간층이 급격히 줄어들고 상층부와 하층부의 격차 (서로 벌어져 다른 정도)가 심하게 벌어지는 현상

비 폐단, 폐해

연민

한자 불쌍히
여길 연 憐
민망할 민 憫

마음이 아플 만큼 / 불쌍히 여김

예 폐지를 줍고 계시는 할머니를 뵐 때마다 깊은 **연민**을 느낀다.

비 동정

곤경

한자 곤할 곤 困
지경 경 境

몹시 •딱하고 어려운 / 상황

예 영화나 이야기의 주인공들은 **곤경**에 빠지지만 결국은 그 **곤경**을 극복한다.

• **딱하다**　　사정이나 처지가 불쌍하여 마음이 아프고 괴롭다

주어라, 또 주어라 | 교과서 314~321쪽 |

19주
5일

1 문장을 읽고, 알맞은 낱말을 써 넣어 봅시다.

1) 화목하고 · 평온하다

2) 어떤 일 · 사실을 잊어버리다

3) 아무 일 없이 잘 있다 또는 걱정이나 탈이 없다

4) 오랜 시간이 지나는 동안 개인 · 조직 · 사물의 내부에 생긴 부정적인 현상 또는 해로운 요소

5) 마음이 아플 만큼 불쌍히 여김

6) 몹시 딱하고 어려운 상황

2 밑줄 친 곳에 알맞은 낱말을 써 넣어 문장을 완성해 봅시다.

1) 선생님께서는 "친구끼리 서로 배려하고 존중해야 _____ 학급을 만들 수 있다"고 훈화하셨다.

2) 개구쟁이는 집에 돌아오면 학생의 본분을 _____ 마냥 놀고 장난만 쳤다.

3) 할머니께 그간 _____ 지내셨는지 문안 전화를 드렸다.

4) 자본주의 발전과 함께 나타난 _____ 가운데 하나가 양극화 현상이다.

5) 폐지를 줍고 계시는 할머니를 뵐 때마다 깊은 _____ 을 느낀다.

6) 영화나 이야기의 주인공들은 _____ 에 빠지지만 결국은 그 _____ 을 극복한다.

1 문장을 읽고, 알맞은 낱말을 써 넣어 봅시다.

1) 열렬한 정성을 다하는 (것) _____

2) 화목하고·평온하다 _____

3) 몹시 딱하고 어려운 상황 _____

4) 어떤 일·사실을 잊어버리다 _____

5) 전하여 널리 퍼뜨리다 _____

6) 날씨·분위기 따위가 어둡고 침침하다 _____

7) 오랜 시간이 지나는 동안 개인·조직·사물의 내부에 생긴
   부정적인 현상 또는 해로운 요소 _____

8) 한숨을 쉬며 하소연하다 _____

9) 땅을 갈아엎어 논밭으로 만들다 _____

10) 겨드랑이를 붙잡아 걷는 것을 돕다 _____

11) 어떤 대상을 못마땅히 여겨 탓하다 또는 분하게 여겨
    미워하다 _____

12) 어떤 대상이 자격·능력 따위를 갖고 있다고 받아들여지다 _____

13) 아무 일 없이 잘 있다 또는 걱정이나 탈이 없다 _____

14) 서로 굽히지 않고 버티어 승부를 겨루어 가림 _____

15) 인간의 생활 및 생산에 이용되는 원료 _____

16) 길이나 산 따위가 험하여 다니기에 위험하고 어렵다 _____

17) 자신의 신분에서 마땅히 해야 할 일 _____

18) 마음이 아플 만큼 불쌍히 여김 _____

19) 풀과 나무가 우거진 곳 _____

20) 태도·행동 따위가 참되고 착실하다 _____

21) 온전하게 지켜지다 또는 유지되다 _____

22) 맨 처음 _____

23) 돈을 내어 주다 또는 값을 치르다 _____

24) 긍정적이고 새로운 모습으로 바뀌어 달라지다 _____

25) 무엇을 권하여 하도록 하다 _____

26) 길·지세·기후 따위가 발붙이기 어려울 만큼 사납고 가파르다 _____

27) 둘 이상이 거듭 합쳐짐 또는 둘 이상을 합쳐 하나를 이룸 _____

28) 자기와 관계없는 남의 일에 쓸데없이 끼어들어 아는 체하거나·이래라저래라 하다 _____

29) 서로 친하여 사이가 아주 가깝다 _____

30) 모든 희망을 끊어 버리고 체념하고·포기하다 _____

19_주 주말평가

2 밑줄 친 곳에 알맞은 낱말을 써 넣어 문장을 완성해 봅시다.

1) 선생님께서는 "친구끼리 서로 배려하고 존중해야 ＿＿＿＿ 학급을 만들 수 있다"고 훈화하셨다.

2) 시험공부를 열심히 했는데, 성적이 형편없어서 ＿＿＿＿.

3) 에베레스트를 오르는 길은 ＿＿＿＿ 등반 도중에 목숨을 잃기도 한다.

4) 친구는 "정말 열심히 공부했는데, 시험을 못 봐서 우울하다"고 자신의 신세를 ＿＿＿＿.

5) 오늘은 구름이 잔뜩 끼어서 날씨가 ＿＿＿＿.

6) 할머니 댁에 가려면 가파르고 꼬불꼬불한 ＿＿＿＿ 산길을 지나야 한다.

7) 5학년 때까지 하루 종일 놀고 게임만 했던 아이가 6학년이 되면서 열심히 공부하는 모범생으로 ＿＿＿＿.

8) 개와 고양이는 인간에게 ＿＿＿＿ 동물이어서 반려 동물로 인기가 높다.

9) 반 ＿＿＿＿ 축구 대회에서 우리 반이 우승을 차지했다.

10) 연필을 만드는 데 필요한 ＿＿＿＿ 은 나무와 흑연이고, 지우개를 만드는 데 필요한 ＿＿＿＿ 은 고무이다.

11) 그가 사는 아파트 주변에는 ＿＿＿＿가 없어서 가끔 다른 동네에 있는 산이나 공원으로 나들이를 간다.

12) 그는 독도가 우리 땅이라는 사실을 전 세계에 ＿＿＿＿ 위해 노력했다.

13) 동생은 자신의 잘못을 엄마한테 고자질했다고 나를 ＿＿＿＿.

14) 케냐여성위원회는 나무 심기 운동을 전파하려고 묘목을 숲이나 정원에 옮겨 심을 때마다 한 그루에 4센트씩 대가를 ＿＿＿＿ 했다.

15) 학생들은 마치 축구 선수가 된 듯 ＿＿＿＿ 태도로 반 대항 축구 시합을 했다.

16) 피구를 하다가 다리를 다친 친구를 _____ 보건실로 데리고 갔다.

17) 정부에서는 미세먼지를 줄이기 위해 대중교통을 이용하도록 _____ .

18) 자본주의 발전과 함께 나타난 _____ 가운데 하나가 양극화 현상이다.

19) 수학 시간에 미온적인 수업 태도를 보였던 학생들은 체육 시간만 되면 _____ 으로 돌변하였다.

20) 폐지를 줍고 계시는 할머니를 뵐 때마다 깊은 _____ 을 느낀다.

21) 가지가지의 _____ 재료로 만든 비빔밥은 맛있고 건강에도 좋은 음식이다.

22) 시민들의 쉼터인 도심 속 녹지대는 _____ 한다.

23) 개구쟁이는 집에 돌아오면 학생의 본분을 _____ 마냥 놀고 장난만 쳤다.

24) 영화나 이야기의 주인공들은 _____ 에 빠지지만 결국은 그 _____ 을 극복한다.

25) 왕가리 마타이는 환경 보호에 앞장섰던 노력을 _____ 아프리카 여성 최초로 노벨 평화상을 받았다.

26) 동생이 내 일에 자꾸 끼어들어 이래라저래라 참견해서 "남 일에 _____ 말라"고 소리 질렀다.

27) 학창 시절에는 학생의 _____ 에 맞게 공부에 매진해야 한다.

28) 그는 상추와 방울토마토를 심기 위해 뒤란에 있는 텃밭을 _____ .

29) 선생님은 _____ 에 친구를 약 올리지 않았다면 이번 사건이 벌어지지 않았을 것이라며 나의 잘못을 질책하셨다.

30) 할머니께 그간 _____ 지내셨는지 문안 전화를 드렸다.

9. 마음을 나누는 글을 써요

처리하다

한자 곳 처 處
다스릴 리 理

일을 정해진 차례와 방법에 따라 / •정리하다 또는 •끝맺다

예 김 교사는 학생 간에 다툼이 벌어지면 잘잘못을 따져서 말로 사과를 하고 악수를 하며 •화해하는 방식으로 사건을 **처리한다.**

•정리하다 (흐트러지거나 뒤죽박죽이 되어 어지러운 상태에 있는
　　　　　것을 한데 모으거나 치워서) 질서 있는 상태가 되게 하다

•끝맺다　　일을 마무리하여 끝내다. 마무리짓다

•화해하다　싸움하던 것을 멈추고, 서로 갖고 있던 안 좋은 감정을 풀어 없애다

위급하다

한자 위태할 위 危
급할 급 急

상황이 / 위험하고 · •급하다

예 어디선가 **위급한** •사고가 났는지, 구급차와 소방차가 요란한 사이렌 소리를 내며 급히 달려가고 있었다.

•급하다　　(사정이나 형편이) 서둘러 돌보거나 빨리 처리해야 할 상태에 있다

•사고　　　뜻밖에 갑자기 일어난 좋지 않은 일

오기

한자 거만할 오 傲
기운 기 氣

능력이 부족하면서도 / 남에게 지기 싫어하는 마음

예 동생은 나한테 게임을 계속 졌지만 "다시 하자"며 끝까지 **오기를** 부렸다.

근성

한자 뿌리 근 根
성품 성 性

뿌리가 깊게 박힌 / •성질

예 남이 시키는 일만 마지못해 하는 •나태한 **근성을** 버리지 못한다면 결코 성공할 수 없다.

•성질　　　사람이 지닌 마음의 본바탕

•나태하다　행동, 성격 따위가 느리고 게으르다

화목하다

한자 화할 화 和
화목할 목 睦

여러 사람이 서로 / 마음이 맞고 · 따뜻한 정이 있다

예 학급 구성원이 서로를 존중하고 배려할 때 **화목한** 교실이 만들어진다.

보답하다

한자 갚을 보 報
대답 답 答

남이 베풀어 준 / •은혜를 갚다

예 학교에 오면 열심히 공부하는 것이 부모님의 은혜에 **보답하는** 길이다.

•은혜　　　고맙게 베풀어 주는 도움

---

1 문장을 읽고, 알맞은 낱말을 써 넣어 봅시다.

1) 일을 정해진 차례와 방법에 따라 정리하다 또는 끝맺다

2) 상황이 위험하고 · 급하다

3) 능력이 부족하면서도 남에게 지기 싫어하는 마음

4) 뿌리가 깊게 박힌 성질

5) 여러 사람이 서로 마음이 맞고 · 따뜻한 정이 있다

6) 남이 베풀어 준 은혜를 갚다

20주
1일

2 밑줄 친 곳에 알맞은 낱말을 써 넣어 문장을 완성해 봅시다.

1) 김 교사는 학생 간에 다툼이 벌어지면 잘잘못을 따져서 말로 사과를 하고 악수를 하며 화해하는 방식으로 사건을 _____ .

2) 어디선가 _____ 사고가 났는지, 구급차와 소방차가 요란한 사이렌 소리를 내며 급히 달려가고 있었다.

3) 동생은 나한테 게임을 계속 졌지만 "다시 하자"며 끝까지 _____ 를 부렸다.

4) 남이 시키는 일만 마지못해 하는 나태한 _____ 을 버리지 못한다면 결코 성공할 수 없다.

5) 학급 구성원이 서로를 존중하고 배려할 때 _____ 교실이 만들어진다.

6) 학교에 오면 열심히 공부하는 것이 부모님의 은혜에 _____ 길이다.

주어라, 또 주어라 | 교과서 314~321쪽 |

환심

한자 기쁠 환 歡
마음 심 心

기쁘거나 ˙흐뭇하게 여기는 / 마음

예 생일을 앞둔 동생은 엄마의 **환심**을 사기 위해 ˙아양을 떨었다.

˙ **흐뭇하다** 마음에 흡족하여 매우 만족스럽다

˙ **환심(을) 사다** (어떤 사람이 다른 사람의) 마음에 들도록 여러 방법으로 힘쓰다

˙ **아양** 다른 사람에게 귀염을 받으려고 알랑거리는 말이나 행동

베풀다

남에게 / 도움, ˙자선 따위의 / 은혜를 받게 하다

예 부모님께서 **베풀어** 주신 은혜는 ˙하해와 같아서 죽는 날까지 갚아도 다 보답할 수 없다.

˙ **자선** (가난하거나 불행한 처지에 있는) 남을 불쌍히 여겨 도와줌

˙ **하해** 강(河)과 바다(海)라는 뜻으로, 넓고 깊음을 비유적으로 이르는 말

공덕(덕)

한자 공 공 功
큰 덕 德

착한 일을 하여 쌓은 / ˙업적과 ˙덕

예 조선 시대에 전 재산을 기부해 ˙기근에 시달리던 제주도민들을 살려낸 김만덕의 **공덕**을 ˙기리기 위해 제주도에서는 해마다 김만덕 축제를 열고 있다.

˙ **업적** 노력과 수고를 들여 이루어 낸 일의 결과

˙ **덕** 착한 일로 쌓은 어진 품성

˙ **기근** 흉년으로 먹을 양식이 모자라 굶주림

˙ **기리다** (잘한 일이나 뛰어난 업적·인물 따위를) 칭찬하고 기억하다

유배지

한자 흐를 유 流
나눌 배 配
땅 지 地

죄인이 / ˙귀양 보내진 곳 또는 귀양살이를 하는 곳

예 「목민심서」는 정약용이 **유배지**에서 19년 동안 생활하면서 쓴 책이다.

˙ **귀양** 먼 시골이나 섬으로 보내어, 일정한 기간 그 지역에서만 살게 하던 형벌

비 귀양지

당부하다

한자 마땅 당 當
줄 부 付

말로 / 강하게 ˙부탁하다

예 안내원은 관람객들에게 공연을 촬영하지 말라고 **당부하였다.**

˙ **부탁하다** 어떤 일을 해 달라고 청하거나 맡기다

비 신신당부하다, 신신부탁하다, 부탁하다

1　**문장을 읽고, 알맞은 낱말을 써 넣어 봅시다.**

1)　기쁘거나 흐뭇하게 여기는 마음　□□

2)　남에게 도움, 자선 따위의 은혜를 받게 하다　□□□

3)　착한 일을 하여 쌓은 업적과 덕　□□

4)　죄인이 귀양 보내진 곳 또는 귀양살이를 하는 곳　□□□

5)　말로 강하게 부탁하다　□□□□

20주 2일

2　**밑줄 친 곳에 알맞은 낱말을 써 넣어 문장을 완성해 봅시다.**

1)　생일을 앞둔 동생은 엄마의 _____ 을 사기 위해 아양을 떨었다.

2)　부모님께서 _____ 주신 은혜는 하해와 같아서 죽는 날까지 갚아도 다 보답할 수 없다.

3)　조선 시대에 전 재산을 기부해 기근에 시달리던 제주도민들을 살려낸 김만덕의 _____ 을 기리기 위해 제주도에서는 해마다 김만덕 축제를 열고 있다.

4)　「목민심서」는 정약용이 _____ 에서 19년 동안 생활하면서 쓴 책이다.

5)　안내원은 관람객들에게 공연을 촬영하지 말라고 _____ .

1 문장을 읽고, 알맞은 낱말을 써 넣어 봅시다.

1) 일을 정해진 차례와 방법에 따라 정리하다 또는 끝맺다 _____

2) 말로 강하게 부탁하다 _____

3) 상황이 위험하고 · 급하다 _____

4) 기쁘거나 흐뭇하게 여기는 마음 _____

5) 능력이 부족하면서도 남에게 지기 싫어하는 마음 _____

6) 뿌리가 깊게 박힌 성질 _____

7) 죄인이 귀양 보내진 곳 또는 귀양살이를 하는 곳 _____

8) 남에게 도움, 자선 따위의 은혜를 받게 하다 _____

9) 여러 사람이 서로 마음이 맞고 · 따뜻한 정이 있다 _____

10) 남이 베풀어 준 은혜를 갚다 _____

11) 착한 일을 하여 쌓은 업적과 덕 _____

2 **밑줄 친 곳에 알맞은 낱말을 써 넣어 문장을 완성해 봅시다.**

1) 김 교사는 학생 간에 다툼이 벌어지면 잘잘못을 따져서 말로 사과를 하고 악수를 하며 화해하는 방식으로 사건을 _____ .

2) 학교에 오면 열심히 공부하는 것이 부모님의 은혜에 _____ 길이다.

3) 어디선가 _____ 사고가 났는지, 구급차와 소방차가 요란한 사이렌 소리를 내며 급히 달려가고 있었다.

4) 생일을 앞둔 동생은 엄마의 _____ 을 사기 위해 아양을 떨었다.

5) 학급 구성원이 서로를 존중하고 배려할 때 _____ 교실이 만들어진다.

6) 부모님께서 _____ 주신 은혜는 하해와 같아서 죽는 날까지 갚아도 다 보답할 수 없다.

7) 남이 시키는 일만 마지못해 하는 나태한 _____ 을 버리지 못한다면 결코 성공할 수 없다.

8) 조선 시대에 전 재산을 기부해 기근에 시달리던 제주도민들을 살려낸 김만덕의 _____ 을 기리기 위해 제주도에서는 해마다 김만덕 축제를 열고 있다.

9) 동생은 나한테 게임을 계속 졌지만 "다시 하자"며 끝까지 _____ 를 부렸다.

10) 「목민심서」는 정약용이 _____ 에서 19년 동안 생활하면서 쓴 책이다.

11) 안내원은 관람객들에게 공연을 촬영하지 말라고 _____ .

1 문장을 읽고, 알맞은 낱말을 써 넣어 봅시다.

1) 무척 화가 난 상태에서 내리는 매우 심하게 다그치는
   명령이나 꾸지람   (   )

2) 날씨·분위기 따위가 어둡고 침침하다   (   )

3) 하늘과 땅 사이의 텅 빈 곳   (   )

4) 몹시 딱하고 어려운 상황   (   )

5) 어떤 일이나 약 따위의 작용으로 나타나는 좋은 결과   (   )

6) 기쁘거나 흐뭇하게 여기는 마음   (   )

7) 영리하고·기억력이 좋으며·재주가 있다   (   )

8) 자기와 관계없는 남의 일에 쓸데없이 끼어들어 아는 체하거나·
   이래라저래라 하다   (   )

9) 억울한 일을 당하여 화나고 불쾌하게 여기다   (   )

10) 오랜 시간이 지나는 동안 개인·조직·사물의 내부에 생긴
    부정적인 현상 또는 해로운 요소   (   )

11) 가꾸지 않고 버려 두어 거칠고·못 쓰게 되다   (   )

12) 집 뒤의 울타리를 둘러친 안   (   )

13) 도저히 가능하지 않다   (   )

14) 대상이 인간과의 관계에 의하여 갖게 되는 중요성   (   )

15) 죄인이 귀양 보내진 곳 또는 귀양살이를 하는 곳   (   )

16) 조금 큰 것이 눈앞이나 · 어디에 잇따라 잠깐씩 나타났다가
　　사라지다　　　　　　　　　　　　　　　　　　　　（　　　　　　）

17) 약하게 느낄 수 있을 만큼　　　　　　　　　　　　　（　　　　　　）

18) 착한 일을 하여 쌓은 업적과 덕　　　　　　　　　　（　　　　　　）

19) 아주 시끄럽고 혼란한 장소나 상태를 비유적으로 이르는 말　（　　　　　　）

20) 능력이 부족하면서도 남에게 지기 싫어하는 마음　　（　　　　　　）

21) 사람의 몸, 동물, 식물 따위를 정성을 기울여 돌보다　（　　　　　　）

22) 마음이 아플 만큼 불쌍히 여김　　　　　　　　　　（　　　　　　）

23) 부정이나 거절의 뜻을 나타내다　　　　　　　　　　（　　　　　　）

24) 서로 굽히지 않고 버티어 승부를 겨루어 가림　　　（　　　　　　）

25) 나무, 마른잎, 종이, 석탄 따위의 불을 때는 데 쓰는 물건　（　　　　　　）

26) 경험이 없거나 나이가 어려서 일에 서투르거나 · 세상 물정을
　　모르는 사람을 얕잡아 이르는 말　　　　　　　　　（　　　　　　）

27) 벌어들이는 돈보다 쓰는 돈이 더 많음　　　　　　　（　　　　　　）

28) 일을 정해진 차례와 방법에 따라 정리하다 또는 끝맺다　（　　　　　　）

29) 남에게 도움, 자선 따위의 은혜를 받게 하다　　　　（　　　　　　）

30) 열렬한 정성을 다하는 (것)　　　　　　　　　　　　（　　　　　　）

2 밑줄 친 곳에 알맞은 낱말을 써 넣어 문장을 완성해 봅시다.

1) 그 아이는 한번 들은 얘기는 잊지 않으며 하나를 가르쳐 주면 열을 알 만큼 _____ .

2) 신하들은 임금 앞에 넙죽 엎드린 채 _____ 얼굴을 들지 못했다.

3) 고양이의 등을 쓰다듬자 등에 있던 털들이 _____ 일어섰다.

4) 학교에 오면 열심히 공부하는 것이 부모님의 은혜에 _____ 길이다.

5) 친구의 _____ 에 넘어가서 학원을 빼먹고 PC방에 갔다.

6) 무엇을 태우는지, 쓰레기 _____ 에서 검은 연기가 며칠 째 피어올랐다.

7) 정부에서는 미세먼지를 줄이기 위해 대중교통을 이용하도록 _____ .

8) 월드컵 축구는 전 세계 사람들에게 가장 인기 높은 _____ 대회이다.

9) 선생님은 _____ 에 친구를 약 올리지 않았다면 이번 사건이 벌어지지 않았을 것이라며 나의 잘못을 질책하셨다.

10) 대통령은 국민들에게 "용기를 잃지 말고 이 난국을 슬기롭게 극복하자"고 _____ .

11) 공부를 전혀 안 하고 수학 시험을 백점 맞는 건 _____ 일이다.

12) 농사가 발달하면서 인류는, 강 상류로부터 흘러내려 온 고운 흙이 쌓여 _____ 땅을 이루게 된, 강 하류 부근의 강가에 모여 살기 시작했다.

13) 그는 하루만 면도를 안 해도 수염이 _____ 자란다.

14) 비옥했던 토양은 영양분이 _____ 동물과 식물을 제대로 길러 낼 수 없는 황폐한 상태가 되었다.

15) 할머니댁 뒤란에 있는 텃밭은 토양이 비옥하여 어떤 _____ 이든 잘 자란다.

16) 개구쟁이는 집에 돌아오면 학생의 본분을 _____ 마냥 놀고 장난만 쳤다.

17) 그는 '남다른 노력이 탁월한 성취를 만든다'는 삶의 _____ 을 갖고 있었기에 그 누구보다 열심히 노력했다.

18) 가지가지의 _____ 재료로 만든 비빔밥은 맛있고 건강에도 좋은 음식이다.

19) 그는 독도가 우리 땅이라는 사실을 전 세계에 _____ 위해 노력했다.

20) 그는 상추와 방울토마토를 심기 위해 뒤란에 있는 텃밭을 _____ .

21) 비를 흠뻑 맞아 물에 빠진 생쥐 꼴로 집에 들어서자 _____ 소나기가 멈췄다.

22) 학생들은 마치 축구 선수가 된 듯 _____ 태도로 반 대항 축구 시합을 했다.

23) 여름내 푸르렀던 들판은 겨울이 되자 모든 작물의 자취가 사라지고 _____ 모습을 드러냈다.

24) 키는 열세 살쯤 된 사내아이만 한데, 손등이며 얼굴에 털이 덥수룩하게 나 있고, 옛날 영화를 _____ 온 사람처럼 차림새도 괴상했다.

25) 어디선가 _____ 사고가 났는지, 구급차와 소방차가 요란한 사이렌 소리를 내며 급히 달려가고 있었다.

26) _____ 독감에 걸려서 일주일 동안 꼼짝도 못하고 앓아누웠다.

27) 안내원은 관람객들에게 공연을 촬영하지 말라고 _____ .

28) 그는 동물의 가죽을 온 몸에 걸친 _____ 차림새로 사냥을 떠났다.

29) 남이 시키는 일만 마지못해 하는 나태한 _____ 을 버리지 못한다면 결코 성공할 수 없다.

30) 선생님께서는 "친구끼리 서로 배려하고 존중해야 _____ 학급을 만들 수 있다"고 훈화하셨다.

💡 **문장을 읽고, 알맞은 낱말을 써 넣어 봅시다.**

1)   사물·현상의 뼈대, 틀, 근본을 이루는 기초가 되는 부분   (   )

2)   이미 알려진 사실·정보를 근거로 삼아 직접 드러나지
     않은 판단·결론을 이끌어 내다   (   )

3)   딱한 형편이 언짢고 가엾다   (   )

4)   비슷한 성질이나 모양을 가진 두 사물을 직접 견주어
     표현하는 방법   (   )

5)   궁궐 안에 있는 작은 산 또는 언덕   (   )

6)   힘이나 말로 남을 위협하다   (   )

7)   빗방울이나·크기가 아주 작은 물체 따위가 갑자기 떨어지는
     소리 또는 그 모양   (   )

8)   무척 화가 난 상태에서 내리는 매우 심하게 다그치는
     명령이나 꾸지람   (   )

9)   어떤 범위나 대열에서 떨어져 나옴 또는 떨어져 나감   (   )

10) 대상을 자주 보거나·겪어서 잘 아는 상태에 있다   (   )

11) 나무 또는 넝쿨 식물의 가지를 휘어서 만든 울타리   (   )

12) 정신이 흐릿하고 희미한 상태   (   )

13) 쓸쓸하고·황폐하다   (   )

14) 감쪽같이 사라져 찾을 수가 없다   (   )

15) 시간을 끌지 않고 바로   (   )

16) 티끌과 흙   (   )

17)   처음의 모습을 바꾸다   (   )

18)   다른 것이 아니라 오직   (   )

19)   'A는 B다'라는 식으로 어떤 대상을 다른 사물에 빗대어
　　　 표현하는 방법   (   )

20)   정도가 아주 심하다   (   )

21)   휴식을 취하거나 · 놀이를 하기 위해 산, 언덕, 물가 등에 높이
　　　 지은 다락집   (   )

22)   곱지 않고 조금 보기 싫게 벌겋다   (   )

23)   집의 바깥쪽 벽 밖으로 돌출된 지붕의 한 부분   (   )

24)   생김새 따위가 흉하고 혐오스럽다   (   )

25)   아랫사람이 윗사람의 명령을 기다리다   (   )

26)   사람 · 동물 따위가 한꺼번에 움직이는 모양 또는 한곳에
　　　 몰리는 모양   (   )

27)   힘 · 사상 · 감정 따위가 서로 뒤엉켜 혼란스러운 상태를
　　　 비유적으로 이르는 말   (   )

28)   흰 종이의 낱장   (   )

29)   어찌할 줄을 몰라 갈팡질팡하며 몹시 급하게 서두르는 모양   (   )

30)   보폭이 짧고 빠른 걸음   (   )

31)   관심을 가지고 도와주다 또는 마음을 써서 보살펴 주다   (   )

32)   같은 생물종에 속하는 개체의 대부분에서 볼 수 있는
　　　 일정한 생활 양식   (   )

33) 새롭고 산뜻하다 ( )

34) 과일 · 음식 따위가 푹 익어서 원래 모양이 없어지다 ( )

35) 진하거나 또렷하지 않고 약간 부옇다 ( )

36) 임금이 궁 밖으로 행차할 때 머무르던 별궁 ( )

37) 일정한 글자 수가 또는 같은 말이 반복되는 시를 읽을 때
노래를 부르는 것과 같은 리듬감을 자아내는 것 ( )

38) 사람이 지닌 마음의 본바탕과 · 타고난 품성 ( )

39) 말 · 태도가 분명하지 않다 ( )

40) 처음부터 끝까지 변함없이 같은 상태 ( )

41) 개인이나 집단의 경제 상태 ( )

42) 음식을 소금에 절여 저장함 ( )

43) 논 · 밭에 심어서 가꾸는 곡식이나 채소 ( )

44) 모가 난 물건의 구부러지거나 · 꺾어져 돌아간 자리 ( )

45) 말이나 글에서 앞부분에 그것의 목적이나 내용을
간단하게 밝힌 부분 ( )

46) 사람의 힘으로 이루어지는 (것) ( )

47) 뜻한 바를 이루지 못하고 아무 보람 없이 가거나 오는 일 ( )

48) 둘 이상이 거듭 합쳐짐 또는 둘 이상을 합쳐 하나를 이룸 ( )

49) 여러모로 깊이 생각하는 모양 ( )

50) 돈을 내어 주다 또는 값을 치르다 ( )

51) 푸른빛과 자줏빛의 중간 빛깔 또는 짙은 푸른빛 ( )

52) 진저리가 날 정도로 몹시 참혹하다 ( )

53) 계산하여 얻은 값 ( )

54) 음식이나 그 맛이 느끼하지 않고 산뜻하다 ( )

55) 착한 일을 하여 쌓은 업적과 덕 ( )

56) 오랜 시간이 지나는 동안 개인·조직·사물의 내부에 생긴
    부정적인 현상 또는 해로운 요소 ( )

57) 본래의 모습을 알아볼 수 없게 하기 위하여 옷차림·얼굴·
    머리 모양 따위를 다르게 바꾸다 ( )

58) 산·들판이 풀이나 나무가 없어서 맨바닥이 다 드러나다 ( )

59) 죄인이 귀양 보내진 곳 또는 귀양살이를 하는 곳 ( )

60) 쌓이거나 담긴 물건 따위가 불룩하게 많다 ( )

61) 모든 희망을 끊어 버리고 체념하고·포기하다 ( )

62) 기억이 전혀 없다 ( )

63) 성미가 급하여 말이나 행동을 우악스럽게 하는 모양 ( )

64) 경험이 없거나 나이가 어려서 일에 서투르거나·세상 물정을
    모르는 사람을 얕잡아 이르는 말 ( )

65) 어떤 지방에서 특별하게 생산되는 물품 ( )

66) 옛날에, 봇짐이나 등짐을 지고 전국 각 지방을 돌아다니며
    물건을 파는 사람 ( )

67) 집 뒤의 울타리를 둘러친 안 　　　　　　　　(　　　　)

68) 섬뜩한 느낌을 받아서 소름이 돋는 듯하다 　　　(　　　　)

69) 글쓴이가 자신의 주장을 내세워 읽는 사람을 설득하기 위한 글(　　　　)

70) 소나 말이 끄는 수레 　　　　　　　　　　　(　　　　)

71) 몸의 털 따위가 몹시 어지럽게 일어나거나·흐트러진 모양 　(　　　　)

72) 음식이 입에 당기는 듯이 맛깔스러운 맛 　　　(　　　　)

73) 앞으로 닥쳐올 일에 대한 마음의 준비를 하다 　(　　　　)

74) 무엇을 해낼 수 있는 힘 또는 그 힘의 정도 　　(　　　　)

75) 세상 물정에 대하여 바르게 생각하거나·판단하는
　　　능력이 없다 　　　　　　　　　　　　　(　　　　)

76) 능히 견디어 내다 　　　　　　　　　　　　(　　　　)

77) 책이나 인터넷 따위에서 필요한 자료를 찾아냄 　(　　　　)

78) 황당하여 믿기 어렵다 　　　　　　　　　　(　　　　)

79) 구성원들에게 어떤 일을 실행할 것이라고 약속함 또는 그 약속 　(　　　　)

80) 글자는 같지만 뜻이 다른 낱말 　　　　　　　(　　　　)

81) 못마땅하게 여겨 맞대 놓고 꾸짖다 　　　　　(　　　　)

82) 정신을 어지럽게 만드는 부산스러운 말이나 행동 　(　　　　)

83) 예전에, 나라에서 큰일을 치를 때 그 일의 처음부터 끝까지의
　　　경과를 상세히 기록한 책 　　　　　　　　(　　　　)

84) 차이가 없이 똑같은 상태 ( )

85) 글·이야기 따위가 체계를 갖추어 연관되어 있는 상태 ( )

86) 말로 강하게 부탁하다 ( )

87) 제자리에서 뱅글뱅글 도는 짓 ( )

88) 생각이 서로 잘 통함 ( )

89) 능력이 부족하면서도 남에게 지기 싫어하는 마음 ( )

90) 제대로 갖추어져 충분하게 또는 쓸 만하게 ( )

91) 인간의 생활 및 생산에 이용되는 원료 ( )

92) 있는 그대로의 상태 또는 실제의 형편 ( )

93) 조사를 하거나·통계 자료 등을 얻기 위하여 어떤 주제에
대하여 문제를 내서 물음 또는 그 문제 ( )

94) 두 가지 이상의 뜻을 가진 낱말 ( )

95) 사물이 무엇에서 말미암아 생겨나다 또는 전하여 오다 ( )

96) 대상이 인간과의 관계에 의하여 갖게 되는 중요성 ( )

97) 어떤 일이나 주제에 대하여 가장 중심이 되는 단어 ( )

98) 자연환경을 오염하지 않고 자연 그대로의 환경과 잘
어울리는 것 ( )

99) 잘못된 것, 부족한 것, 나쁜 것 따위를 고쳐서 이전보다 더
나아지게 하다 ( )

100) 어렵고 힘들거나 바람직하지 않은 상황 따위를 이겨 내다
또는 노력하여 없애다 ( )

바른 답
확인하기

6·1

1일

1 1) 함박눈 2) 흩날리다 3) 사방 4) 빗대다 5) 비유 6) 은혜

2 1) 함박눈 2) 흩날린다 3) 사방 4) 빗대어 5) 비유 6) 은혜

2일

1 1) 연주하다 2) 교향악 3) 표현하다 4) 산들 5) 나부끼다 6) 운율

2 1) 연주했다 2) 교향악 3) 표현했다 4) 산들 5) 나부낀다 6) 운율

3일

1 1) 대상 2) 왈츠 3) 은유법 4) 가로수 5) 엉키다 6) 얼싸안다

2 1) 대상, 대상, 대상 2) 왈츠 3) 은유법 4) 가로수 5) 엉키어 6) 얼싸안으며

4일

1 1) 견주다 2) 직유법 3) 익숙하다 4) 실감나다 5) 참신하다 6) 와닿다

2 1) 견주어 2) 직유법 3) 익숙한 4) 실감났다 5) 참신한 6) 와 닿지만, 와 닿지

5일

1 1) 낭송하다 2) 구조 3) 간추리다 4) 정확하다 5) 가르다 6) 눈여겨보다

2 1) 낭송했다 2) 구조 3) 간추리는 4) 정확하게 5) 갈랐다 6) 눈여겨보았던

1 1) 낭송하다 2) 눈여겨보다 3) 사방 4) 흩날리다 5) 왈츠 6) 구조 7) 빗대다 8) 가로수 9) 견주다 10) 엉키다 11) 직유법 12) 대상 13) 정확하다 14) 익숙하다 15) 와닿다 16) 은유법 17) 연주하다 18) 간추리다 19) 표현하다 20) 나부끼다 21) 교향악 22) 운율 23) 산들 24) 얼싸안다 25) 비유 26) 실감나다 27) 함박눈 28) 은혜 29) 참신하다 30) 가르다

2 1) 산들 2) 실감났다 3) 흩날린다 4) 눈여겨보았던 5) 견주어 6) 낭송했다 7) 나부낀다 8) 간추리는 9) 얼싸안으며 10) 갈랐다 11) 와 닿지만, 와 닿지 12) 표현했다 13) 직유법 14) 사방 15) 익숙한 16) 구조 17) 참신한 18) 대상, 대상, 대상 19) 정확하게 20) 은유법 21) 교향악 22) 가로수 23) 왈츠 24) 엉키어 25) 연주했다 26) 비유 27) 빗대어 28) 함박눈 29) 운율 30) 은혜

1일

1 1) 확인하다 2) 우르르 3) 천만에 4) 아우성 5) 의논 6) 확실하다

2 1) 확인하자 2) 우르르 3) 천만에 4) 아우성 5) 의논 6) 확실하다

2일

1 1) 분명하다 2) 감시하다 3) 의심하다 4) 드나들다 5) 차츰차츰 6) 까맣다

2 1) 분명하다 2) 감시했다 3) 의심해서 4) 드나드는 5) 차츰차츰 6) 까맣게

3일

1 1) 너머 2) 으스스하다 3) 언뜻 4) 오싹거리다 5)

끔찍하다 6) 소통하다

2 1) 너머 2) 으스스한 3) 언뜻 4) 오싹거렸다 5) 끔찍한 6)
소통할

4일

1 1) 저승 2) 곳간 3) 원님 4) 소인 5) 이승 6) 조아리다

2 1) 저승 2) 곳간 3) 원님 4) 소인 5) 이승 6) 조아렸다

5일

1 1) 간청하다 2) 수명 3) 딱하다 4) 얼른 5) 헛걸음 6)
수고비

2 1) 간청했다 2) 수명, 수명 3) 딱하다 4) 얼른 5) 헛걸음
6) 수고비

2주 주말평가

1 1) 얼른 2) 천만에 3) 소인 4) 우르르 5) 분명하다 6)
확실하다 7) 감시하다 8) 수고비 9) 의심하다 10) 수명 11)
드나들다 12) 너머 13) 아우성 14) 까맣다 15) 언뜻 16)
의논 17) 저승 18) 원님 19) 조아리다 20) 으스스하다 21)
끔찍하다 22) 간청하다 23) 소통하다 24) 오싹거리다 25)
확인하다 26) 딱하다 27) 곳간 28) 이승 29) 헛걸음 30)
차츰차츰

2 1) 확실하다 2) 수명, 수명 3) 아우성 4) 으스스한 5)
저승 6) 분명하다 7) 오싹거렸다 8) 감시했다 9) 우르르 10)
의심해서 11) 끔찍한 12) 드나드는 13) 언뜻 14) 차츰차츰
15) 의논 16) 간청했다 17) 까맣게 18) 딱하다는 19) 곳간
20) 조아렸다 21) 소인 22) 수고비 23) 소통할 24) 이승 25)
너머 26) 헛걸음 27) 원님 28) 천만에 29) 확인하자 30)
얼른

1일

1 1) 재물 2) 볏짚 3) 덕 4) 변변히 5) 핀잔하다 6) 그득하다

2 1) 재물 2) 볏짚 3) 덕 4) 변변히 5) 핀잔했다 6) 그득하다

2일

1 1) 꼴 2) 제안하다 3) 셈 4) 치르다 5) 명령하다 6) 인정

2 1) 꼴 2) 제안했다 3) 셈 4) 치를 5) 명령했다 6) 인정

3일

1 1) 주막 2) 후하다 3) 허름하다 4) 변장하다 5) 머뭇거리다
6) 선뜻

2 1) 주막 2) 후하게 3) 허름한 4) 변장하고 5) 머뭇거리다가
6) 선뜻

4일

1 1) 형편 2) 적선 3) 감명 4) 달구지 5) 호들갑스럽다 6)
해코지하다

2 1) 형편 2) 적선 3) 감명 4) 달구지 5) 호들갑스럽게 6)
해코지할

5일

1 1) 다소곳이 2) 영문 3) 어리둥절하다 4) 강제 5) 멍하다
6) 가로지르다

2 1) 다소곳이 2) 영문 3) 어리둥절했다 4) 강제 5) 멍하게
6) 가로지르는

3주 주말평가

1 1) 후하다 2) 다소곳이 3) 형편 4) 머뭇거리다 5) 적선
6) 명령하다 7) 감명 8) 주막 9) 달구지 10) 어리둥절하다
11) 꼴 12) 변변히 13) 인정 14) 호들갑스럽다 15) 덕 16)
해코지하다 17) 그득하다 18) 셈 19) 허름하다 20) 재물 21)

변장하다 22) 제안하다 23) 치르다 24) 핀잔하다 25) 영문
26) 강제 27) 볏짚 28) 선뜻 29) 멍하다 30) 가로지르다

2 1) 셈 2) 핀잔했다 3) 다소곳이 4) 영문 5) 치를 6)
어리둥절했다 7) 허름한 8) 강제 9) 형편 10) 해코지할 11)
적선 12) 변변히 13) 변장하고 14) 재물 15) 명령했다 16)
볏짚 17) 호들갑스럽게 18) 덕 19) 후하게 20) 머뭇거리다
21) 꼴 22) 가로지르는 23) 달구지 24) 주막 25) 감명 26)
그득하다 27) 제안했다 28) 인정 29) 선뜻 30) 멍하게

4주   54~63쪽

1일

1 1) 추론하다 2) 평가하다 3) 가치판단 4) 본격적 5) 공터
6) 구석지다
2 1) 추론했다 2) 평가했기 3) 가치 판단 4) 본격적인 5)
공터 6) 구석진

2일

1 1) 꾸부정하다 2) 손놀림 3) 꾸러미 4) 수그리다 5)
뚫어지다 6) 납작하다
2 1) 꾸부정하게 2) 손놀림 3) 꾸러미 4) 수그렸다 5)
뚫어지게 6) 납작하게

3일

1 1) 웬만하다 2) 차지하다 3) 일부러 4) 잰걸음 5) 흠칫 6)
정작
2 1) 웬만한 2) 차지하려고 3) 일부러 4) 잰걸음 5) 흠칫 6)
정작

4일

1 1) 눈두덩 2) 아예 3) 뿌유스레하다 4) 벌그데데하다 5)
쏘아붙이다 6) 섬뜩하다
2 1) 눈두덩 2) 아예 3) 뿌유스레한 4) 벌그데데한 5)

쏘아붙였다 6) 섬뜩한

5일

1 1) 소름 2) 흉측하다 3) 대꾸 4) 울뚝 5) 치밀다 6) 벌러덩
2 1) 소름 2) 흉측하다 3) 대꾸 4) 울뚝 5) 치밀어 6) 벌러덩

4주 주말평가

1 1) 울뚝 2) 수그리다 3) 아예 4) 웬만하다 5) 섬뜩하다
6) 대꾸 7) 일부러 8) 뿌유스레하다 9) 잰걸음 10) 본격적
11) 흠칫 12) 꾸부정하다 13) 벌러덩 14) 손놀림 15)
눈두덩 16) 꾸러미 17) 치밀다 18) 뚫어지다 19) 추론하다
20) 벌그데데하다 21) 가치판단 22) 공터 23) 흉측하다
24) 구석지다 25) 납작하다 26) 정작 27) 차지하다 28)
평가하다 29) 쏘아붙이다 30) 소름

2 1) 차지하려고 2) 잰걸음 3) 소름 4) 뿌유스레한 5)
흉측하다 6) 공터 7) 대꾸 8) 꾸부정하게 9) 가치판단 10)
손놀림 11) 벌그데데한 12) 꾸러미 13) 흠칫 14) 수그렸다
15) 섬뜩한 16) 정작 17) 일부러 18) 납작하게 19) 울뚝 20)
추론했다 21) 뚫어지게 22) 본격적인 23) 쏘아붙였다 24)
평가했기 25) 벌러덩 26) 구석진 27) 치밀어 28) 아예 29)
눈두덩 30) 웬만한

1 1) 낭송하다 2) 흩날리다 3) 견주다 4) 은유법 5) 나부끼다
6) 함박눈 7) 산들 8) 비유 9) 후하다 10) 조아리다 11) 울뚝
12) 선뜻 13) 언뜻 14) 추론하다 15) 머뭇거리다 16) 잰걸음
17) 소인 18) 쏘아붙이다 19) 주막 20) 뿌유스레하다 21)
수고비 22) 호들갑스럽다 23) 달구지 24) 곳간 25) 꾸러미
26) 너머 27) 허름하다 28) 차츰차츰 29) 구석지다 30)
간청하다

2 1) 실감났다 2) 견주어 3) 갈랐다 4) 직유법 5) 사방 6)

대상, 대상, 대상 7) 엉키어 8) 재물 9) 섬뜩한 10) 그득하다 11) 해코지할 12) 꾸부정하게 13) 일부러 14) 운율 15) 가치판단 16) 핀잔했다 17) 까맣게 18) 웬만한 19) 멍하게 20) 오싹거렸다 21) 쏘아붙였다 22) 아우성 23) 벌러덩 24) 다소곳이 25) 대꾸 26) 끔찍한 27) 적선 28) 천만에 29) 흉측하다 30) 소통할

5주 74~83쪽

1일

1 1) 허둥허둥 2) 간신히 3) 인상 4) 흐무러지다 5) 내친김 6) 큰코다치다

2 1) 허둥허둥 2) 간신히 3) 인상 4) 흐무러져서 5) 내친김 6) 큰코다쳤다

2일

1 1) 울릉대다 2) 고물상 3) 실금 4) 차곡차곡 5) 턱없이 6) 쪽빛

2 1) 울릉댔다 2) 고물상 3) 실금 4) 차곡차곡 5) 턱없이 6) 쪽빛

3일

1 1) 아름 2) 쪼르르 3) 찬찬히 4) 귀퉁이 5) 똥그스름하다 6) 탄성

2 1) 아름 2) 쪼르르 3) 찬찬히 4) 귀퉁이 5) 똥그스름하게 6) 탄성

4일

1 1) 테 2) 아슴아슴 3) 도무지 4) 금세 5) 품다 6) 중얼거리다

2 1) 테 2) 아슴아슴 3) 도무지 4) 금세 5) 품고 6) 중얼거리며

5일

1 1) 뻐근하다 2) 이내 3) 후두두 4) 세차다 5) 아늑하다 6) 투명하다

2 1) 뻐근했다 2) 이내 3) 후두두 4) 세차게 5) 아늑한 6) 투명한

5주 주말평가

1 1) 턱없이 2) 아늑하다 3) 이내 4) 쪼르르 5) 후두두 6) 테 7) 똥그스름하다 8) 아슴아슴 9) 울릉대다 10) 간신히 11) 중얼거리다 12) 뻐근하다 13) 실금 14) 허둥허둥 15) 세차다 16) 찬찬히 17) 인상 18) 흐무러지다 19) 내친김 20) 차곡차곡 21) 큰코다치다 22) 쪽빛 23) 도무지 24) 투명하다 25) 금세 26) 아름 27) 귀퉁이 28) 고물상 29) 탄성 30) 품다

2 1) 흐무러져서 2) 뻐근했다 3) 아늑한 4) 탄성 5) 금세 6) 쪼르르 7) 허둥허둥 8) 후두두 9) 간신히 10) 울릉댔다 11) 턱없이 12) 찬찬히 13) 고물상 14) 내친김 15) 테 16) 도무지 17) 아슴아슴 18) 차곡차곡 19) 큰코다쳤다 20) 품고 21) 아름 22) 쪽빛 23) 귀퉁이 24) 인상 25) 똥그스름하게 26) 세차게 27) 실금 28) 투명한 29) 중얼거리며 30) 이내

6주 88~97쪽

1일

1 1) 희한하다 2) 타박하다 3) 곰곰이 4) 수북하다 5) 시치미떼다 6) 씁쓸하다

2 1) 희한한 2) 타박하였다 3) 곰곰이 4) 수북하게 5) 시치미를 뗐다 6) 씁쓸한

2일

1 1) 넌지시 2) 처지 3) 요약하다 4) 인상깊다 5) 상상하다

6) 간직하다

2 1) 넌지시 2) 처지, 처지 3) 요약하면 4) 인상 깊었던 5) 상상했다 6) 간직하고

3일

1 1) 채 2) 체계 3) 구성하다 4) 짜임새 5) 활용하다 6) 공식적

2 1) 채 2) 체계 3) 구성해야 4) 짜임새, 짜임새 5) 활용하면 6) 공식적인

4일

1 1) 해롭다 2) 선거 3) 공약 4) 연설 5) 축제 6) 생생하다

2 1) 해롭다 2) 선거 3) 공약 4) 연설 5) 축제 6) 생생하다

5일

1 1) 효과적 2) 종류 3) 강수량 4) 분석하다 5) 도표 6) 보부상

2 1) 효과적 2) 종류 3) 강수량 4) 분석한 5) 도표 6) 보부상

6주 주말평가

1 1) 인상깊다 2) 채 3) 곰곰이 4) 보부상 5) 체계 6) 연설 7) 구성하다 8) 넌지시 9) 시치미떼다 10) 처지 11) 효과적 12) 요약하다 13) 공약 14) 씁쓸하다 15) 상상하다 16) 수북하다 17) 간직하다 18) 축제 19) 활용하다 20) 도표 21) 희한하다 22) 공식적 23) 분석하다 24) 종류 25) 타박하다 26) 강수량 27) 해롭다 28) 생생하다 29) 선거 30) 짜임새

2 1) 활용하면 2) 타박하였다 3) 축제 4) 강수량 5) 생생하다 6) 분석한 7) 해롭다 8) 채 9) 연설 10) 체계 11) 넌지시 12) 효과적 13) 도표 14) 수북하게 15) 요약하면 16) 종류 17) 인상 깊었던 18) 간직하고 19) 구성해야 20) 씁쓸한 21) 짜임새, 짜임새 22) 곰곰이 23) 보부상 24) 공식적인 25) 시치미를 뗐다 26) 선거 27) 처지, 처지 28) 공약 29) 상상했다 30) 희한한

1일

1 1) 자료 2) 정보 3) 발달하다 4) 한눈 5) 발표하다 6) 핵심어

2 1) 자료 2) 정보 3) 발달했다 4) 한눈 5) 발표했다 6) 핵심어

2일

1 1) 검색 2) 복잡하다 3) 설문 4) 허락 5) 출처 6) 저작권

2 1) 검색 2) 복잡해 3) 설문 4) 허락 5) 출처 6) 저작권

3일

1 1) 기업 2) 인재 3) 소통 4) 협력 5) 전문성 6) 인재상

2 1) 기업 2) 인재 3) 소통 4) 협력 5) 전문성 6) 인재상

4일

1 1) 원칙 2) 신뢰 3) 사물인터넷 4) 산업 5) 예상하다 6) 변화

2 1) 원칙 2) 신뢰 3) 사물 인터넷 4) 산업 5) 예상해 6) 변화

5일

1 1) 의지 2) 핵심 3) 역량 4) 도구 5) 자주적 6) 적용하다

2 1) 의지 2) 핵심 3) 역량 4) 도구 5) 자주적 6) 적용한

7주 주말평가

1 1) 역량 2) 의지 3) 적용하다 4) 한눈 5) 신뢰 6) 검색 7) 변화 8) 복잡하다 9) 자주적 10) 설문 11) 발달하다 12) 핵심어 13) 출처 14) 원칙 15) 저작권 16) 사물인터넷 17) 기업 18) 예상하다 19) 인재 20) 발표하다 21) 소통 22) 도구 23) 협력 24) 정보 25) 전문성 26) 인재상 27) 산업 28) 핵심 29) 자료 30) 허락

2 1) 발표했다 2) 핵심 3) 기업 4) 복잡해 5) 한눈 6) 협력 7) 검색 8) 자료 9) 산업 10) 설문 11) 정보 12) 의지 13) 발달했다 14) 소통 15) 허락 16) 원칙 17) 출처 18) 인재 19) 도구 20) 신뢰 21) 핵심어 22) 자주적 23) 적용한 24) 변화 25) 저작권 26) 전문성 27) 인재상 28) 역량 29) 사물 인터넷 30) 예상해

8주 116~125쪽

1일

1 1) 강화하다 2) 주의 3) 점검하다 4) 진로 5) 침해하다 6) 필요하다
2 1) 강화해야 2) 주의, 주의 3) 점검했다 4) 진로 5) 침해하는 6) 필요하다

2일

1 1) 주장 2) 근거 3) 판단하다 4) 타당하다 5) 생태 6) 습성
2 1) 주장, 주장 2) 근거 3) 판단했다 4) 타당하다 5) 생태 6) 습성

3일

1 1) 극지방 2) 열대 3) 방문하다 4) 야생 5) 제한하다 6) 보장하다
2 1) 극지방 2) 열대 3) 방문한다 4) 야생 5) 제한하고 6) 보장하기

4일

1 1) 탈바꿈하다 2) 개선하다 3) 이롭다 4) 구속하다 5) 극심하다 6) 눈요깃거리
2 1) 탈바꿈했다 2) 개선했다 3) 이로운 4) 구속하고 5) 극심해서 6) 눈요깃거리

5일

1 1) 친환경 2) 자체 3) 인공적 4) 우리 5) 행동반경 6) 인위적
2 1) 친환경 2) 자체 3) 인공적 4) 우리 5) 행동반경 6) 인위적

8주 주말평가

1 1) 점검하다 2) 친환경 3) 침해하다 4) 탈바꿈하다 5) 인공적 6) 야생 7) 개선하다 8) 인위적 9) 이롭다 10) 극지방 11) 강화하다 12) 열대 13) 주장 14) 행동반경 15) 근거 16) 필요하다 17) 판단하다 18) 자체 19) 타당하다 20) 진로 21) 제한하다 22) 우리 23) 습성 24) 보장하다 25) 생태 26) 구속하다 27) 눈요깃거리 28) 극심하다 29) 방문하다 30) 주의
2 1) 눈요깃거리 2) 열대 3) 개선했다 4) 타당하다고 5) 생태 6) 극지방 7) 인공적 8) 습성 9) 행동반경 10) 진로 11) 극심해서 12) 탈바꿈했다 13) 야생 14) 근거 15) 제한하고 16) 강화해야 17) 주장, 주장 18) 점검했다 19) 주의, 주의 20) 우리 21) 이로운 22) 침해하는 23) 친환경 24) 필요하다 25) 보장하기 26) 구속하고 27) 인위적 28) 자체 29) 판단했다 30) 방문한다

월 말 평 가 5~8주

1 1) 턱없이 2) 씁쓸하다 3) 아슴아슴 4) 역량 5) 타박하다 6) 쪼르르 7) 자주적 8) 짜임새 9) 탄성 10) 협력 11) 보부상 12) 울릉대다 13) 점검하다 14) 신뢰 15) 도표 16) 타당하다 17) 흐무러지다 18) 극지방 19) 출처 20) 사물인터넷 21) 저작권 22) 침해하다 23) 쪽빛 24) 눈요깃거리 25) 체계 26) 보장하다 27) 채 28) 허락 29) 행동반경 30) 넌지시
2 1) 뻐근했다 2) 열대 3) 구성해야 4) 차곡차곡 5) 씁쓸한

6) 허둥허둥 7) 핵심어 8) 짜임새, 짜임새 9) 희한한 10) 전문성 11) 테 12) 설문 13) 이로운 14) 이내 15) 복잡해 16) 습성 17) 똥그스름하게 18) 생생하다 19) 인위적 20) 도무지 21) 개선했다 22) 예상해 23) 아름 24) 극심해서 25) 발표했다 26) 효과적 27) 친환경 28) 곰곰이 29) 적용한 30) 시치미를 뗐다

9주 136~145쪽

1일

1 1) 생태계 2) 어우러지다 3) 광활하다 4) 권리 5) 곰곰이 6) 유래하다
2 1) 생태계 2) 어우러지는 3) 광활한 4) 권리 5) 곰곰이 6) 유래한

2일

1 1) 체질 2) 발전하다 3) 담백하다 4) 균형 5) 섭취하다 6) 풍부하다
2 1) 체질 2) 발전해 3) 담백하다 4) 균형 5) 섭취하기 6) 풍부하게

3일

1 1) 작용 2) 발효식품 3) 항암효과 4) 해독 5) 산천 6) 특색
2 1) 작용 2) 발효 식품 3) 항암 효과 4) 해독 5) 산천 6) 특색

4일

1 1) 고유하다 2) 독특하다 3) 특산물 4) 쏘다 5) 감칠맛 6) 슬기
2 1) 고유한 2) 독특한 3) 특산물 4) 쏘는 5) 감칠맛 6) 슬기

5일

1 1) 저장하다 2) 조절하다 3) 염장 4) 농경 5) 세시음식 6) 주목받다
2 1) 저장했다 2) 조절해 3) 염장 4) 농경 5) 세시 음식 6) 주목받고

9주 주말평가

1 1) 특색 2) 염장 3) 주목받다 4) 어우러지다 5) 체질 6) 광활하다 7) 발전하다 8) 산천 9) 담백하다 10) 고유하다 11) 곰곰이 12) 권리 13) 세시음식 14) 특산물 15) 발효식품 16) 쏘다 17) 슬기 18) 균형 19) 유래하다 20) 농경 21) 풍부하다 22) 작용 23) 감칠맛 24) 항암효과 25) 독특하다 26) 해독 27) 저장하다 28) 섭취 29) 조절하다 30) 생태계
2 1) 권리 2) 담백하다 3) 조절해 4) 곰곰이 5) 염장 6) 고유한 7) 유래한 8) 독특한 9) 저장했다 10) 세시 음식 11) 산천 12) 특산물 13) 작용 14) 발효 식품 15) 특색 16) 해독 17) 항암 효과 18) 발전해 19) 균형 20) 섭취하기 21) 체질 22) 풍부하게 23) 생태계 24) 감칠맛 25) 어우러지는 26) 쏘는 27) 슬기 28) 농경 29) 주목받고 30) 광활한

10주 150~159쪽

1일

1 1) 넉넉하다 2) 지혜 3) 논설문 4) 포함하다 5) 서론 6) 본론
2 1) 넉넉했다 2) 지혜 3) 논설문 4) 포함하면 5) 서론 6) 본론

2일

1 1) 결론 2) 무분별하다 3) 위협하다 4) 터전 5) 몸살앓다 6) 인류

2 1) 결론 2) 무분별한 3) 위협한다 4) 터전, 터전 5) 몸살을 앓는다 6) 인류

3일

1 1) 파괴하다 2) 복원되다 3) 자정 4) 감당하다 5) 무리하다 6) 유기적

2 1) 파괴한다 2) 복원되기 3) 자정 4) 감당하기는 5) 무리한 6) 유기적

4일

1 1) 악화시키다 2) 초래하다 3) 편의 4) 멸종 5) 훼손되다 6) 견해

2 1) 악화시켰다 2) 초래한다 3) 편의 4) 멸종 5) 훼손된 6) 견해

5일

1 1) 심각하다 2) 모호하다 3) 관점 4) 단정하다 5) 금수강산 6) 유산

2 1) 심각하다 2) 모호한 3) 관점, 관점 4) 단정하는 5) 금수강산 6) 유산

10주 주말평가

1 1) 무리하다 2) 단정하다 3) 본론 4) 지혜 5) 결론 6) 편의 7) 무분별하다 8) 복원되다 9) 유산 10) 훼손되다 11) 터전 12) 심각하다 13) 넉넉하다 14) 멸종 15) 관점 16) 모호하다 17) 유기적 18) 금수강산 19) 악화시키다 20) 몸살앓다 21) 초래하다 22) 서론 23) 인류 24) 논설문 25) 포함하다 26) 파괴하다 27) 감당하다 28) 견해 29) 위협하다 30) 자정

2 1) 심각하다 2) 무분별한 3) 모호한 4) 몸살을 앓는다 5) 관점, 관점 6) 인류 7) 넉넉했다 8) 유산 9) 편의 10) 초래한다 11) 훼손된 12) 단정하는 13) 복원되기 14) 악화시켰다 15) 자정 16) 감당하기는 17) 지혜 18) 서론 19) 무리한 20) 파괴한다 21) 유기적 22) 멸종 23) 포함하면 24) 결론 25)

터전, 터전 26) 논설문 27) 본론 28) 견해 29) 금수강산 30) 위협한다

11주 164~173쪽

1일

1 1) 안식처 2) 지구온난화 3) 주관적 4) 객관적 5) 갈래 6) 수치

2 1) 안식처 2) 지구 온난화 3) 주관적 4) 객관적 5) 갈래 6) 수치

2일

1 1) 통계 2) 보완하다 3) 백지장 4) 굽히다 5) 속담 6) 실태

2 1) 통계 2) 보완했다 3) 백지장 4) 굽히지 5) 속담 6) 실태

3일

1 1) 태산 2) 수선 3) 소용 4) 업신여기다 5) 응달 6) 후회

2 1) 태산 2) 수선 3) 소용 4) 업신여기고 5) 응달 6) 후회

4일

1 1) 담그다 2) 고개턱 3) 가누다 4) 산산조각 5) 눈앞 6) 오지다

2 1) 담그신다 2) 고개턱 3) 가누지 4) 산산조각 5) 눈앞 6) 오지게

5일

1 1) 기우뚱하다 2) 박살나다 3) 허황되다 4) 궁리하다 5) 실현성 6) 도리어

2 1) 기우뚱한다 2) 박살나서 3) 허황된 4) 궁리했다 5) 실현성 6) 도리어

11주 주말평가

1 1) 속담 2) 소용 3) 수치 4) 실태 5) 눈앞 6) 주관적 7) 산산조각 8) 보완하다 9) 고개턱 10) 백지장 11) 태산 12) 도리어 13) 후회 14) 담그다 15) 실현성 16) 수선 17) 객관적 18) 갈래 19) 가누다 20) 지구온난화 21) 오지다 22) 응달 23) 기우뚱하다 24) 굽히다 25) 박살나다 26) 업신여기다 27) 통계 28) 허황되다 29) 궁리하다 30) 안식처

2 1) 객관적 2) 백지장 3) 갈래 4) 주관적 5) 굽히지 6) 기우뚱한다 7) 안식처 8) 응달 9) 담그신다 10) 후회 11) 고개턱 12) 가누지 13) 수치 14) 산산조각 15) 보완했다 16) 도리어 17) 오지게 18) 허황된 19) 태산 20) 실태 21) 수선 22) 실현성 23) 업신여기고 24) 박살나서 25) 눈앞 26) 궁리했다 27) 통계 28) 속담 29) 소용 30) 지구 온난화

12주
178~187쪽

1일

1 1) 손해 2) 대령하다 3) 맡아보다 4) 휑하니 5) 딴전 6) 다짐

2 1) 손해 2) 대령하고 3) 맡아보았다 4) 휑하니 5) 딴전 6) 다짐

2일

1 1) 맴 2) 넋잃다 3) 온데간데없다 4) 하는수없다 5) 호통을치다 6) 탐구

2 1) 맴 2) 넋을 잃었다 3) 온데간데없이 4) 하는 수 없이 5) 호통을 치셨다 6) 탐구

3일

1 1) 짐작하다 2) 단서 3) 적응하다 4) 이탈 5) 문화유산 6) 성곽

2 1) 짐작했다 2) 단서 3) 적응하려고 4) 이탈 5) 문화유산 6) 성곽

4일

1 1) 일대 2) 규모 3) 국경 4) 대비하다 5) 다의어 6) 수준

2 1) 일대 2) 규모 3) 국경 4) 대비했다 5) 다의어 6) 수준

5일

1 1) 설계 2) 구조물 3) 세세하다 4) 치밀하다 5) 상세히 6) 원만하다

2 1) 설계 2) 구조물 3) 세세하게 4) 치밀하게 5) 상세히 6) 원만하여

12주 주말평가

1 1) 온데간데없다 2) 문화유산 3) 구조물 4) 탐구 5) 세세하다 6) 짐작하다 7) 국경 8) 단서 9) 손해 10) 하는수없다 11) 대령하다 12) 수준 13) 맡아보다 14) 성곽 15) 원만하다 16) 휑하니 17) 딴전 18) 적응하다 19) 호통을치다 20) 이탈 21) 치밀하다 22) 규모 23) 넋잃다 24) 대비하다 25) 다짐 26) 다의어 27) 설계 28) 일대 29) 상세히 30) 맴

2 1) 원만하여 2) 온데간데없이 3) 일대 4) 대령하고 5) 다의어 6) 구조물 7) 국경 8) 호통을 치셨다 9) 맴 10) 상세히 11) 휑하니 12) 문화유산 13) 탐구 14) 대비했다 15) 성곽 16) 이탈 17) 다짐 18) 수준 19) 세세하게 20) 짐작했다 21) 단서 22) 치밀하게 23) 적응하려고 24) 손해 25) 하는 수 없이 26) 넋을 잃었다 27) 맡아보았다 28) 규모 29) 딴전 30) 설계

1 1) 특색 2) 온데간데없다 3) 업신여기다 4) 몸살앓다

5) 지구온난화 6) 단정하다 7) 염장 8) 주관적 9) 속담
10) 발효식품 11) 응답 12) 모호하다 13) 짐작하다 14)
광활하다 15) 안식처 16) 무분별하다 17) 견해 18) 넋잃다
19) 권리 20) 성곽 21) 고개턱 22) 섭취 23) 맴 24) 멸종
25) 세시음식 26) 터전 27) 자정 28) 백지장 29) 딴전 30)
생태계

2 1) 감칠맛 2) 오지게 3) 세세하게 4) 광활한 5) 태산 6)
독특한 7) 다의어 8) 논설문 9) 서론 10) 어우러지는 11)
위협한다 12) 슬기 13) 이탈 14) 담백하다 15) 설계 16)
유기적 17) 업신여기고 18) 감당하기는 19) 규모 20) 균형
21) 허황된 22) 담그신다 23) 유래한 24) 단서 25) 통계 26)
기우뚱한다 27) 몸살을 앓는다 28) 넋을 잃었다 29) 훼손된
30) 악화시켰다

13주   198~207쪽

 1일

1 1) 의궤 2) 임금 3) 동형어 4) 하찮다 5) 명단 6) 원대하다
2 1) 의궤 2) 임금 3) 동형어 4) 하찮은 5) 명단 6) 원대한

 2일

1 1) 엄격하다 2) 마련하다 3) 추천하다 4) 명복 5)
특정하다 6) 바탕
2 1) 엄격한 2) 마련했다 3) 추천했다 4) 명복 5) 특정하여
6) 바탕

3일

1 1) 완공하다 2) 신분 3) 명칭 4) 격 5) 번성하다 6)
어마어마하다
2 1) 완공하지 2) 신분 3) 명칭 4) 격 5) 번성했던 6)
어마어마하다

4일

1 1) 즉위식 2) 사신 3) 후원 4) 경사 5) 연회 6) 누각
2 1) 즉위식 2) 사신 3) 후원 4) 경사 5) 연회 6) 누각

5일

1 1) 접대하다 2) 산자락 3) 배치하다 4) 정자 5) 사상 6)
반영하다
2 1) 접대하다 2) 산자락 3) 배치했다 4) 정자 5) 사상 6)
반영하여

13주 주말평가

1 1) 동형어 2) 접대하다 3) 반영하다 4) 산자락 5) 하찮다
6) 배치하다 7) 즉위식 8) 엄격하다 9) 명단 10) 마련하다
11) 정자 12) 추천하다 13) 어마어마하다 14) 연회 15)
명복 16) 임금 17) 특정하다 18) 의궤 19) 격 20) 바탕 21)
사신 22) 완공하다 23) 후원 24) 신분 25) 원대하다 26)
번성하다 27) 경사 28) 누각 29) 명칭 30) 사상
2 1) 마련했다 2) 정자 3) 후원 4) 임금 5) 사신 6) 동형어
7) 접대하다 8) 하찮은 9) 엄격한 10) 사상 11) 즉위식 12)
번성했던 13) 추천했다 14) 의궤 15) 명복 16) 완공하지
17) 배치했다 18) 신분 19) 산자락 20) 명칭 21) 누각 22)
격 23) 어마어마하다 24) 명단 25) 반영하여 26) 경사 27)
연회 28) 특정하여 29) 바탕 30) 원대한

14주   212~221쪽

 1일

1 1) 가장자리 2) 단청 3) 화려하다 4) 처마 5) 화재 6)
수난
2 1) 가장자리 2) 단청 3) 화려했다 4) 처마 5) 화재 6)
수난

2일

1 1) 비극 2) 터 3) 헐다 4) 강제 5) 논의하다 6) 행궁

2 1) 비극 2) 터 3) 헐고 4) 강제 5) 논의하셨다 6) 행궁

3일

1 1) 왕조 2) 어진 3) 소용돌이 4) 거처 5) 의식 6) 여가

2 1) 왕조 2) 어진 3) 소용돌이 4) 거처 5) 의식 6) 여가

4일

1 1) 발굴되다 2) 개방하다 3) 담장 4) 취병 5) 광고 6) 소비

2 1) 발굴되었다 2) 개방한다 3) 담장 4) 취병 5) 광고 6) 소비

5일

1 1) 분량 2) 편집 3) 자막 4) 효과 5) 극본 6) 소품

2 1) 분량 2) 편집 3) 자막 4) 효과 5) 극본 6) 소품

14주 주말평가

1 1) 가장자리 2) 소용돌이 3) 광고 4) 단청 5) 비극 6) 분량 7) 행궁 8) 화려하다 9) 왕조 10) 화재 11) 개방하다 12) 소비 13) 효과 14) 수난 15) 극본 16) 취병 17) 헐다 18) 소품 19) 강제 20) 편집 21) 의식 22) 어진 23) 여가 24) 논의하다 25) 거처 26) 담장 27) 터 28) 처마 29) 자막 30) 발굴되다

2 1) 분량 2) 여가 3) 편집 4) 화재 5) 자막 6) 광고 7) 효과 8) 발굴되었다 9) 비극 10) 거처 11) 터 12) 단청 13) 헐고 14) 소비 15) 강제 16) 처마 17) 논의하셨다 18) 행궁 19) 개방한다 20) 담장 21) 왕조 22) 어진 23) 가장자리 24) 소용돌이 25) 화려했다 26) 수난 27) 극본 28) 의식 29) 취병 30) 소품

1일

1 1) 비속어 2) 줄임말 3) 긍정하다 4) 기권하다 5) 배려하다 6) 품격

2 1) 비속어 2) 줄임말 3) 긍정하는 4) 기권했다 5) 배려하는 6) 품격

2일

1 1) 선언문 2) 다짐하다 3) 무시하다 4) 사례 5) 평범하다 6) 대중매체

2 1) 선언문 2) 다짐했다 3) 무시하는 4) 사례 5) 평범한 6) 대중매체

3일

1 1) 지속하다 2) 신조어 3) 존칭 4) 문화 5) 일정하다 6) 안쓰럽다

2 1) 지속할 2) 신조어 3) 존칭 4) 문화 5) 일정한 6) 안쓰럽다

4일

1 1) 부정하다 2) 너그럽다 3) 소통 4) 말맛 5) 수집하다 6) 엮다

2 1) 부정하는 2) 너그럽게 3) 소통 4) 말맛 5) 수집했다 6) 엮었다

5일

1 1) 참고하다 2) 분담 3) 추구하다 4) 텃밭 5) 만년 6) 소외되다

2 1) 참고하여 2) 분담 3) 추구할 4) 텃밭 5) 만년 6) 소외되는

1 1) 줄임말 2) 비속어 3) 참고하다 4) 부정하다 5) 텃밭 6) 너그럽다 7) 기권하다 8) 소통 9) 소외되다 10) 말맛 11) 수집하다 12) 엮다 13) 만년 14) 분담 15) 지속하다 16) 긍정하다 17) 신조어 18) 문화 19) 다짐하다 20) 평범하다 21) 존칭 22) 선언문 23) 대중매체 24) 일정하다 25) 무시하다 26) 배려하다 27) 사례 28) 품격 29) 안쓰럽다 30) 추구하다

2 1) 품격 2) 문화 3) 참고하여 4) 부정하는 5) 기권했다 6) 너그럽게 7) 안쓰럽다 8) 소통 9) 수집했다 10) 분담 11) 지속할 12) 추구할 13) 만년 14) 존칭 15) 선언문 16) 말맛 17) 무시하는 18) 줄임말 19) 평범한 20) 소외되는 21) 대중매체 22) 엮었다 23) 일정한 24) 비속어 25) 사례 26) 긍정하는 27) 다짐했다 28) 신조어 29) 배려하는 30) 텃밭

 16주   240~249쪽

 1일

1 1) 빈민 2) 구제 3) 단지 4) 공감하다 5) 처하다 6) 무인

2 1) 빈민 2) 구제 3) 단지 4) 공감했다 5) 처했다 6) 무인

2일

1 1) 개혁하다 2) 유지하다 3) 진토 4) 넋 5) 일편단심 6) 시조

2 1) 개혁하여 2) 유지할 3) 진토 4) 넋 5) 일편단심 6) 시조

3일

1 1) 매기다 2) 수군통제사 3) 무참하다 4) 길목 5) 물살 6) 흐느끼다

2 1) 매긴다 2) 수군통제사 3) 무참하게 4) 길목 5) 물살 6) 흐느껴

 4일

1 1) 특이하다 2) 작전 3) 각오하다 4) 적선 5) 유리하다 6) 일제히

2 1) 특이한 2) 작전 3) 각오하고 4) 적선 5) 유리해질 6) 일제히

 5일

1 1) 당황하다 2) 총통 3) 뒤숭숭하다 4) 기습하다 5) 분풀이 6) 이를악물다

2 1) 당황했다 2) 총통 3) 뒤숭숭해서 4) 기습하기로 5) 분풀이 6) 이를악물었다

1 1) 처하다 2) 당황하다 3) 진토 4) 시조 5) 뒤숭숭하다 6) 특이하다 7) 일편단심 8) 작전 9) 분풀이 10) 각오하다 11) 유지하다 12) 공감하다 13) 매기다 14) 이를악물다 15) 빈민 16) 넋 17) 구제 18) 개혁하다 19) 무인 20) 길목 21) 수군통제사 22) 물살 23) 무참하다 24) 흐느끼다 25) 유리하다 26) 총통 27) 일제히 28) 기습하다 29) 적선 30) 단지

2 1) 작전 2) 빈민 3) 기습하기로 4) 공감했다 5) 각오하고 6) 구제 7) 매긴다 8) 처했다 9) 수군통제사 10) 일편단심 11) 무참하게 12) 유리해질 13) 길목 14) 특이한 15) 총통 16) 물살 17) 흐느껴 18) 적선 19) 단지 20) 당황했다 21) 시조 22) 무인 23) 뒤숭숭해서 24) 이를악물었다 25) 개혁하여 26) 일제히 27) 유지할 28) 분풀이 29) 진토 30) 넋

 **13~16주**

1 1) 동형어 2) 추구하다 3) 당황하다 4) 거처 5) 행궁 6)

존칭 7) 비속어 8) 산자락 9) 진토 10) 줄임말 11) 원대하다
12) 취병 13) 뒤숭숭하다 14) 하찮다 15) 엮다 16) 처마 17)
임금 18) 부정하다 19) 이를악물다 20) 의궤 21) 구제 22)
단청 23) 넋 24) 격 25) 소용돌이 26) 소외되다 27) 왕조
28) 사상 29) 수군통제사 30) 가장자리

2 1) 신조어 2) 정자 3) 참고하여 4) 화려했다 5) 번성했던
6) 긍정하는 7) 개방한다 8) 텃밭 9) 추구할 10) 배치했다
11) 빈민 12) 발굴되었다 13) 편집 14) 대중매체 15)
특정하여 16) 분풀이 17) 어진 18) 뒤숭숭해서 19) 명단
20) 개혁하여 21) 누각 22) 단지 23) 연회 24) 선언문 25)
의식 26) 하찮은 27) 시조 28) 소비 29) 일편단심 30) 헐고

17주 260~269쪽

 1일

1 1) 감히 2) 가치 3) 가치관 4) 극복하다 5) 교훈 6) 불만
2 1) 감히 2) 가치 3) 가치관 4) 극복하고 5) 교훈 6) 불만

2일

1 1) 갇히다 2) 덥수룩하다 3) 괴상하다 4) 촬영하다 5)
소각장 6) 사연
2 1) 갇혀 2) 덥수룩하게 3) 괴상한 4) 촬영하다가 5)
소각장 6) 사연

3일

1 1) 긷다 2) 효험 3) 풋내기 4) 유난히 5) 위독하다 6)
얼씬거리다
2 1) 길어 2) 효험 3) 풋내기 4) 유난히 5) 위독한 6)
얼씬거려서

4일

1 1) 찜 2) 부스스 3) 한껏 4) 발휘하다 5) 호통치다 6)
뒤란

2 1) 찜 2) 부스스 3) 한껏 4) 발휘하여 5) 호통쳤다 6)
뒤란

5일

1 1) 허공 2) 이내 3) 고개젓다 4) 수 5) 노여워하다 6)
아수라장
2 1) 허공 2) 이내 3) 고개를 저었다 4) 수 5) 노여워하셨다
6) 아수라장

17주 주말평가

1 1) 부스스 2) 효험 3) 감히 4) 위독하다 5) 소각장 6)
가치 7) 노여워하다 8) 긷다 9) 가치관 10) 갇히다 11) 찜
12) 아수라장 13) 한껏 14) 고개젓다 15) 이내 16) 불만 17)
호통치다 18) 덥수룩하다 19) 사연 20) 극복하다 21) 뒤란
22) 교훈 23) 허공 24) 발휘하다 25) 괴상하다 26) 풋내기
27) 유난히 28) 촬영하다 29) 얼씬거리다 30) 수

2 1) 극복하고 2) 유난히 3) 한껏 4) 허공 5) 고개를 저었다
6) 이내 7) 찜 8) 뒤란 9) 부스스 10) 길어 11) 발휘하여 12)
효험 13) 호통쳤다 14) 풋내기 15) 갇혀 16) 노여워하셨다
17) 수 18) 불만 19) 소각장 20) 촬영하다가 21) 가치
22) 사연 23) 얼씬거려서 24) 덥수룩하게 25) 위독한 26)
괴상한 27) 감히 28) 아수라장 29) 가치관 30) 교훈

18주 274~283쪽

 1일

1 1) 불호령 2) 지독하다 3) 강변 4) 어림없다 5) 은근히 6)
고원
2 1) 불호령 2) 지독한 3) 강변 4) 어림없는 5) 은근히 6)
고원

2일

1 1) 총명하다 2) 눈여겨보다 3) 황폐하다 4) 울창하다 5) 벌목 6) 비옥하다

2 1) 총명했다 2) 눈여겨보았다 3) 황폐한 4) 울창했다 5) 벌목 6) 비옥한

3일

1 1) 토양 2) 고갈되다 3) 땔감 4) 마음먹다 5) 작물 6) 헐벗다

2 1) 토양 2) 고갈되어 3) 땔감 4) 마음먹고 5) 작물 6) 헐벗은

4일

1 1) 삭막하다 2) 관리하다 3) 풍요롭다 4) 적자 5) 묘목 6) 국제

2 1) 삭막한 2) 관리하기 3) 풍요롭다 4) 적자 5) 묘목 6) 국제

5일

1 1) 전람회 2) 참석하다 3) 전시하다 4) 설득하다 5) 연설하다 6) 추진하다

2 1) 전람회 2) 참석한다 3) 전시했다 4) 설득했다 5) 연설했다 6) 추진했다

18주 주말평가

1 1) 관리하다 2) 불호령 3) 전시하다 4) 총명하다 5) 추진하다 6) 연설하다 7) 풍요롭다 8) 황폐하다 9) 삭막하다 10) 적자 11) 마음먹다 12) 설득하다 13) 국제 14) 은근히 15) 벌목 16) 지독하다 17) 비옥하다 18) 강변 19) 토양 20) 고원 21) 땔감 22) 고갈되다 23) 눈여겨보다 24) 묘목 25) 전람회 26) 울창하다 27) 참석하다 28) 작물 29) 어림없다 30) 헐벗다

2 1) 국제 2) 추진했다 3) 전람회 4) 어림없는 5) 강변

6) 삭막한 7) 황폐한 8) 고갈되어 9) 벌목 10) 울창했다 11) 고원 12) 적자 13) 참석한다 14) 묘목 15) 총명했다 16) 땔감 17) 눈여겨보았다 18) 불호령 19) 풍요롭다 20) 지독한 21) 관리하기 22) 마음먹고 23) 연설했다 24) 전시했다 25) 헐벗은 26) 비옥한 27) 설득했다 28) 토양 29) 작물 30) 은근히

19주 288~297쪽

1일

1 1) 전파하다 2) 지불하다 3) 일구다 4) 권장하다 5) 열성적 6) 복합

2 1) 전파하기 2) 지불하기로 3) 일구었다 4) 권장했다 5) 열성적 6) 복합

2일

1 1) 녹지 2) 보전되다 3) 간섭하다 4) 절망하다 5) 인정받다 6) 우중충하다

2 1) 녹지 2) 보전되어야 3) 간섭하지 4) 절망했다 5) 인정받아 6) 우중충하다

3일

1 1) 거듭나다 2) 대항 3) 자원 4) 진지하다 5) 친근하다 6) 험난하다

2 1) 거듭났다 2) 대항 3) 자원, 자원 4) 진지한 5) 친근한 6) 험난하여

4일

1 1) 한탄하다 2) 험악하다 3) 원망하다 4) 부축하다 5) 본분 6) 애초

2 1) 한탄했다 2) 험악한 3) 원망했다 4) 부축해서 5) 본분 6) 애초

5일

1 1) 화평하다 2) 망각하다 3) 평안하다 4) 병폐 5) 연민 6) 곤경

2 1) 화평한 2) 망각하고 3) 평안하게 4) 병폐 5) 연민 6) 곤경, 곤경

19주 주말평가

1 1) 열성적 2) 화평하다 3) 곤경 4) 망각하다 5) 전파하다 6) 우중충하다 7) 병폐 8) 한탄하다 9) 일구다 10) 부축하다 11) 원망하다 12) 인정받다 13) 평안하다 14) 대항 15) 자원 16) 험난하다 17) 본분 18) 연민 19) 녹지 20) 진지하다 21) 보전되다 22) 애초 23) 지불하다 24) 거듭나다 25) 권장하다 26) 험악하다 27) 복합 28) 간섭하다 29) 친근하다 30) 절망하다

2 1) 화평한 2) 절망했다 3) 험난하여 4) 한탄했다 5) 우중충하다 6) 험악한 7) 거듭났다 8) 친근한 9) 대항 10) 자원, 자원 11) 녹지 12) 전파하기 13) 원망했다 14) 지불하기로 15) 진지한 16) 부축해서 17) 권장했다 18) 병폐 19) 열성적 20) 연민 21) 복합 22) 보전되어야 23) 망각하고 24) 곤경, 곤경 25) 인정받아 26) 간섭하지 27) 본분 28) 일구었다 29) 애초 30) 평안하게

20주   302~305쪽

1일

1 1) 처리하다 2) 위급하다 3) 오기 4) 근성 5) 화목하다 6) 보답하다

2 1) 처리한다 2) 위급한 3) 오기 4) 근성 5) 화목한 6) 보답하는

2일

1 1) 환심 2) 베풀다 3) 공덕 4) 유배지 5) 당부하다

2 1) 환심 2) 베풀어 3) 공덕 4) 유배지 5) 당부하였다

20주 주말평가

1 1) 처리하다 2) 당부하다 3) 위급하다 4) 환심 5) 오기 6) 근성 7) 유배지 8) 베풀다 9) 화목하다 10) 보답하다 11) 공덕

2 1) 처리한다 2) 보답하는 3) 위급한 4) 환심 5) 화목한 6) 베풀어 7) 근성 8) 공덕 9) 오기 10) 유배지 11) 당부하였다

1 1) 불호령 2) 우중충하다 3) 허공 4) 곤경 5) 효험 6) 환심 7) 총명하다 8) 간섭하다 9) 노여워하다 10) 병폐 11) 황폐하다 12) 뒤란 13) 어림없다 14) 가치 15) 유배지 16) 얼씬거리다 17) 은근히 18) 공덕 19) 아수라장 20) 오기 21) 관리하다 22) 연민 23) 고개젓다 24) 대항 25) 땔감 26) 풋내기 27) 적자 28) 처리하다 29) 베풀다 30) 열성적

2 1) 총명했다 2) 감히 3) 부스스 4) 보답하는 5) 꿈 6) 소각장 7) 권장했다 8) 국제 9) 애초 10) 연설했다 11) 어림없는 12) 비옥한 13) 덥수룩하게 14) 고갈되어 15) 작물 16) 망각하고 17) 가치관 18) 복합 19) 전파하기 20) 일구었다 21) 이내 22) 진지한 23) 헐벗은 24) 촬영하다가 25) 위급한 26) 지독한 27) 당부하였다 28) 괴상한 29) 근성 30) 화평한

1) 바탕 2) 추론하다 3) 안쓰럽다 4) 직유법 5) 후원 6) 울릉대다 7) 후두두 8) 불호령 9) 이탈 10) 익숙하다 11) 취병 12) 아슴아슴 13) 삭막하다 14) 온데간데없다 15) 얼른 16) 진토 17) 탈바꿈하다 18) 단지 19) 은유법 20) 지독하다 21) 누각 22) 벌그데데하다 23) 처마 24) 흉측하다 25) 대령하다 26) 우르르 27) 소용돌이 28) 백지장 29) 허둥허둥 30) 잰걸음 31) 배려하다 32) 습성 33) 참신하다 34) 흐무러지다 35) 뿌유스레하다 36) 행궁 37) 운율 38) 품격 39) 모호하다 40) 만년 41) 형편 42) 염장 43) 작물 44) 귀퉁이 45) 서론 46) 인위적 47) 헛걸음 48) 복합 49) 곰곰이 50) 지불하다 51) 쪽빛 52) 무참하다 53) 수치 54) 담백하다 55) 공덕 56) 병폐 57) 변장하다 58) 헐벗다 59) 유배지 60) 수북하다 61) 절망하다 62) 까맣다 63) 울뚝 64) 풋내기 65) 특산물 66) 보부상 67) 뒤란 68) 으스스하다 69) 논설문 70) 달구지 71) 부스스 72) 감칠맛 73) 각오하다 74) 역량 75) 무분별하다 76) 감당하다 77) 검색 78) 허황되다 79) 공약 80) 동형어 81) 핀잔하다 82) 수선 83) 의궤 84) 균형 85) 짜임새 86) 당부하다 87) 맴 88) 소통 89) 오기 90) 변변히 91) 자원 92) 실태 93) 설문 94) 다의어 95) 유래하다 96) 가치 97) 핵심어 98) 친환경 99) 개선하다 100) 극복하다

색인

색인

색인